人文传统经典

坛经详解

张勇 著

人民文学出版社

图书在版编目（CIP）数据

坛经详解/张勇著．—北京：人民文学出版社，2023
（人文传统经典）
ISBN 978-7-02-017711-0

Ⅰ.①坛… Ⅱ.①张… Ⅲ.①禅宗—佛经—中国—唐代②《六祖坛经》—研究 Ⅳ.①B946.5

中国版本图书馆 CIP 数据核字（2022）第 245294 号

责任编辑　高宏洲
装帧设计　陶　雷
责任印制　张　娜

出版发行　人民文学出版社
社　　址　北京市朝内大街166号
邮政编码　100705

印　　刷　涿州市京南印刷厂
经　　销　全国新华书店等

字　　数　196千字
开　　本　880毫米×1230毫米　1/32
印　　张　9.125　插页2
印　　数　1—6000
版　　次　2023年9月北京第1版
印　　次　2023年9月第1次印刷

书　　号　978-7-02-017711-0
定　　价　48.00元

如有印装质量问题，请与本社图书销售中心调换。电话：010-65233595

目 录

前言 …………………………………………… 1

行由第一 ……………………………………… 1
般若第二 ……………………………………… 46
疑问第三 ……………………………………… 85
定慧第四 ……………………………………… 100
坐禅第五 ……………………………………… 116
忏悔第六 ……………………………………… 122
机缘第七 ……………………………………… 143
顿渐第八 ……………………………………… 195
护法第九 ……………………………………… 220
付嘱第十 ……………………………………… 228

附 录

六祖大师法宝坛经跋 …………………… 宗宝 267
六祖能禅师碑铭 ………………………… 王维 268
曹溪第六祖赐谥大鉴禅师碑 …………… 柳宗元 271
大唐曹溪第六祖大鉴禅师第二碑 ……… 刘禹锡 273

前　言

　　佛教是一种宗教,也是一种文化,它与儒、道两家思想共同构成中华传统思想文化的三大主干,千百年来在塑造中华民族的人格,推动中华文化向前发展方面发挥了不可替代的作用。佛教于两汉之际传入中国,自从踏入中土的那天起,就不断中国化,经魏晋南北朝,至隋唐形成了具有中国特色的八大宗派——天台宗、三论宗、唯识宗、华严宗、律宗、净土宗、密宗、禅宗,这八大宗派的形成标志着佛教中国化的完成。在这八大宗派中,对中国文化影响最大者当数禅宗。禅宗由惠能创立,惠能的思想言行被其弟子整理成《坛经》一书,此书是中国人写的唯一一部被称为"经"的佛教典籍,在中国文化史上具有特别重要的价值和意义。

　　《坛经》内容可分为三大部分:一是惠能生平自述,二是惠能讲般若禅,三是惠能与弟子之间的问答。以此为依据,下面对惠能的生平行述、《坛经》的思想体系作一概述,对本书的编写体例也作一交待。

一

　　惠能(638—713),又作慧能,祖籍范阳(河北涿州),俗姓卢,生于新州(广东新兴县)。其父早亡,与老母李氏相依为命,靠卖柴勉强度日。一日负薪至市,闻客读诵《金刚经》,心即开悟,遂生求法念头。安顿好老母,惠能长途跋涉至湖北黄梅,参礼五祖弘忍。

五祖:"汝何方人?欲求何物?"

惠能:"弟子是岭南新州百姓,远来礼师,惟求作佛,不求余物。"

五祖:"汝是岭南人,又是獦獠,若为堪作佛?"

惠能:"人虽有南北,佛性本无南北。獦獠身与和尚不同,佛性有何差别?"

五祖发现惠能不同凡响,就让他留下来随众干活。惠能被委派劈柴与踏碓舂米的任务,这活一干就是八个多月。

一日,弘忍令会下徒众各作一偈,以呈见解,若语契符,即以衣法相付。神秀上座(约606—706)于当日夜间,作出一偈,书于南廊壁上:"身是菩提树,心如明镜台。时时勤拂拭,莫使惹尘埃。"两日后,惠能也作一偈,请人代书于神秀偈旁:"菩提本无树,明镜亦非台。本来无一物,何处惹尘埃?"

比较两则偈颂,弘忍知道神秀未能见性,只有惠能彻悟了禅法真谛,于是秘密把衣钵传给惠能,命他连夜离开黄梅。惠能回到岭南,隐于四会、怀集之间。

唐高宗仪凤元年(676),惠能至广州法性寺,正赶上印宗法师在那里讲《涅槃经》。一阵风吹来,寺院中的幡不停飘动。有一僧说是"风动",另一僧说是"幡动",两人争论不休。惠能说:"不是风动,不是幡动,仁者心动。"一语而惊四座!惠能亮明身份后,依印宗出家,受具足戒,至此惠能正式获得僧人身份。第二年,惠能移住韶阳曹溪宝林寺,在那里弘扬"直指人心,见性成佛"顿悟法门。弟子法海将其教说汇编成书,名《六祖大师法宝坛经》,此书成为后来禅宗的宗经。

唐玄宗先天二年(713),惠能染疾。临终之前,付嘱十大弟子:以后传法,递相教授《坛经》,不失本宗。从达磨至弘忍,五代祖师传灯付法时都以袈裟作为法信,惠能之后,便以《坛经》取代袈裟而作为传宗付法的依据了。八月,示寂于国恩寺,世寿七十六。元和十年(815),唐宪宗下诏追谥惠能为"大鉴禅师"。唐代三位大文豪王维、柳宗元、刘禹锡先后为惠能撰写碑铭,三位著名文人为同一位僧人撰写碑铭,这在中国历史上是极为罕见的,由此可见惠能的巨大影响。

二

"自性"是《坛经》的核心范畴,阅读《坛经》一定要紧紧抓住这一范畴。在《顿渐第八》中,惠能说:"于实性上建立一切教门";"吾所说,法不离自性,离体说法,名为相说,自性常迷"。惠能的禅学思想体系与一切教门,包括解脱论、修行论、方法论等,都是建立在"自性"这块基石之上的。

(一)自性论

何为自性?佛教的"自性",一般而言,是指诸法本自具有的永恒不变的本性,它为佛教中观学派所否定,该派认为诸法性空、本无自性,而惠能所说的"自性"与此不同。惠能所谓"自性",又称"实性""佛性""本性""本心""心体""真如"等,是一种超越一切差别、断绝一切妄见的平等一如、清净无染的境界,这种境界无名可名、不可言说,惠能说只能勉强称之为"自性"。

《行由第一》记载,弘忍给惠能传授《金刚经》,当讲至"应无所住而生其心"时,惠能言下大悟——"一切万法不离自性",于是向五祖阐述自己对"自性"的领悟:"何期自性本自清净!何期自性本不生灭!何期自性本自具足!何期自性本无动摇!何期自性能生万法!"这是惠能对"自性"内涵的集中阐述,析而言之,包括以下几方面内容:

1. 自性不二

自性的根本特性是"不二"。惠能说:"其性无二,无二之性即是实性。"(《顿渐第八》)"不二",又作无二、离两边,它超越贤愚、断常、生灭、去来等一切二元对立,是人真实的性体,因此称为"自性"或"实性"。

2. 自性真空

惠能提出"自性真空"命题。所谓"真空",依其解释,就是:"心量广大,犹如虚空,无有边畔,亦无方圆大小,亦非青黄赤白,亦无上下长短,亦无嗔无喜,无是无非,无善无恶,无有头尾。"(《般若第二》)这里的"心",是指人的"本心"即"自性",它无形无象、无嗔无喜、无是无非、无善无恶,即没有任何的规定性,其内涵为空,故其外延广大无边、无所不包。

3. 自性生万法

关于自性与万法的关系,惠能说:"一切万法皆从自性起用"(《顿渐第八》);"自性能含万法是大,万法在诸人性中"(《忏悔第六》)。自性与万法是体用关系,自性为体,万法为用,自性能生万法,能含万法。"诸法在自性中,如天常清,日月常明,为浮云盖覆,上明下暗。忽遇风吹云散,上下俱明,万象皆现。"(《忏悔第六》)自性像镜子一样原样呈现着万法,但有时自性也会被其见闻觉知所产生的迷情妄念遮蔽,镜中万法隐而不显,而一旦自除迷妄,内外明彻,万法又在自性之中真实地显现出来,青山自青山,白云自白云。

4. 自性清净

自性是清净无染的。惠能说："菩提自性,本来清净。"(《行由第一》)"清净心体,湛然常寂,妙用恒沙。"(《顿渐第八》)"清净""常寂",并不是说自性面对外境时心念不起,而是不执著于外境。惠能说："真如自性起念,六根虽有见闻觉知,不染万境,而真性常自在。"(《定慧第四》)自性面对万境,虽起心动念,但不染万境,因此恒常清净自在。

所谓"清净",其实就是无有执著。惠能在临终时告诫弟子："其道清净,亦无诸相。汝等慎勿观静及空其心。此心本净,无可取舍。"(《付嘱第十》)自性本净,无可取舍,一定不要刻意"空心观净",不然就会执著于"净"相,从而被"净"所系缚。

(二)解脱论

1. 自心是佛

《坛经》中,"心"是与"自性"同等重要的核心范畴,惠能经常讲"心",既有"真心""直心",又有"妄心""吾我心""轻人心""慢他心""贡高心"等。那么,"心"与"自性"是什么关系?在《坛经》中,"心体""本心"即"自性",而各种现实之"心"则为"自性"之用,"自性"与"心"是体用关系。惠能说："心是地,性是王,王居心地上,性在王在,性去王无。"(《疑问第三》)这是在强调"自性"的本体地位及其与"心"的体用关系。他又说："真如即是念之体,念即是真如之用。真如自性起念。"(《定慧第四》)这里,"念"为当下现实之心,它与真如即自性为体用关系,也就是说,当自性未起念时为自性,而一旦起念则为心。

《坛经》中,心有"真心"与"妄心"之分。"真心",又称"直心",指无执著的现实之心。惠能说："但行直心,于一切法勿有执著。"(《定慧第四》)无执著之心即为直心、真心。妄心,则是有执著的现实之心。惠能说:"自性本无一法可得,若有所得,妄说祸福,即是尘劳邪见。"(《定慧第四》)执著于得失、祸福的"尘劳邪见"则为妄心。"真心"是"自性"的真实显现,而"妄心"则为"自性"的歪曲显现,两者虽在"相"上截然相反,但在"性"上并无差别。

整部《坛经》中,惠能多次强调"自心是佛"。在他临终的时候,再次叮嘱弟子:"汝等自心是佛,更莫狐疑。""我心自有佛,自佛是真佛。"他这里所说的"心",既指"体"上的"本心""心体"即"自性",也指"用"上的"真心"或"直心",因为念念不住、平等一如的当下现实之"直心"与"自性"是一致的。惠能说:"一念平直,即是众生成佛。""一念平直",就是他所说的"直心",即一颗念念无有执著的现实之心。

"自心是佛"是禅宗的普遍主张,诸祖都有类似说法,而到六祖惠能这里,"心"更少出世色彩,更逼近当下现实之人心,这是惠能区别于禅宗前五祖的地方。

2. 见性成佛

自性平等无二、清净圆明、含藏万法,而一旦触境起心,心生分别,一切尘劳妄想从此而生,像乌云一样遮蔽"自性"的光明。惠能说:"于外著境,被妄念浮云盖覆自性,不得明朗。"(《忏悔第六》)又说:"著境生灭起,如水有波浪,即名为此岸。"(《般若第二》)心著境则迷,迷分为"外迷"与"内迷","外迷"著相,"内迷"著空,前者妄执万法为实有,后者妄执万法为虚空,前者为"有见",后者为"空见",两者都属于"众生知见"。修禅的目的在于去除遮蔽自性的"众生知见",从而打开心灵的枷锁而获得解脱。

惠能说:"自性迷即是众生,自性觉即是佛。"佛与众生的区别只在于"自性"的迷与悟,既然如此,修行佛道就只能在"自性"上下功夫,这就是他所说的"佛向性中作,莫向身外求"(《疑问第三》)。世人自性是佛,但由于外迷著相,内迷著空,外缘内扰而遮蔽了自性的光明。修行佛道就是利用自性之中的般若智慧来照破这些尘劳妄想,回归自己的本心、本性,于一切法上不取不舍,从而达于内外不住、去来自由、通达无碍的自由境界,这就是见性成佛。

3. 顿悟成佛

在解脱的途径与方法上,惠能提倡"顿悟成佛",这也是其禅法的根本特征,是其区别于北宗的最重要之处。所谓"顿悟成佛",可从以下三个方面来理解:一是非思维。在《机缘第七》中,惠能说:世人之所以不能见性,"患在度量",越是度量离自性越远。度量即理性思索。"见性"必须在"言下",仅凭借当下的感觉,而不经过概念、思维、语言等符号工具的中介和加工,是一种纯粹的直觉活动。二是瞬时性。惠能认为,凡夫之人如果能起正真般若观照,便能于一刹那之间妄念俱灭,一悟即至佛地。这是在强调悟的瞬间性。三是无阶次。惠能说:"自性自悟,顿悟顿修,亦无渐次,所以不立一切法。诸法寂灭,有何次第?"(《顿渐第八》)

要注意的是,惠能所谓顿渐,是就人的根性而言的,而非就"法"而言的,法无顿渐,人有利钝。他提倡顿悟,也不否定渐修,根性利者顿悟,根性钝者渐修,不论是顿悟还是渐修,而一旦自识本心、自见本性,即无差别,顿悟与渐修都是假名而已。

4. 解脱境界

惠能之前的禅宗往往把禅境理解为"空"与"静",对此惠能表示反对。他认为,如果把禅理解为"空"与"静",就会"著空见""住禅寂","空"与"静"就成了束缚人心灵的枷锁。他提出"禅性无住"命题(《机缘第七》),认为"无住"是人的本性,也是禅的本性，"无住"即不执著，即"通流"。在惠能看来，禅是一种念念不住的流动精神。他说："心如虚空，不著空见，应用无碍，动静无心。凡圣情忘，能所俱泯，性相如如，无不定时也。"(《机缘第七》)只要心不住法，道即通流，或动或静，无一不是禅的境界。

作为惠能禅法的根本，"无住"表现于"相"即为"无相"，表现于"念"即为"无念"。"无相"是"于相而离相"，既不"住相"也不"离相"，在婆娑的大千世界中观悟其当体之空性。"无念"是"于念而无念"，既不执著于"念"也不刻意清除"念"，心于诸境之上而不染著，像流水一样畅通无阻，永不停滞。

惠能用"三昧"来表达禅的境界。于一切处而不住于相，于一切相而不取不舍，安闲恬静，虚融澹泊，此名"一相三昧"(《付嘱第十》)；于一切处，行住坐卧，不黏不滞，常行直心，此名"一行三昧"(《定慧第四》)；去来自由，无滞无碍，应用随作，应语随答，此名"游戏三昧"(《顿渐第八》)。总之，在惠能看来，禅的境界不是死水般的寂静，而是一种虚融澹泊的情怀、一种自由洒脱的精神、一种超旷空灵之美。

（三）修行论

佛教有"西方净土"之说。"西方净土"，又称"极乐净土"，是存在于极其遥远的西方的一个极乐世界。惠能以"自性"为核心的禅学思想，把"净土"由遥远的天国拉进人的自心之中，提出"自性西方"概念："但心清净，即是自性西方。"这一思想使中国禅宗的修行观念发生了重大转变。

1. 自性自度

惠能提出"自性自度"思想，强调解脱只能靠自己，只能在"自性"上下功夫，"如人饮水，冷暖自知"(《行由品第一》)。离开"自性"而一味向外寻求,恰似"骑驴觅驴",求之愈切失之愈远。当然,惠能强调"自性自度",并没有否定"师度"的必要性,他说:"迷时师度,悟了自度。度名虽一,用处不同。""自度"是自证自知的"向上一路","师度"则是指点迷津的航向标,前者是内因,后者是外缘。

2. 定慧等学

惠能批评传统佛教把定、慧视为前后两个不同阶段的思想,认为不论是"先定发慧"还是"先慧发定",其错误都是一样的,都把"定"与"慧"打为两截。他提出"定慧等学"主张,并从体用角度论证这一主张。他说:"定慧一体,不是二。定是慧体,慧是定用。即慧之时定在慧,即定之时慧在定。若识此义,即是定慧等学。"(《定慧第四》)定与慧是体与用的关系,是不可须臾分离的。

惠能主张"定慧等学",目的在于提倡"定慧双修"的修行方式。如果偏于修"定",就可能陷于枯木死水般的沉寂之中;如果偏于修"慧",则可能陷于掉举颠狂的狂禅之中。只有定慧等持、双修双运,才是禅宗解脱的正途。

3. 坐禅新解

惠能"坐禅"观念的转变,是建立在其对"禅定"内涵的独特理解基础之上的。一般而言,"禅定"的意思是:止息妄念,令心专注于某一对象,从而达于不散乱的状态,它是以"静"为根本特征的,因此玄奘将其意译为"静虑"。惠能一改传统认识,提出了新的理解:"外离相即禅,内不乱即定,外禅内定,是为禅定。"(《坐禅第五》)在他这里,禅定不再是如死水、枯木般的寂静,而是面对纷纷扰扰的现实世界,内心不被染著的自由状态。

立足于对禅定内涵的独特理解,惠能明确反对过去那种端身静坐、摄念息心的禅修方式。他说:"道由心悟,岂在坐也";

9

"长坐拘身,于理何益"(《顿渐第八》)。他对坐禅提出新解:"外于一切善恶境界,心念不起,名为坐;内见自性不动,名为禅。"(《坐禅第五》)把"坐禅"的内涵,由传统意义上的"不动身"转为"不动心",认为只要能于一切处"心不动",则语默动静无处、无时不是坐禅。

4. 不假文字

"不立文字"是达磨以来禅宗的普遍主张,惠能在此思想基础之上更加强调"不假文字"。他说:"本性自有般若之智,自用智慧常观照,故不假文字。"(《般若第二》)惠能所谓"文字"也包括语言在内。他认为,"见性成佛"靠的是自性之中的般若智慧,非关语言文字。惠能主张"以心传心""自解自悟",否定语言文字的"传法"功能。但要说明的是,"不假文字"是就"性"上而言的,如果就"相"上来说的话,语言文字还是离不开的。在《付嘱第十》中,惠能批评那些以"不假文字"为借口彻底否定读经的"执空之人",认为他们不但"自迷"而且"谤经"。总之,在对待语言文字的态度上,惠能的观点是:自性本空,非关文字,但作为通达自性的舟筏,语言文字还是离不开的。

(四)方法论

1. 随方解缚

随方解缚,即根据受教者的根机以及迷惑的原因与程度,而采取相应的方式来帮助他解开心灵的枷锁。在《般若第二》中,惠能说:"欲拟化他人,自须有方便。"所谓方便,即是解缚之"方",即是解除迷惑的方法与手段。如《顿渐第八》,神会问惠能:"和尚坐禅,还见不见?"惠能用柱杖打神会三下,问:"吾打汝痛不痛?"神会说:"亦痛亦不痛。"惠能说:"吾亦见亦不见。""见"与"不见",如人饮水,冷暖自知,而神会不知此理,因而发问。惠能反问"痛不痛",其实是告诉他痛与不痛只有你自己知道,这是启发他回归自心。这就是"随方解缚"。

2. 二道相因

二道相因,通过从相反方面回答问题,来破除受教者二元对立的"边见",从而引导其悟入中道,回归"不二"之自性。惠能说:"问有将无对,问无将有对,问凡以圣对,问圣以凡对。二道相因,生中道义。"(《付嘱第十》)"问有""问无""问凡""问圣",都表明问者心存对立,都是执著于一端的"边见"。针对这一毛病,惠能对症下药,以"正话反说"的方法,解除其"边见"之病。这种"正话反说"而引人达于中道的方法即是"二道相因"。

"二道相因"的教学方法贯穿于《坛经》始终。比如,有僧背诵卧轮偈颂"卧轮有伎俩,能断百思想。对境心不起,菩提日日长",惠能知道此僧正陷于"断灭空"之中,为了启发他破除"边见"而达于"中道",惠能仿作一偈,正话反说:"惠能没伎俩,不断百思想。对境心数起,菩提作么长。"卧轮偈颂强调自己的修行已经达到了"能断百思想""对境心不起"的境界,惠能因此断定他"未明心地",认为如果依此修行,只会加重"系缚"。惠能之所以这么说,是因为卧轮虽然破除了对"有"的执著,但又堕入断灭一边。针对这一病症,惠能从反面驳之,讲自己"不断百思想""对境心数起",以此对治卧轮对"无"的执著,从而引导他体悟本来"不二"之真性。

三

现今所知的《坛经》版本多达几十种,其中最重要者当数以下四种:敦煌本、惠昕本、契嵩本、宗宝本。敦煌本为五代时所抄,而经文内容大概形成于733年至801年之间,是现知最早的版本，现藏伦敦大英博物馆，题作《南宗顿教最上大乘摩诃般若波罗蜜经六祖惠能大师于韶州大梵寺施法坛经》。惠昕本为晚唐僧人惠昕参照古本删改而成，书前有惠昕序，该书为日本学者发现于京都堀川兴圣寺。契嵩本为北宋云门宗僧人契嵩据曹溪古本校刻。宗宝本为元代僧人宗宝据契嵩本改编，题作《六祖大师法宝坛经》，是明代以来最通行的版本。

敦煌本为现知最早的《坛经》版本，从文献学的角度来说，其版本价值最高，但此本内容简略，且从五代至被发现之前一直湮没无闻，在佛教史、文化史上产生的实际影响并不太大。相比之下，宗宝本虽然形成较晚，但内容丰富，明代以后流传最广，所产生的实际影响也最大。另外要说明的是，我们决不能因为宗宝本形成于元代就否定它在此前的价值。此本据契嵩本改编，而契嵩本乃据曹溪古本校刻，因此宗宝本《坛经》对了解元代之前的禅宗同样重要，并且具有不可替代的作用。比如，宋代临济宗高僧大慧宗杲在其语录中多次引用《坛经》，所引内容都与宗宝本一致而与敦煌本不同，这充分说明宗宝本的内容早在宋代就已经产生了重要影响。基于以上原因，本书选取宗宝本《坛经》作为底本。

本书"详解"部分由注释、译文、讲解三部分组成。注释力求简明，少量校勘内容也附于其中。译文力求保持原书风格，名词术语及偈颂一般不译，特别难懂者除外。讲解部分，挑选理论性强、难度大的内容加上详细阐释，力求深入浅出，通俗易懂。个别段落内容较浅近明了，就不再讲解。

宗宝《六祖大师法宝坛经跋》、王维《六祖能禅师碑铭》、柳宗元《曹溪第六祖赐谥大鉴禅师碑》、刘禹锡《大唐曹溪第六祖大鉴禅师第二碑》，这四篇文章对理解惠能思想至关重要，因此作为本书附录。

本书在编写过程中吸收了前贤时彦的研究成果,在此表示衷心感谢!

行由第一

【题解】

　　宗宝本《坛经》分为十品。品,为梵语 varga 之意译,音译作跋渠,相当于篇、章。品之数目,称为品数;每品的题目,称为品题。按此惯例,《坛经》的第一部分称为"行由品第一"或"自序品第一"。行由,修行的缘由与经历。在本品中,惠能自述其家世、求法经历、得法过程以及开坛讲法的缘由。

【原文】

　　时[1],大师至宝林[2]。韶州韦刺史与官僚入山[3],请师出,于城中大梵寺讲堂[4],为众开缘说法[5]。师升座次[6],刺史官僚三十余人,儒宗学士三十余人[7],僧尼道俗一千余人[8],同时作礼,愿闻法要[9]。

　　大师告众曰:

　　善知识[10],菩提自性[11],本来清净[12],但用此心[13],直了成佛[14]。善知识,且听惠能行由得法事意。

【注释】

　　[1] 时:佛经在叙述某一不能确指的时间时,往往笼统地说"时"或"一时"。依据法海的序,六祖应韦刺史之请开缘讲法的时间是唐高宗仪凤二年(677)春。

〔2〕大师：本是对佛、菩萨的尊称，由佛的尊号"天人师"简化而来，后泛指德学足以为人师表的人，此处指惠能。宝林：即宝林寺，位于广东曲江县南三十五公里的曹溪山，始建于梁武帝天监元年（502），唐中宗神龙元年（705）改称中兴寺，宋开宝年间（968—975）改称南华寺。

〔3〕韦刺史：指韶州刺史韦璩。刺史，汉置，其始为监察官，后演变为地方行政长官，唐时为执掌州府长官。官僚：同在一起做官的部属。

〔4〕大梵寺：位于广东曲江县。

〔5〕开缘：广开法缘。

〔6〕座次：即坐处。

〔7〕儒宗学士：学识渊博的读书人。

〔8〕道俗：出家众与在家众的并称。

〔9〕法要：佛法要义。

〔10〕善知识：指教化众生远离恶法、修行善法的人。惠能以"善知识"称呼在场听众，是出于对他们的尊重。

〔11〕菩提：又译为"觉"，指能觉悟佛法的智慧。自性：指诸法本自具有的永恒不变的本性，包括一切现象的本体与一切心相的性体，它为佛教中观学所否认。惠能在这里所说的"菩提自性"，与"本心""本性""佛性"相当，是指人的如来藏自性清净心。

〔12〕本来：无始以来。清净：离恶行之过失、断烦恼之污染。

〔13〕此心：指本心、自性。

〔14〕直了成佛：于当下了悟自性而成佛。佛，"佛陀"的简称，Buddha的音译，义译为"觉者"，也就是"正觉"和"遍知"的大觉大悟者。"遍知"，对于宇宙事理无所不知；"正觉"，所知所觉真实不虚，无外道那样的邪见、妄执。因此，佛的另一尊号叫做"正遍知"或"正等觉"。

【译文】

当时，六祖大师来到宝林寺。韶州府刺史韦璩与其僚属礼请六祖出山，到城里的大梵寺讲堂，为众人广开法缘、演说法要。六祖登坛升座后，韦刺史及其部属三十余人，学识渊博的读书人三十余人,以及出家僧尼与在家俗众一千余人,一起敬礼,希望聆听佛法要义。

六祖大师语重心长地对众人说:

各位善知识,菩提自性本来是清净的,众生只要回归这清净的菩提心,便可于言下顿悟成佛。善知识,且听我叙述求法、得法的经历。

【讲解】

惠能登坛说法,劈头就说:"菩提自性,本来清净,但用此心,直了成佛。"此处,"心"即是他所说的"菩提自性",即本心、佛性。这四句话,可以说是惠能顿悟法门的总纲,也是整部《坛经》的灵魂所在。

惠能认为,菩提自性本来是清净的,但由于众生一念不觉、缘虑幻境、妄生分别,而遮蔽自性的光辉,不见自性的本来面目。众生一旦回归自性,依顺本心,即可证得如来智慧,从而转迷为智,见性成佛。因此,佛与众生的区别就在此一"心",心若迷即是众生,心若悟即是佛。

【原文】

惠能严父[1],本贯范阳[2],左降流于岭南[3],作新州百姓[4]。此身不幸,父又早亡。老母孤遗[5],移来南海[6],艰辛贫乏,于市卖柴。

时有一客买柴,使令送至客店,客收去,惠能得钱,却出门外[7],见一客诵经。惠能一闻经语,心即开悟[8],遂问:"客诵何经?"客曰:"《金刚经》[9]。"复问:"从何所来持此经典?"客云:"我从蕲州黄梅县东禅寺来^[10],其寺是五祖忍大师在彼主化^[11],门人一千有余^[12]。我到彼中礼拜^[13],听受此经。大师常劝僧俗,但持《金刚经》,即自见性^[14],直了成佛。"

惠能闻说,宿昔有缘^[15],乃蒙一客取银十两与惠能,令充老母衣粮,教便往黄梅参礼五祖。

【注释】

〔1〕严父:中国传统文化中,有"父严母慈"的说法,所以尊称父亲为严父。惠能的父亲,姓卢,名行瑫。

〔2〕本贯:本籍。贯,籍贯。范阳:地名,唐置郡,在今河北省。

〔3〕左降:即降职。古时以右为尊,故官职降迁称"左降"或"左迁"。流:即流放,为古代五刑之一,安置远方,终身不返。岭南:唐贞观年间设置的道名,因在五岭之南,所以称为岭南,今属广东。

〔4〕新州:即今广东省的新兴县。

〔5〕孤遗:古代,幼小丧父为"孤",因此孤子又称孤遗。此处"孤遗"为惠能自称。

〔6〕移:迁。南海:县名,属唐广州都督府,今佛山市南海区。

〔7〕却:退。

〔8〕开悟:开智明理。

〔9〕金刚经:佛教经典。全称《能断金刚般若波罗蜜经》,又称《金刚般若波罗蜜经》,简称《金刚经》。最早由后秦鸠摩罗什于后秦弘始四年(402)译出,以后相继出现五种译本:北魏菩提流支译《金刚般若波罗蜜经》,南朝陈真谛译《金刚般若波罗蜜经》,隋达磨笈多译《金刚能断般若波罗蜜经》,唐玄奘译《能断金刚般若波罗蜜多经》,唐义净译《佛说能断金刚般若波罗蜜多经》。鸠摩罗什译本流传最广,五祖所传授的《金刚经》即是此本。

〔10〕蕲州:今湖北蕲水县。黄梅县:隋时设置,在蕲水县东。东禅寺:又名莲华寺,位于黄梅县西南的东山。

〔11〕五祖:中国禅宗第五代祖师,湖北蕲州黄梅县人,俗姓周,法号弘忍。主化:主持教化。

〔12〕门人:门下学禅之人。

〔13〕礼拜:合掌叩头以示恭敬。

〔14〕即自见性:自然能够了悟自我真性。

〔15〕宿昔有缘:前世有因缘。

【译文】

　　家父本是范阳人,后被降职流放到岭南,成为新州百姓。我三岁的时候父亲不幸去世,留下我这个孤儿与老母相依为命。后来,我们移家至南海,依靠卖柴为生,过着十分艰辛的日子。

　　有一天,有位顾客买柴,让我把柴送到客店去。客人收下柴,付了钱,当我退出门外时,看见一位客人正在诵读佛经。我一听那位客人诵的经,当即开悟,于是问那客人:"请问您诵念的是什么经?"客人答:"《金刚经》。"我再问他:"您从哪里来?在哪里学的这部经?"客人说:"我从蕲州黄梅县东禅寺来。弘忍大师在此寺主持教化道场,跟随他参学的门人有一千多,我就是到那寺庙礼拜而学习此经的。大师经常劝那些出家或在家的信众说:'只要勤持《金刚经》,自然就能了见自性,直接了悟而成佛。'"

　　我听了他这番话,由于前世与佛法有缘,便萌生了去五祖处学习佛法的念头。承蒙一客人给了我十两银子,让我为老母备足衣食,然后放心去黄梅参拜五祖。

【讲解】

　　《六祖大师事略》一开始叙述了六祖降生的神异传说。关于"惠能"二字的由来,此书说:六祖降生时,有两位神秘的高僧飘然而至,对其父亲说:"夜来生儿,可名惠能。"父亲问此名的含义,僧说:"惠者,以法惠济众生;能者,能作佛事。"言毕,飘然而逝。此故事虽为虚构,但的确表达了后人对"惠能"法号的理解。

惠能三岁丧父,与母亲李氏相依为命,靠卖柴艰难度日,连生计都难以维持,更不用说求学了,因此虽至成年仍不识一字。虽不识字,但惠能有极高的悟性,在卖柴的路上仅凭听到的一句佛经,当即领悟佛法大意,决定终身皈依佛门。这一偶然的机遇,决定了惠能的人生轨迹,也影响了唐代以后中国佛教乃至整个中国文化的发展方向。特殊的人生经历,使惠能坚信:对佛法的感悟能力即悟性的高低取决于人先天根机的利钝,而与知识的多寡没有必然的联系。这正是惠能后来开缘说法反复强调"不立文字"的原因。

惠能听到《金刚经》中的一句话而彻悟整部经的思想精髓,他后来的禅学思想就是建立在此基础之上的。因此,了解一下《金刚经》的基本思想对理解《坛经》至关重要。

《金刚经》卷末的四句偈文说:"一切有为法,如梦幻泡影,如露亦如电,应作如是观。"这四句偈文是整部《金刚经》的精髓。其意是说,世界上的一切事物都是空幻不实的,是没有永恒不变的本性即自性的。无自性,即是"空",又称"真空";但,"空"并不是绝对的虚无,还有幻相的存在,幻相是"假有",又称"幻有"。对于现实世界,既不能把它看作实有,也不可视为虚无,看作实有为"执有",视为虚无为"执无",这都不是正确的认识方式。正确的认识方式应是,不离"幻有"而观悟"真空",换言之,于当下的婆娑世界体悟其当体之空性。这就是大乘佛教的"中道"观,就是《金刚经》所说的"应作如是观"。能作"如是观",对现实世界就不会过于执著,就会以一个洒落的情怀面对世间的一切,这就是"无所住"。这一思想是惠能《坛经》禅学大厦的基石。

【原文】

惠能安置母毕,即便辞违。不经三十余日便至黄梅,礼拜五祖。祖问曰:"汝何方人?欲求何物?"惠能对曰:"弟子是岭南新州百姓,远来礼师,惟求作佛,不求余物。"祖言:"汝是岭南人,又是獦獠[1],若为堪作佛?"惠能曰:"人虽有南北,佛性本无南北[2]。獦獠身与和尚不同[3],佛性有何差别?"

五祖更欲与语,且见徒众总在左右,乃令随众作务[4]。惠能曰:"惠能启和尚[5],弟子自心常生智慧,不离自性,即是福田[6],未审和尚教作何务[7]?"祖云:"这獦獠根性大利[8],汝更勿言,著槽厂去[9]。"惠能退至后院,有一行者[10],差惠能破柴踏碓[11],经八月余。

祖一日忽见惠能,曰:"吾思汝之见可用,恐有恶人害汝,遂不与汝言。汝知之否?"惠能曰:"弟子亦知师意,不敢行至堂前[12],令人不觉。"

【注释】

〔1〕獦獠(gé liáo):隋唐时期,对岭南少数民族的称呼,也泛指南方人。

〔2〕佛性:"佛"者,觉悟之义;"性"者,不改之义。佛性,指一切众生永恒不变的觉悟之性。

〔3〕和尚:原指懿德高僧,后世用于弟子对师父的尊称,世俗则用以通指出家的男众。

〔4〕作务:干活。

〔5〕启:陈述。

〔6〕福田:谓能生福德之田。世人行善修慧,犹如农夫下种于田,将来必能得到福报,故称福田。

〔7〕未审:不知道。

〔8〕根性大利:根为"能生"之义,人性具有生善业或恶业之力,所以称为根性。大,即太,过意。利,锐利。

〔9〕著:表示命令的口气。槽厂:养马的小屋,这里指后院的碓房。

〔10〕行者:在寺庙中服劳役的带发修行者。

〔11〕破柴:劈柴。踏碓:踩踏杵杆一端使杵头起落来舂米。

〔12〕堂:指法堂,禅门高僧演说佛法的厅堂。

【译文】

惠能安置好母亲,告辞出门。不到三十日便来到黄梅,礼拜五祖弘忍。五祖问:"你是什么地方人?来此想求什么东西?"惠能回答:"弟子是岭南新州百姓,远道而来礼拜大师,只求作佛,不求其他的东西。"五祖说:"你是岭南人,长得像个獦獠似的,你怎么可能作佛呢?"惠能说:"人虽有南北之别,但佛性本无南北之分。獦獠虽然在相貌上与和尚不同,但在佛性上与和尚又有什么差别呢?"

五祖还想说话,看到徒弟们都在左右,于是命令惠能:"随众干活去!"惠能说:"弟子自心常现智慧,一刻不离自性,这就是福田。不知和尚还教我干什么活?"五祖说:"你这獦獠,根性太利!不要再啰嗦了,到后院去!"惠能退出,来到后院。有一位行者,给惠能分派了劈柴与踏碓舂米的任务。这活一干就是八个多月。

有一天,五祖到后院来,看见惠能,说:"你那天的见解是对的,我知道你已经开悟,由于担心嫉妒之人加害于你,所以故意不和你多说话,你知道吗?"惠能说:"弟子知道师父的用意,所以八个月来从不敢来法堂前,这样就不会引起别人的怀疑。"

【讲解】

　　有必要简单介绍一下五祖弘忍。弘忍(601—674),俗姓周,湖北黄梅人。七岁时,从四祖道信出家。二人初次见面时,有一番精彩的对话:

　　　　道信:"子何姓?"
　　　　弘忍:"姓即有,不是常姓。"
　　　　道信:"是何姓?"
　　　　弘忍:"是佛性。"
　　　　道信:"汝无姓邪?"
　　　　弘忍:"性空,故无。"

道信感觉眼前这个七岁的孩子悟性极高,便与其父母商量让其出家,父母答应了这个要求。道信给其取名弘忍。十三岁时,弘忍正式剃度为僧。永徽三年(652),继承四祖衣钵而成为禅宗五祖。由于弘忍在黄梅东山弘法,世人便把其禅法称为"东山法门"。

　　龙朔元年(661),惠能到黄梅初参弘忍。弘忍嘲讽惠能是"獦獠",说他不可能成佛,好像是在有意羞辱他,这种傲慢的态度与弘忍一代祖师的身份极不相符。千万不要因此而认为弘忍修养很差,其实,他这是故意用这种极端的方式把惠能逼到极其尴尬的境地,然后看他瞬间的反应,此时的反应是出于本能的、直觉的,因而是最真实的。惠能面对这突如其来的打击,平静地说:"人虽有南北,佛性本无南北。獦獠身与和尚不同,佛性有何差别?"这一回答,与当年弘忍回答道信的问题有异曲同工之妙。两者都抓住了"佛性"这一关键词。

　　佛性,是一切众生本来具有的觉悟之性,是众生成佛的内在根据，是恒常不变、没有差别的。《涅槃经》卷二十七说："一切众生悉有佛性，如来常住无有变易。"这是说佛性的普遍性与恒常性。惠能的回答正与此相契合，因此弘忍说他根性太利。

惠能又说："弟子自心常生智慧，不离自性，即是福田。"他虽然没有学过佛法，更没有得到过高僧的指点，但他已经悟到"智慧不离自性"的道理，这是无师而自悟，这是一种自性本智触处应现的境界。

【原文】

祖一日唤诸门人总来："吾向汝说，世人生死事大[1]。汝等终日只求福田，不求出离生死苦海[2]，自性若迷，福何可救？汝等各去自看智慧，取自本心般若之性[3]，各作一偈[4]，来呈吾看。若悟大意[5]，付汝衣法为第六代祖[6]。火急速去，不得迟滞[7]。思量即不中用[8]，见性之人[9]，言下须见[10]。若如此者，轮刀上阵亦得见之[11]。"

众得处分[12]，退而递相谓曰[13]："我等众人，不须澄心用意作偈[14]，将呈和尚[15]，有何所益？神秀上座现为教授师[16]，必是他得。我辈谩作偈颂[17]，枉用心力。"诸人闻语，总皆息心。咸言："我等已后依止秀师[18]，何烦作偈？"

【注释】

〔1〕生死事大：对世人来说，生死问题极其重大，佛教常以"生死事大"来劝人尽快学佛而求解脱。

〔2〕苦海：众生处于六道轮回之中，如沉溺于无边无际的大海，故名

苦海。

〔3〕般若:梵语 Prajnā 的音译,意译为智慧。此智慧并非现实世界的有分别的"世间智",而是超验的无分别的"出世间智"。为了区别于"世间智","般若"保存原来的梵音,读作 bō rě。

〔4〕偈:梵语 Gāthā 的音译,也意译为颂或偈颂。一般以四句为一偈,是一种近似于诗的有韵文体。

〔5〕大意:指佛教经论之大体纲要。

〔6〕衣法:衣指袈裟,法指正法。初祖菩提达磨以来,历代祖师传灯,都是内传法以印证宗门宗旨,外传衣以表示师承的真实无虚。

〔7〕迟滞:停顿、停留之意。

〔8〕思量:指思虑量度事理。

〔9〕见性:即彻见自心之佛性。

〔10〕言下须见:当下即悟。

〔11〕"轮刀"句:即使舞刀厮杀之时,照样能够闻言立见,不须拟议。

〔12〕处分:吩咐。

〔13〕递相:相互。

〔14〕澄心:清心。用意:花费心思。

〔15〕将:送。

〔16〕神秀:神秀(606—706),俗姓李,陈留尉氏(今河南尉氏县)人。少览经史,博学多闻。唐武德八年(625),在洛阳天宫寺受具足戒。五十岁时,至蕲州黄梅东山寺参谒弘忍,从事打柴汲水等劳役以求法。如此六年,弘忍对他深为器重,称其为"悬解圆照第一"。上座:寺庙的职位名,位在住持之下。除了住持以外,更无人高出其上,故名上座。教授师:寺庙中专门教授弟子威仪作法的轨范师。

〔17〕谩:轻慢,轻率冒昧。

〔18〕依止:依附。

【译文】

　　有一天,五祖召集门下徒众,对他们说:"大众生活在人世

11

间,犹如浮游于生死苦海之中,这是世人所要解决的最大事情。你们终日只知道修福德,而不知道自求出离生死苦海之道。如果迷了自性,所修的福德又如何能挽救你们出离生死苦海呢?你们各自回去,认真思考一下自己的智慧,利用你们本心的般若之性,各作一首偈颂呈给我看。谁如果能悟得佛法大意,我就将衣、法传付与他,让他作第六代祖师。赶快去,不要磨磨蹭蹭!苦思冥想是没有用的。如果是见性的人,一言之下即可得见。这种人,即使在挥刀厮杀之时,照样能于言下了见自性。"

众人接受任务后,窃窃私语:"我们这些人,不必静心、费神,即使作出了偈呈给和尚,又有什么用呢?神秀上座现在是我们的教授师,六祖的位置非他莫属。我们轻率作偈,那是枉费心机。"众人听了这番话,全打消了作偈的念头。大家都说:"我们以后依附神秀上座就行了,何必白费心力去作偈呢?"

【讲解】

弘忍为了勘验弟子是否"见性",让他们各作一偈以示见地,同时告诉他们:"思量即不中用,见性之人,言下须见。"这句话中的"思量即不中用"十分重要。佛教认为,对佛法的把握不能靠"思量"。如《法华经·方便品》说:"是法非思量分别之所能解。"思量,指思虑、量度事理。由思量而知,经考虑而得,称为"比量",这是禅宗极力反对的。既然"思量"不能"见性",那么如何才能"见性"呢?弘忍说"言下须见",即仅凭借当下的感觉。这种感觉称为现量,即认识对象如镜照物一般直接呈现于心中,不经过概念、思维、语言等符号工具的中介和加工,是一种纯粹的直觉活动。弘忍"思量即不中用"命题,对后世禅宗产生了极其重要的影响。

【原文】

神秀思惟[1]:"诸人不呈偈者,为我与他为教授师,我须作偈将呈和尚。若不呈偈,和尚如何知我心中见解深浅。我呈偈意,求法即善,觅祖即恶,却同凡心夺其圣位奚别?若不呈偈,终不得法。大难[2]!大难!"

五祖堂前有步廊三间,拟请供奉卢珍画"《楞伽经》变相"及《五祖血脉图》[3],流传供养[4]。

神秀作偈成已,数度欲呈,行至堂前,心中恍惚,遍身汗流,拟呈不得。前后经四日,一十三度呈偈不得。秀乃思惟:"不如向廊下书著,从他和尚看见,忽若道好,即出礼拜,云是秀作。若道不堪,枉向山中数年,受人礼拜,更修何道?"

【注释】

〔1〕思惟:思量。

〔2〕大难:太难。

〔3〕供奉:官名,唐朝时把那些在文学、艺术或技艺等方面有高深造诣的人招至内庭,以侍奉帝王。卢珍:官为内供奉,工于人物画及佛经变相图。《楞伽经》:楞伽,本为城名,位于南海摩罗山顶,即今锡兰岛,佛于此所说之法,名《楞伽经》。此经今存三种译本:一为刘宋求那跋陀罗译的四卷本,名《楞伽阿跋多罗宝经》;二为元魏菩提流支译的十卷本,名《入楞伽经》;三为唐实叉难陀译的七卷本,名《大乘入楞伽经》。达磨传授给二祖慧可的是四卷本《楞伽经》。变相:表现佛教故事的绘画、雕塑等,又称变像、变绘,也略称变。变,乃变动、变现之意,意思是将佛教故事及经典中所讲述的譬喻、神奇事迹用造型艺术表现出来。如依《华严经》所画的"七处八会",称为"华严变相";画地狱之种种相,称为"地狱变相"。此处

"《楞伽经》变相",是指把释迦牟尼当年在楞伽法会讲《楞伽经》的情形绘成图画。《五祖血脉图》：表现从初祖达磨至五祖弘忍，历代传灯系谱的图像。

〔4〕流传：传布。供养：即奉养。在佛教中，献佛、饭僧都称"供养"。此处，"流传供养"意思是说，凡来此看见"《楞伽经》变相"与《五祖血脉图》的人，能生出恭敬、宣传之心，因此称供养。

【译文】

神秀寻思："众人都不愿呈偈，是因为我是他们的教授师。我必须作偈呈献给和尚。我如果不呈偈，和尚怎么能知道我心中见解的深浅呢？我呈偈的目的，如果是为了求证佛法，这就是善；如果是为了求得祖位，那就是恶了，那和一心夺取五祖圣位的凡夫又有什么区别呢？假如不呈偈的话，就得不到和尚的印证，那又怎么能得到佛法呢？太难了！太难了！"

在五祖法堂前，有三间步廊，原打算请供奉卢珍在廊壁上绘画"《楞伽经》变相"及《五祖血脉图》，以供后世流传、供养。

神秀作完偈，数度想呈上去，但每次走到五祖法堂前时，就打起了退堂鼓，心中恍惚，遍身汗流，终究没有勇气呈上这首示法偈颂。就这样反反复复经过了四天时间，共有十三次呈偈而未得。神秀暗想："不如把偈颂写在法堂前的步廊壁上，让五祖自己去看，如果他说写得好，我就出来礼拜，承认是我作的；如果他说不好，那就只能怪我枉来山中数年受人礼拜，还修什么道呢？"

【讲解】

神秀作偈时，瞻前顾后、患得患失。不作偈，怕五祖不知道自己见解的深浅；作偈，又怕别人说他想夺圣位。呈偈时，犹犹豫豫，反反复复，缺少信心和勇气。可见他心中藏着太多妄念、太多挂碍,离"明心见性"相差不下十万八千里。弘忍告诫说:"思量即不中用,见性之人,言下须见。"神秀离此要求相差很远。

《坛经》出自南宗学人之手,在宋元两朝被南宗后学增饰很多,此处对神秀瞻前顾后、优柔寡断心理的描写恐是有意的丑化。

【原文】

是夜三更,不使人知,自执灯书偈于南廊壁间[1],呈心所见。偈曰:

身是菩提树[2],心如明镜台[3]。
时时勤拂拭[4],勿使惹尘埃[5]。

秀书偈了,便却归房,人总不知。秀复思惟:"五祖明日见偈欢喜,即我与法有缘;若言不堪,自是我迷,宿业障重[6],不合得法。圣意难测!"房中思想,坐卧不安,直至五更。

【注释】

[1] 南廊壁间:南边走廊的墙壁上。
[2] 菩提树:原名毕钵罗树,因释迦牟尼在此树下成道,故名菩提树,又称觉树、道树、道场树、佛树等。
[3] 明镜台:即梳妆台,因台上置放镜子,故有此名。此处是以"明镜台"代"明镜",比喻本心、佛性。
[4] 拂拭:擦拭。
[5] 惹:沾染。如薛涛《柳絮》诗:"二月杨花轻复微,春风摇荡惹人衣。"

〔6〕宿业:过去的善恶业因。障:即烦恼障,又称惑障,意谓烦恼能扰乱心神,妨碍圣道。宿业障重,是说宿昔所造善恶业引起的烦恼障很深、很重。

【译文】

夜交三更的时候,神秀一个人端着灯,蹑手蹑脚来到南廊下,把想好的偈颂写在墙壁上,以表露心中的见解。偈说:

身是菩提树,心如明镜台。

时时勤拂拭,勿使惹尘埃。

写完后,悄悄退回房间,满院僧众无一人知晓。神秀反复思忖:"如果明天五祖看见此偈高兴,即是我与佛法有缘;假使说写得不好,那是我自迷,宿昔业障太过深重,不该得法。五祖圣意难测啊!"神秀在房中不停地想,坐卧不安,直至五更时分。

【讲解】

神秀作的是一首示法偈。所谓示法偈,简言之,就是禅师向学人示法时所说之偈。随着丛林中上堂示法制度与禅会组织的形成,禅宿在对答中往往利用诗偈来阐明法要,指点迷津。广义的示法偈,既可指禅师向学人示法时所说之偈,也可指学人向禅师表达自己对禅法的理解时所说之偈。神秀的这一首示法偈属于后者。

偈的前两句,神秀将色身、人心比作"菩提树""明镜台",以此说明众生本具觉性、众生心本自清净的道理。神秀所谓的"心",是指人们本觉的真心,同时认为这个本觉真心随时都会被妄念、情欲所污染,所以他主张"时时勤拂拭",即依持自清净心而不断修行。"尘埃",佛教指那些污染人性情的东西。《净心戒规》:"云何名尘?沾污净心,触身成垢,故名尘。""莫使惹尘埃",这是提醒人们时刻提防各种情尘欲垢对人之自性清净心的侵袭。这后两句充分显示了神秀禅法"息妄"渐修的特色。

中唐高僧宗密,在论述神秀北宗禅法时说:"北宗意者,众生本有觉性,如镜有明性。烦恼覆之不见,如镜有尘暗。……息灭妄念,念尽则心性觉悟,无所不知,如磨拂昏尘,尘尽则镜体明净、无所不照。"(《中华传心地禅门师资承袭图》)这句话很好地揭示了神秀这首偈颂的思想内涵,凸显了神秀禅法"拂尘看净"之特点。

【原文】

祖已知神秀入门未得,不见自性。天明,祖唤卢供奉来,向南廊壁间绘画图相。忽见其偈,报言:"供奉却不用画,劳尔远来。经云:'凡所有相皆是虚妄[1]。'但留此偈与人诵持。依此偈修,免堕恶道[2];依此偈修,有大利益[3]。"令门人:"炷香礼敬[4],尽诵此偈,即得见性。"门人诵偈,皆叹善哉。

【注释】

〔1〕"凡所"句:出自《金刚经》。相,事物的相状。这句话的意思是说,万事万物都是虚幻的存在,都是没有自性的,因此都是空的。

〔2〕恶道:与"善道"对称,与"恶趣"同义,指顺着恶行而趣向的道路,如地狱、饿鬼、畜生,即是所谓的"三恶道"。

〔3〕利益:又作饶益,简称利或益,指随顺佛法而获得的恩惠及幸福。

〔4〕炷香:即焚香。

【译文】

五祖早已知道神秀还未入门,还未见性。天明后,五祖请卢供奉过来,一起到南廊那边,准备画"《楞伽经》变相"与《五祖师承血脉图》。忽然看到神秀那首偈颂,于是对卢供奉说:"供奉不用画了,劳累你远道而来。佛经说:'凡所有相皆是虚妄。'保留这首偈颂,供众人诵念受持。依此偈修行,可免堕三恶道;依此偈修,会有大利益。"又命门人说:"大家都过来梵香礼敬,念诵此偈,即可渐得自性。"于是,门人争相念诵,赞叹:"写得太好了!"

【讲解】

在看到此偈之前,五祖就已经知道神秀还未入门,未曾见性。这是为什么?因为他知道:"思量即不中用,见性之人,言下须见。"神秀思量、拟议了四天时间,这充分说明他并未见性。

从神秀的示法偈,也能看到他未曾见性。"时时勤拂拭",这是"看心","看心"则"心"有所住;"勿使惹尘埃",这是"看净","看净"则心住"净"相。"看心",执著于"心";"看净",执著于"净"。"看心""看净",都是著相。自性是无相的,一落入有相,即是远离自性。神秀这则偈颂,说明他对禅的理解还停留在渐修层面的方便法门上,还未彻悟"自性"本体的虚空之性。

神秀这首示法偈,虽未见性,但对那些不能从"顿"门直入的人来说,这种渐次修行的方式还是很有好处的,因此五祖对弟子们说:"依此偈修,免堕恶道;依此偈修,有大利益。"

【原文】

祖三更唤秀入堂,问曰:"偈是汝作否?"秀言:"实是秀作。不敢妄求祖位,望和尚慈悲[1],看弟子有少智慧否?"祖曰:"汝作此偈,未见本性,只到门外,未入门内。如此见解,觅无上菩提了不可得[2]。无上菩提,须得言下识自本心,见自本性,不生不灭。于一切时中念念自见[3],万法无滞[4]。一真一切真[5],万境自如如[6]。如如之心,即是真实[7]。若如是见,即是无上菩提之自性也。汝且去,一两日思惟,更作一偈将来吾看,汝偈若入得门,付汝衣法。"

神秀作礼而出。又经数日,作偈不成,心中恍惚,神思不安,犹如梦中,行坐不乐。

【注释】

〔1〕慈悲:给一切众生乐,称慈;拔一切众生苦,称悲。

〔2〕无上菩提:佛、缘觉、声闻所证得的觉智,称为菩提;佛之菩提为无上究竟,故称无上菩提,又称诸佛菩提、阿耨多罗三藐三菩提、大菩提等。

〔3〕一切时:无始以来相续无穷的时间,包括过去、现在、未来所有的时间,称为一切时。念念:即刹那刹那,指极短的时间。

〔4〕万法:意同"诸法",指一切事物。无滞:没有凝滞,即无住。

〔5〕一真一切真:一真,佛教所认识的绝对真理,这里指人的自我本性。如果从人的自我本性观照万法,万法皆为原样呈现,因此说"一真一切真"。

〔6〕万境:一切境界。如如:前"如",乃"像""相似"之意;后"如",指"真实"。如如,意思是像"真如"那样,指不动、寂默、平等不二、不起颠倒分别的自性境界。

〔7〕真实:离迷情,绝虚妄。

【译文】

夜半三更时分,五祖把神秀唤入法堂。问:"那首偈颂是你写的吗?"神秀答道:"实为弟子所为,不敢妄求祖位,只希望和尚慈悲,看看弟子是否有点智慧?"五祖说:"你这首偈颂,还未见性,只到门口,未能入内。这种见解,是不可能求得无上菩提的。求无上菩提,必须在一言之下立即认识自己的本心、本性,明白本心、本性的不生不灭之性。在一切时间之中,念念都能自识本心、自见本性,了知万法本无滞碍。透过真实的自性观照万法,万法皆呈现其本来面目,一切境界也都如如不动、无有生灭、平等无二。这如如之心,即是离绝'人我''法我'二执而显现的真实性。如果能有这样的见解,就是无上菩提之自性。你回去再思考一两天,再作一首偈颂,送给我看。如果能入门,我就把衣法传付给你。"

神秀作礼退出。数日过去了,还是作偈不成,整日恍恍惚惚,如在梦中,神思不安,行坐不宁。

【讲解】

在上面这段文字中,最重要也是最难理解的是这么几句:"无上菩提,须得言下识自本心,见自本性,不生不灭。于一切时中念念自见,万法无滞。一真一切真,万境自如如。如如之心,即是真实。若如是见,即是无上菩提之自性也。"理解这几句话,要抓住几个关键词与核心命题。

这几个关键词是"本心""本性""真实""如如之心""菩提之自性"。它们的意思是一样的,与"法性""真如""涅槃"等是同等意义上的概念,都表示超越一切差别、断绝一切妄见的平等一如、清净无染的禅悟境界。弘忍禅法以"彻悟心性之本源"为宗旨,以"守心"为参学之要。所谓"守心",就是守住"本真心"。他在《最上乘论》中说:"守本真心,妄念不生,我所心灭,自然与佛平等无二。""守本真心",就是他对神秀所说的"识自本心,见自本性",只有这样才能进入万法平等、生佛一如的境界,才能觅得"无上菩提"。

"一真一切真,万境自如如",是讲"本心"与"万法"之间的关系。"一真",指人的"本心""自性"或"本真心",它是无分别、绝对待的,是真实的。"万境"即"万法",是"心"的幻化,是有差别的,是虚幻不实的。见性之人,既不会把万法当实有,也不会把万法当虚空,而是在婆娑的自然物态之中,体悟当体即空的宇宙实相。主体在对当体即空之万法的直觉观照中,顿悟自我佛性。此时,"心"与"万法"之间的界限彻底消除,主体敞开自我生命,在自我的光明体验中浩然与天地同流。这就是"一真一切真,万境自如如",后期禅宗常用"青山自青山,白云自白云"来描绘这种境界。

【原文】

复两日,有一童子于碓坊过[1],唱诵其偈。惠能一闻,便知此偈未见本性,虽未蒙教授,早识大意。遂问童子曰:"诵者何偈?"童子曰:"尔这獦獠,不知大师言:'世人生死事大,欲得传付衣法,令门人作偈来看。若悟大意,即付衣法为第六祖。'神秀上座于南廊壁上书《无相偈》,大师令人皆诵,依此偈修,免堕恶道;依此偈修,有大利益。"惠能曰:"我亦要诵此,结来生缘[2]。上人[3],我此踏碓八个余月,未曾行到堂前。望上人引至偈前礼拜。"

童子引至偈前礼拜。惠能曰:"惠能不识字,请上人为读。"时有江州别驾[4],姓张名日用,便高声读。惠能闻已,遂言:"亦有一偈,望别驾为书。"别驾言:"汝亦作偈?其事希有。"惠能向别驾言:"欲学无上菩提,不得轻于初学。下下人有上上智,上上人有没意智[5]。若轻人,即有无量无边罪。"别驾言:"汝但诵偈,吾为汝书。汝若得法,先须度吾[6]。勿忘此言。"

惠能偈曰:

菩提本无树,明镜亦非台。
本来无一物,何处惹尘埃?

书此偈已,徒众总惊,无不嗟讶[7]。各相谓言:"奇哉!不得以貌取人,何得多时使他肉身菩萨[8]。"祖见众人惊怪,恐人损害,遂将鞋擦了偈,曰:"亦未见性。"众以为然。

【注释】

〔1〕童子:此处指已发心求道、尚未剃度的幼童。

〔2〕来生缘:来世之因缘。

〔3〕上人:即上德之人,对出家僧众的尊称,此处指童子。

〔4〕江州:州名,晋朝时置,隋朝改为九江郡,唐复名江州,治所在今江西省九江市。别驾:官名,别驾从事史的简称,为州刺史的佐官。

〔5〕没意智:智慧被埋没。上上人的智慧往往被自己的思量、分别之心所淹没。

〔6〕度:渡过之意。本为梵语,音译为波罗蜜多,意译为度、到彼岸,即从生死迷惑之此岸而到达解脱涅槃之彼岸。在佛教中,僧人出家称为"得度"。

〔7〕嗟讶:赞叹、惊讶。

〔8〕肉身菩萨:又名生身菩萨,即此父母所生之身已是菩萨。

【译文】

又过了两天,有一童子从碓坊经过,口中诵着神秀的那首偈颂。惠能一听,便知此偈未曾见性。虽然未承蒙五祖指教,但早知佛法大意,于是问童子:"您诵的是什么偈?"童子说:"你这獦獠,怎么还不知道!五祖说'世人生死事大',他要传付衣法,命门人作偈,谁能悟得佛法大意,就把衣法传付给他,让他作第六代祖师。神秀上座在南廊墙壁上写了这首《无相偈》,五祖让大家诵持此偈。他说,依此偈修行,可以免堕恶道,可以得大利益。"惠能说:"我也要诵持此偈,一结来生法缘。上人,我在碓房已经干了八个多月了,从未曾到法堂那边去,希望上人能带我到那首偈前去礼拜。"

童子带惠能到偈前礼拜。惠能说:"我不识字,请上人替我读诵一遍。"当时,江州别驾张日用也在场。张日用高声朗诵。惠能听完,说:"我也有一首偈,恳请别驾代为书写。"别驾说:"你也会作偈?真是件稀罕事!"惠能对别驾说:"想学无上菩提,不可轻视那些初学者。下下等的人也可能有上上等的智慧,而上上等的人也可能有没智慧的时候。如果看不起别人,就会有无量罪过。"别驾说:"你尽管把偈念出来,我为你写上。你如果得法,必须先来度我,别忘了我这句话。"惠能偈曰:

菩提本无树,明镜亦非台。
本来无一物,何处惹尘埃?

此偈一出,整寺僧众都被惊呆了,无不惊讶、赞叹,奔走相告:"太奇怪了!真不能以貌取人啊!惠能来这里这么短的时间,竟然成了肉身菩萨!"五祖看到众人这么大惊小怪,恐怕有人加害惠能,于是用鞋子擦掉偈颂,说:"也没有见性。"众人都相信了五祖的话。

【讲解】

关于惠能的这首偈颂,现存禅门典籍有不同的记载。敦煌本《坛经》记为两首,其一为:"菩提本无树,明镜亦无台。佛性常清净,何处有尘埃。"其二为:"心是菩提树,身为明镜台。明镜本清净,何处染尘埃。"敦煌本以后的各种版本《坛经》,都改为:"菩提本无树,明镜亦非台。本来无一物,何处惹尘埃。"

偈的前两句直接反驳神秀的"身是菩提树,心如明镜台"。神秀把色身、人心比作菩提树、明镜台,肯定有一个清净之心体的存在。惠能说"菩提本无树,明镜亦非台",否定的正是把菩提、明镜执为实有的观点,这是以般若的无相来化解神秀对真心、佛性的执著。

第三句,敦煌本《坛经》第一首作"佛性常清净",而后来的本子都改为"本来无一物",这引起了后人极大的争议。有人认为,这是以般若思想窜改了佛性论,甚至有人认为此句表达的是"本无"思想,是以"本无"误解了"性空"。宋代禅僧黄龙悟新曾作诗讽刺惠能说:"六祖当年不丈夫,倩人书壁自涂糊。明明有偈言'无物',却受他人一钵盂。""倩人",请托别人。从惠能的整个思想体系来看,"佛性常清净"与"本来无一物"所表达的实际上都是般若无所得、无可执著的思想。在般若学的思想体系中,"清净""本净"等名词实际上具有"性空""毕竟空"的意思。惠能所说的"佛性常清净,何处有尘埃",所发挥的其实正是佛性如虚空、离分别、无所得、无可垢污的思想。所以,"佛性常清净"与"本来无一物",并没有实质性的不同。也许是惠能的后学,担心"佛性常清净"的说法容易被理解为有一清净之物的存在,故意将它改为"本来无一物",从而更突出了"无可执著""无可得"之义。

比较一下惠能和神秀两人的偈颂,可以看出,两者最大的区别在于:一是对"心"的理解不同;二是"修心"方法的不同。神秀所谓的心,是指人的本觉真心,即肯定有一个清净心体的存在,并认为有妄念情欲时刻会污染它。而惠能所谓的心,则主要是指人当下现实的一念心,它时刻处于流动变化之中,无妄念即是真,因此,不存在一个可以观、可以修、可以拂拭的清净心。有"心"可修与无"心"可修,是神秀禅与惠能禅的根本差异。由此出发,在如何修心上,神秀主张通过观心看净、时时勤拂试的渐修而悟清净心,惠能则主张无念息情,无证无修,强调真心与妄心都不离人们当下的一念之心,起心修证就是安"心"有为,反而失去了清净本然之心,所以惠能反对神秀北宗的"时时勤拂拭"。

惠能这首示法偈是其禅学思想的集中体现,它奠定了以后南宗禅发展的基本方向。

【原文】

次日,祖潜至碓坊,见能腰石舂米[1]。语曰:"求道之人,为法忘躯,当如是乎!"乃问曰:"米熟也未[2]?"惠能曰:"米熟久矣,犹欠筛在[3]。"祖以杖击碓三下而去,惠能即会祖意,三鼓入室。祖以袈裟遮围[4],不令人见,为说《金刚经》。至"应无所住而生其心"[5],惠能言下大悟:一切万法不离自性[6]。遂启祖言:"何期自性本自清净[7]!何期自性本不生灭!何期自性本自具足!何期自性本无动摇!何期自性能生万法!"祖知悟本性,谓惠能曰:"不识本心,学法无益。若识自本心,见自本性,即名丈夫、天人师、佛[8]。"

【注释】

〔1〕腰石:在腰上绑块石头。六祖人长得瘦小,体重太轻,踏不动舂米碓,因此在腰上绑块石头,以增加身体的重量。

〔2〕米熟也未:双关语,表面上是问"米舂好了吗",其实是问"觉悟了吗"?

〔3〕犹欠筛在:双关语,表面上是说"米已舂好,尚需筛一下",其实是说"已经觉悟,只等和尚印证"。

〔4〕袈裟:僧人的法衣,有"不正色""坏色""染色"等意,这是因为僧人的法衣都要染成浊色的缘故。又因其由许多长方形小布块缝合而成,形状犹如田畔,故又名田相衣,亦称福田衣。

〔5〕"应无"句:《金刚经》中句子。无所住,对万法无有执著。生其心,显现本心。这句话意思是说,当心对万法无所执著时,本心就会显现。

〔6〕万法:一切事物和现象。

〔7〕何期:不期、不料、想不到。

〔8〕丈夫:"如来十号"之一的"调御丈夫"。天人师:"如来十号"之一,"六趣"中的天与人无不以佛为导师,故称"天人师"。

【译文】

第二天,五祖悄悄来到碓坊,看见惠能腰上绑着块石头正在舂米。五祖说:"求道之人,为正法而忘身,就应该是这样子啊!"于是问惠能:"米熟了没有?"惠能说:"米早就熟了,只是还欠最后一筛。"五祖用手杖在碓上敲三下就走了。惠能当即领会五祖之意,于当夜三更时分来到五祖的方丈室。五祖用袈裟遮住灯光,不让别人看见,为惠能讲授《金刚经》。待讲到"应无所住而生其心"时,惠能当即彻悟"一切万法不离自性"的道理。

于是，向五祖陈述心迹："原来自性本自清净！原来自性本不生灭！原来自性本自具足！原来自性本无动摇！原来自性能生万法！"五祖知道惠能已悟本性，便说："不在本心上下功夫，学法只是徒劳。若认识自己的本心，见到自己的自性，即可称为调御丈夫、天人师、佛。"

【讲解】

惠能于《金刚经》"应无所住而生其心"一句，彻悟"一切万法不离自性"的道理，接着从五个方面谈自己对"自性"的理解："本自清净""本不生灭""本自具足""本无动摇""能生万法"。这五个方面是对"应无所住而生其心"的很好诠释。前四个方面是讲"无所住"，后一个方面是讲"生其心"；前四个方面言"体"，后一个方面言"用"。用虚云法师的话来说，前四个方面是"摄用归体"，后一个方面是"全体大用"。

"无所住"与"本自清净""本不生灭""本自具足""本无动摇"，都是讲自性之"空"，就是惠能所说的"本来无一物"。如果就此止步，还不是彻悟，因为还没有破除对"空"的执著。如果悟"空"的同时而又能"生其心"，即"能生万法"，这才是真正的大彻大悟。惠能五个"何期"是对"应无所住而生其心"的圆满诠释，说明他真的大彻大悟了，所以弘忍赞扬他"识自本心，见自本性"。

为了更好地理解"性空"与"生万法"——"无所住"与"生其心"之间的关系，我们来看惠能第四代传法弟子长沙景岑禅师的一首偈颂。

　　　　百尺竿头不动人，虽然得入未为真。
　　　　百尺竿头须进步，十方世界是全身。

这首偈颂选自《五灯会元》卷四。"百尺竿头",指修行已达到很高的境界,也就是《金刚经》所说的"无所住"境界。到了百尺竿头停滞不动的修行者,虽然已经悟入,但还没有彻悟,因为他们仍没有摆脱"竿头"这个"支点",仍有所执著,他们所执著的就是那个"空"字。

从平常思维来看,"百尺竿头"已到达极点,没法再进步了,它与"须进步"是相矛盾的。禅宗常用这种悖谬的方式来启发学人放弃执著,只有把一切可依靠、可凭借的东西全都"空"掉,再把"空"也"空"掉,这时才能真正契悟般若妙趣。百尺竿头再进一步,就是离"空"入"有",返回现实世界。有僧人问景岑禅师:"只如百尺竿头如何进步?"景岑曰:"朗州山,澧州水。"景岑禅师的回答,目的是启发学人:契入"绝对"的境界,不是离开现实而另觅一个绝对的虚空,而是在对具体山、水的观照之中,达到与无上般若的契合。

"十方世界是全身。""十方"是四方、四维、上下的总称,即指东、西、南、北、东南、西南、东北、西北、上、下。佛教主张十方有无数世界及净土,称为十方世界,或十方法界、十方净土等。景岑禅师说:"尽十方世界是沙门眼,尽十方世界是沙门全身,尽十方世界是自己光明,尽十方世界在自己光明里,尽十方世界无一人不是自己。"(《五灯会元》卷四)"十方世界"都融会于本心自性之内,修行者就是要在触目随缘之中,契悟"十方世界是全身"之真谛。这就是惠能所说的"自性能生万法"。

【原文】

三更受法,人尽不知,便传顿教及衣钵[1],云:"汝为第六代祖,善自护念[2],广度有情[3],流布将来,无令断绝。听吾偈曰:有情来下种,因地果还生。无情既无种,无性亦无生。"

祖复曰:"昔达磨大师初来此土[4],人未之信,故传此衣以为信体,代代相承。法则以心传心,皆令自悟自解。自古佛佛惟传本体[5],师师密付本心,衣为争端,止汝勿传。若传此衣,命如悬丝[6]。汝须速去,恐人害汝。"惠能启曰:"向甚处去?"祖云:"逢怀则止,遇会则藏[7]。"

【注释】

〔1〕顿教:不历阶梯渐次,直指本源,顿时开悟的教法。衣钵:衣指袈裟,钵是出家人用来盛食物的器具,二者都是出家人重要的法物,并可作师承的信证,衣钵的授受即代表着心法的接受。

〔2〕护念:保护和忆念。

〔3〕有情:又名众生,佛教用来指一切有情识的动物。

〔4〕达磨:菩提达磨(?—536或528),简称达磨,"磨"亦作"摩"。南天竺国香至王第三子,刹帝利种姓,本名菩提多罗。从二十七祖般若多罗出家,改名达磨,从师得受正法,并承祖位,为西天第二十八祖师。于梁普通七年(526)至中国。先到广州,后被梁武帝迎请到金陵,但终因与武帝机缘不契,而北渡栖止嵩山少林寺,终日面壁,静待法缘。后有博学之士神光前来参谒,达磨起初端坐不语不理,后被其"立雪过膝""断臂求法"所感动,遂收为徒,取名慧可。九年后,达磨将衣法传与慧可。此后禅门法脉代代相承,达磨被尊为东土禅宗初祖。以上事迹,见《五灯会元》卷一。

〔5〕本体:即"法体",指"诸法之体性",或者说是诸法之本质、本性。

〔6〕命如悬丝:生命危险如悬在丝发。

〔7〕逢怀则止,遇会则藏:怀,暗指怀集县,在今广西;会,暗指四会县,在今广东。这两句话暗示惠能,其弘法区域当在两广地区。

【译文】

惠能三更受法,无人知晓。五祖把顿教心法及衣钵信物传给惠能,并嘱咐说:"你已是第六代祖师,好好自行护念,广度众生,将此心法流传后世,千万不要让其断绝。听我说偈:有情来下种,因地果还生。无情既无种,无性亦无生。"

五祖又说:"当年,初祖达磨刚来东土的时候,传法师承没有人相信,所以传此袈裟作为信物,让后世代代相传。正法则靠以心传心,要靠自解自悟。自古以来,诸佛之间只传授自性本体,诸师之间只密付自性本心。袈裟是争夺的祸端,到你为止,以后就不要再传了。如果再继续传下去,必将危及生命。你赶快离开这里,恐怕有人要加害于你。"惠能问五祖:"我向什么地方去呢?"五祖说:"到了有'怀'字的地方就可以停止,到了有'会'字的地方就可以隐藏。"

【讲解】

这一节有两处较难理解。一是弘忍的传法偈,二是"法则以心传心,皆令自悟自解"一句。下面略作讲解。

一、传法偈

中国禅宗自初祖菩提达磨至四祖道信,都是以《楞伽经》印心,弘忍在继承此禅法的基础上,改为以《金刚经》为宗典,以"彻悟心性之本源"为宗旨,以"守心"为参学法要。所守之"心",为"本心""真心"。弘忍这首偈颂的核心思想即是"守心"。

"有情来下种",包含两个层面的意思:一是有情众生悉有佛性;二是有情众生痴心于菩提道种的栽培。"因地果还生"中的"因地",与"果地"相对,指修行佛道之阶位,整句话的意思是说:于因地上自然结生菩提道果。偈的前两句,是讲有情众生对

"成佛""修行"的理解。

其实，有为世间的一切，只是缘起方便施设的假名，并无实在的体性，甚至连"成佛""修行"也是一种执迷。接下来两句，弘忍便用金刚般若之智斩断有情众生对"成佛"的执迷："无情既无种，无性亦无生。"众生本性清净，本无凡情、佛种的存在，当然也无"实性"及"菩提道果"的结生。众生由于迷于真性，妄起爱憎之心而丧失了真心，因而未得成佛。若能悟达法性，了知三界唯心，自识本心是佛，不假外求，从而守本真心，妄念不生，便能自然与佛平等无二。正如他在《最上乘论》中所言："守本真心，妄念不生，我所心灭，自然与佛平等无二。"

这则偈颂的前两句讲众生对"自性"之迷，后两句讲对"自性"之悟，全偈已经暗含了"迷即佛众生，悟即众生佛"的思想。在弘忍之前，达磨系的禅法一般还没有专门涉及自性的迷悟问题，弘忍开始将对自心自性的"迷"与"悟"较明确地引入禅门，这是对达磨禅法的新发展，在中国禅宗史上具有重要的意义。

二、"法则以心传心，皆令自悟自解"

如弘忍所说，自古以来诸佛之间所传的只是"法体"，诸师之间所密付的只是"本心"，而"法体""本心"是无法用语言文字来传付的，付法者只能靠"以心传心"，受法者只能靠"自悟自解"。中国禅宗典籍之中，有很多"以心传心"的付法故事。例如禅林广为流传的"拈花微笑"故事。据《大梵天王问佛决疑经》记载，梵王至灵山，以金色波罗花献佛，请佛祖说法，佛祖拈花示众，并不说法，众人迷惑不解，只有摩诃迦叶尊者破颜微笑，佛祖便把"正法眼藏"传给了他。这个故事要表达的思想是，佛法的传承不能靠语言文字，而只能靠"以心传心"。

【原文】

惠能三更领得衣钵,云:"能本是南中人[1],素不知此山路,如何出得江口?"五祖言:"汝不须忧,吾自送汝。"

祖相送,直至九江驿[2]。祖令上船,五祖把橹自摇。惠能言:"请和尚坐,弟子合摇橹。"祖云:"合是吾渡汝[3]。"惠能云:"迷时师度,悟了自度。度名虽一,用处不同。惠能生在边方,语音不正,蒙师传法,今已得悟,只合自性自度。"祖云:"如是!如是!以后佛法由汝大行。汝去三年,吾方逝世[4]。汝今好去,努力向南。不宜速说,佛法难起。"

【注释】

〔1〕南中人:岭南人。

〔2〕九江驿:九江府浔阳驿站,在今江西九江。

〔3〕合:应该。渡:同"度"。佛经常用渡河比喻度过生死苦海,弘忍这句话一语双关。

〔4〕"汝去"二句:这显然是禅宗后学为了神化祖师而进行的虚构,敦煌本《坛经》没有这八个字。《景德传灯录》卷三:"忍大师既付衣法,复经四载,至上元二年逝,寿七十四。"

【译文】

惠能在夜交三更时分领得衣钵,问五祖说:"我是岭南人,不熟悉这里的山路,如何能走到江口呢?"五祖说:"你不必忧虑,我自会送你。"

送至九江驿,五祖令惠能上船,准备亲自摇橹渡江。惠能说:"请和尚坐,应该是弟子摇橹。"五祖说:"应该是我渡你。"惠能说:"迷的时候由师父度,悟了就要自己度。度的名称虽然一样,但用处是不一样的。惠能生长在边远地区,连讲话的语音都不准确,承蒙师父传授心法,现已开悟,应该自性自度了。"五祖说:"说得对!说得对!以后的佛法,将由你来发扬光大。你要多保重,努力向南走,不要过早地出来宣讲佛法。弘扬佛法之路,充满艰难险阻,一定要等待机缘成熟。"

【讲解】

本节重点是"自性自度"四字,这可从三个层面来理解。

一、度,要在"自性"上下功夫。一切众生皆有佛性,佛性是众生恒常清净的本心、自性,众生一旦认识自性、回归本心,即可获得解脱。愚痴之人不知在"自性"上下功夫,而是一味向外寻找,这恰似"骑驴觅驴",求之愈切失之愈远。

二、度,只能靠自己。佛教所说的解脱是心的解脱,那个打开心灵枷锁的人只能是自己而不能是别人。据《五灯会元》卷一载,隋开皇十二年(592),年仅十四的沙弥道信向三祖僧璨求"解脱法门"。僧璨问:"谁缚汝?"道信答:"无人缚。"僧璨又说:"何更求解脱乎?"道信于言下大悟。其后,道信随侍三祖九年而得其衣法,从而成为禅宗的第四代祖师。这个故事说明:解脱只能靠自己,自性只能靠自度。这种思想被惠能悟得,因此他反复对弘忍说"自度"。惠能"自性自度"思想对后世禅宗产生了极其重要的影响。如大珠慧海说:"众生自度,佛不能度。若佛能度众生时,过去诸佛如微尘数,一切众生总应度尽。何故我等至今流浪生死,不得成佛?当知众生自度,佛不能度。"(《顿悟入道要门论》卷上)

三、度,也离不开师父的指点。惠能说:"迷时师度,悟了自度。度名虽一,用处不同。"惠能强调"自度"的重要性,但他并不否定"师度"的作用,他认为二者"用处不同",言下之意是,"自度"是自证自知的"向上一路","师度"则是指点迷津的航向标,前者是根本,后者也不可少。

【原文】

惠能辞违祖已[1],发足南行。两月中间,至大庾岭[2]。逐后数百人来,欲夺衣钵。一僧俗姓陈,名惠明[3],先是四品将军,性行粗糙,极意参寻[4],为众人先,趁及惠能[5]。惠能掷下衣钵于石上,云:"此衣表信,可力争耶?"能隐草莽中,惠明至,提掇不动[6],乃唤云:"行者!行者!我为法来,不为衣来。"

惠能遂出,盘坐石上[7]。惠明作礼云:"望行者为我说法。"惠能云:"汝既为法而来,可屏息诸缘[8],勿生一念,吾为汝说。"明良久。惠能云:"不思善,不思恶,正与么时[9],那个是明上座本来面目[10]?"惠明言下大悟。复问云:"上来密语密意外[11],还更有密意否?"惠能云:"与汝说者,即非密也。汝若返照[12],密在汝边[13]。"明曰:"惠明虽在黄梅,实未省自己面目。今蒙指示,如人饮水,冷暖自知。今行者即惠明师也。"惠能曰:"汝若如是,吾与汝同师黄梅,善自护持[14]。"明又问:"惠明今后向甚处去?"惠能曰:"逢袁则止,遇蒙则居。"[15]明礼辞。

【注释】

〔1〕辞违:辞别。

〔2〕大庾岭:五岭之一,位于江西、广东两省边境,东北—西南走向,绵延两百余公里,其上有重要关塞梅关,为古代南北交通要道。

〔3〕惠明:据《景德传灯录》卷四载,惠明,俗姓陈,鄱阳人,陈宣帝之裔孙,国亡而流落民间,曾任四品将军。于永昌寺出家,后因慕道心切,往依五祖法会,用心研寻佛法。

〔4〕极意:尽力。参寻:寻访、寻找。

〔5〕趁及:追赶上。趁,逐、追赶。

〔6〕提掇:提拉。掇,挪、搬取。

〔7〕盘坐:盘腿而坐,又叫结跏趺坐,简称趺坐。

〔8〕屏息:排除。诸缘:人心所贪求的一切事物与现象。

〔9〕正与么时:正这么样的时候。与么,这么、如此。

〔10〕本来面目:即本心、本性。离开一切烦恼、染污,即是自己的本来面目。

〔11〕上来:从上以来,即从前代佛祖以来。密语:隐秘之语,即隐语。密意:于佛意有所隐藏,不直截了当地说出来。

〔12〕返照:反观内心。

〔13〕密在汝边:密意就在你的心灵深处。

〔14〕护持:保护。

〔15〕"逢袁"二句:袁,即江西袁州府;蒙,即袁州蒙山。这两句话暗示惠明的弘法范围。

【译文】

惠能辞别五祖,向南出发,大约走了两个月,来到大庾岭。有数百人在后面追逐,想夺取袈裟。有一僧,俗姓陈,名惠明,出家前曾任四品将军,性格粗鲁,追赶得最积极,跑在队伍的最前面,率先追上惠能。惠能把袈裟扔在石头上,心想:"这袈裟是佛法的信物,难道是用暴力所能夺去的么?"随后,惠能到乱草丛中隐藏起来。惠明赶到,忙去拿袈裟,却拿不动,于是大呼:"行者!行者!我是为求法而来,不是为夺袈裟而来。"

惠能从杂草丛中走了出来,盘腿坐在一块大石头上。惠明上前礼拜,说:"恳请行者为我说法。"惠能说:"你既然是为求法而来,请先排除心中一切杂念,不要有一丝分别之想,待我为你说法。"惠明默息了好长一会儿。惠能说:"不思量善,不思量恶,正这么样的时候,哪个是惠明上座的本来面目呢?"惠明言下大悟,再问:"除了上代祖师所传的密语、密意外,还有其他密意?"惠能说:"一旦与你讲,就不再是密意了。你若反观内心,穷自本性,秘意就在你心中。"惠明说:"惠明虽然在黄梅五祖道场呆了多年,实在没有省悟自己的本来面目。今承蒙指教,如人饮水,冷暖自知。从现在起,您就是我的师父了。"惠能说:"你如果是这样想,我俩就都以五祖弘忍为师吧。好好护念修持。"惠明又问:"惠明今后要向什么地方去呢?"惠能说:"到了有'袁'字的地方就停下来,到了有'蒙'字的地方就住下来。"于是惠明作礼辞别而去。

【讲解】

惠能为惠明讲法,重点在于启发他发现自己的"本来面目"。本来面目,禅宗又称为"本地风光""本分田地""本觉真心",是人人天生具有的本然之心、本然之性,是人生命的原样呈现,是一种"万里云收天界净,海心无浪月轮孤"的光明朗洁的心境。

惠能说:"不思善,不思恶,正与么时,那个是明上座本来面目?"这里,称惠明为"上座",只是一种敬称,惠明并没有任"上座"职务,神秀才是"上座"。"不思善,不思恶",不能理解成世俗层面的善恶不分,而是表达"本来面目"即"本心"的无分别性。惠能这句话是启发惠明放下分别之心,从而回归本心。

"本来面目"是超越一切美丑、善恶、净秽、生死、去来等二元对立的。三祖僧璨《信心铭》说:"至道无难,唯嫌拣择。但无憎爱,洞然明白。""拣择",就是对各种现象、事物作是非、善恶、美丑、爱憎之分。天下事常有定分,喜欢的不一定得的到,厌恶的不一定躲的开,于是生出无量烦恼。只要不对事物强作分别,心自然会一片澄明。要注意的是,"不拣择"并不是躲进深山古刹,与世隔绝,形如槁木,心如死灰。为了"不拣择"而躲是非,为了"不憎爱"而离世俗,则又落入更大的拣择。因为,躲则有惧,有惧则必有喜;离则有即,离此则必即彼。有惧有喜有离有即,岂不是更大的拣择?真正的"不拣择",是用禅宗的"不二法门"破除现实世界的二元对立。取消了二元对立,也就破除了"物执""我执",任心独运,来去无碍。宠辱不惊,闲看庭前花开花落;去留无意,漫随天上云卷云舒。这就是洞然明白的"至道之境",就是"本来面目""本地风光"。

【原文】

惠能后至曹溪[1],又被恶人寻逐,乃于四会避难猎人队中,凡经一十五载。时与猎人,随宜说法[2]。猎人常令守网,每见生命尽放之。每至饭时,以菜寄煮肉锅。或问,则对曰:"但吃肉边菜。"

一日思惟:时当弘法,不可终遁[3]。遂出,至广州法性寺[4],值印宗法师讲《涅槃经》[5]。时有风吹幡动[6],一僧曰风动,一僧曰幡动,议论不已。惠能进曰:"不是风动,不是幡动,仁者心动[7]。"一众骇然[8]。

印宗延至上席[9],征诘奥义[10]。见惠能言简理当,不由文字。宗云:"行者定非常人,久闻黄梅衣法南来,莫是行者否?"惠能曰:"不敢!"宗于是作礼,告请传来衣钵出示大众。

【注释】

〔1〕曹溪:溪名,位于广东韶州(今广东曲江县东南),发源于狗耳岭,西流与溱水汇合,因为流经曹侯家,又称曹侯溪。因惠能在曹溪宝林寺传法,后人把其禅称为曹溪禅。

〔2〕随宜说法:根据众生的根机不同而采取相应的方式进行说法。

〔3〕遁:隐居。

〔4〕法性寺:位于广州西北部,今称光孝寺。东晋始建,唐贞观年间,称为乾明法性寺。

〔5〕印宗:吴郡(今江苏省吴县)人,出家后精研《涅槃经》。唐咸亨元年(670),抵京师,敕居大敬爱寺,印宗坚决推辞而往蕲州谒见五祖弘忍,后于广州法性寺讲《涅槃经》。唐玄宗先天二年即开元元年(713)圆寂,享年八十七岁。法师:指通晓佛法又能引导众生修行之人,又作"说法师""大法师"。广义之法师,通指佛陀及其弟子;狭义则专指那些通晓经、律的"经师"或"律师"。《涅槃经》:释迦牟尼佛涅槃之前所讲的一部经。有南北两种译本:北凉昙无谶译的四十卷《大般涅槃经》,称为北本;刘宋朝慧观、谢灵运等改定的三十六卷《大般涅槃经》,称为南本。

〔6〕幡:悬挂于寺院的旗子,用以象征佛、菩萨的威德或祈福。

〔7〕仁者:"你"字的尊称。

〔8〕一众:大众。骇然:惊异的样子。

〔9〕延:请。上席:座位中的第一位。

〔10〕征诘:询问。奥义:深奥的义理。

【译文】

后来,惠能来到曹溪,又被恶人追赶,于是在四会那个地方避难,整天混迹于猎人队伍中,就这样度过了十五个春秋。在那段日子里,惠能经常给猎人随机说法。猎人常令惠能看守罗网,每当看到有禽兽落网,惠能便悄悄地将它们放掉。每当做饭的时候,惠能就把蔬菜寄煮在肉锅中。有人问原因,惠能回答说:"只吃肉边的蔬菜。"

有一天,惠能暗自思忖:"该是弘法的时候了,不能总是这样躲藏着。"于是离开猎人队伍,来到广州法性寺。正赶上印宗法师在那里讲《涅槃经》。一阵风吹来,寺院中的幡不停飘动。有一僧说是"风动",另一僧说是"幡动",两人争论不休。惠能走上前去,对他们说:"不是风动,也不是幡动,是你们的心在动。"大众听到了这句话,都十分惊奇。

印宗法师把惠能请至上座,询问一些深奥难懂的佛经义理。惠能的回答言简意赅,不黏不滞,这令印宗十分惊诧,忙问:"行者一定不是一般人!早就听说黄梅五祖的衣法传到了岭南,受法之人莫非就是行者?"惠能说:"不敢当!不敢当!"印宗知道眼前这人就是六祖,慌忙礼拜,请求说:"能否把五祖所传的袈裟拿来给大家看看?"

【讲解】

据《景德传灯录》卷五记载,惠能到法性寺听印宗讲《涅槃经》的时间是唐高宗李治仪凤元年(676)。惠能与两位僧人关于"风动幡动"的讨论,成为后世禅宗的著名公案。所谓公案,是指语录或灯录所记载的那些传教、悟道的故事。"风动幡动"这则公案,被后世称为"风幡话"。在这则公案中,两位僧人,一位说是风动,一位说是幡动,不论是风动论者还是幡动论者,两人所犯的错误是一样的,都离开缘起法而偏执其中一个方面。二人的心都被或"风"或"幡"所左右,这就是"心随境转",也就是惠能所说的"仁者心动"。惠能"不是风动,不是幡动,仁者心动"观点,显示的是"万法唯心""境随心转"之理。

"风幡话"公案对后世影响极大,以至于世俗称赞某位高僧德行高妙时,常说:"论妙风幡,法传衣钵。"北宋以后,颂古出现于禅林。所谓颂古,是指将前代或当代禅师指导弟子所开示的公案(又称古则),用倡颂形式来表达。对"风幡话"这则公案,佛心才禅师的《颂古》是:"指出风幡俱不是,直言心动亦还非。夜来一片寒溪月,照破侬家旧翠微。"

【原文】

宗复问曰:"黄梅付嘱,如何指授?"惠能曰:"指授即无,惟论见性,不论禅定解脱[1]。"宗曰:"何不论禅定解脱?"能曰:"为是二法[2],不是佛法。佛法是不二之法[3]。"宗又问:"如何是佛法不二之法?"

惠能曰:"法师讲《涅槃经》,明佛性是佛法不二之法。如高贵德王菩萨白佛言[4]:'犯四重禁[5],作五逆罪[6],及一阐提等[7],当断善根佛性否[8]?'佛言:'善根有二,一者常[9],二者无常[10]。佛性非常非无常,是故不断,名为不二。一者善,二者不善。佛性非善非不善,是名不二。'蕴之与界[11],凡夫见二[12],智者了达其性无二。无二之性,即是佛性。"

印宗闻说,欢喜合掌言:"某甲讲经[13],犹如瓦砾;仁者论义,犹如真金。"于是为惠能剃发,愿事为师。惠能遂于菩提树下,开东山法门[14]。

【注释】

〔1〕禅定:即"禅那",梵语 Dhyāna 的音译,简称为禅。鸠摩罗什意译作"思维修",即运用思维活动的修持;玄奘意译为"静虑",即止息妄念,安详地深思。音译为"禅",意译为"定",梵汉合称为"禅定"。禅定为定

慧的通称,意思是定慧不二或止观不二的境界。解脱:离束缚而得自在的意思。

〔2〕二法:当讲修禅定而得解脱之理时,禅定即是能求,解脱即所求,有"能"有"所",当然就是"二法"了。

〔3〕不二之法:指如如平等而无彼此分别的一实相法。不二,又作"无二""离两边",为"真如""佛性"的别名。

〔4〕高贵德王菩萨:"光明遍照高贵德王菩萨"的简称。菩萨,梵语菩提萨埵的简称,意译为"觉有情",即"觉悟的有情"之意,指上求佛道、下化众生的大圣人。"光明遍照",表示菩萨外化之广;"高贵德王",表示菩萨内行之深。

〔5〕四重禁:又称四重罪、四弃等,即杀生、偷盗、邪淫、妄语。

〔6〕五逆罪:五种极逆于理的罪恶,即杀父、杀母、杀阿罗汉、出佛身之血、破和合之僧。这五种是极端罪恶的行为,任犯一种,即堕无间地狱,故又名无间业。

〔7〕一阐提:一阐提迦的简称,指不信诸佛所说教戒、断灭一切善根的人。

〔8〕善根:即善之根本,又称善本、德本。指能生出善法的根本。

〔9〕常:即常住,恒常不变之意。

〔10〕无常:为"常住"之对称,是说一切有为法皆生灭迁流而不常住。因为一切有为法皆因缘和合而成,依生、住、异、灭四相,于刹那间生灭,没有恒常不变的自性,故称无常。

〔11〕蕴之与界:蕴,指"五蕴",旧译为"五阴",即色、受、想、行、识五者的总称。界,指十八界,是六根(眼、耳、鼻、舌、身、意)、六尘(色、声、香、味、触、法)、六识(眼识、耳识、鼻识、舌识、身识、意识)合起来的总称。蕴之与界,即是指五蕴与十八界,亦称阴界。

〔12〕凡夫:指迷惑事理、流转生死的平常人。

〔13〕某甲:用以指代自己或他人。这里,印宗用以指代自己。

〔14〕东山法门:指五祖的法门,因为弘忍所住居的冯茂山位于蕲州黄梅县的东边,故被称为"东山"。

【译文】

印宗又问:"五祖咐嘱衣法时,对您有何指示与传授呢?"惠能说:"没有什么指示与传授,他只讲'见性',不讲修禅定而达解脱之理。"印宗说:"为什么不讲修习禅定而达解脱的道理呢?"惠能说:"如果讲修习禅定而得解脱的话,禅定即是能求,解脱即所求,有'能'有'所',这就是'二法'了,也就不是佛法了。佛法是无分别的'不二'之法。"印宗又问:"什么是佛法'不二'之法呢?"

惠能说:"法师讲《涅槃经》,肯定知道'佛性'就是佛法的'不二'之法。比如,高贵德王菩萨对佛说:'犯四重禁、作五逆罪及不信佛法的一阐提,应当断除善根佛性吗?'佛说:'善根有二种:一是常,二是无常,佛性非常非无常,因而说是'不断',这就是'不二'之法;一是善,二是不善,佛性非善非不善,因此称为'不二'之法。五蕴与十八界,凡夫见之为二,智者通达事理,知其性本无二,无二之性就是佛性。"

印宗听完这番话,心生欢喜,合掌恭敬说:"我多年讲经,犹如瓦砾;您这番高论,才是真金。"于是,为惠能剃发,恳请拜惠能为师。惠能就在法性寺的一棵大菩提树下,开讲"东山法门"。

【讲解】

这部分内容,重点讲"佛法是不二之法"。何为"不二"?惠能引用《涅槃经》来回答:佛性"非常非无常""非善非不善",是名"不二"。就是说,"不二"是超越"常"与"无常"、"善"与"不善"二元对立的无分别境界。这种"无二"之性即是人的本心、自性,也就是佛性。"佛法是不二之法"即是说"佛性不二"。

惠能"佛性不二"思想来源于《涅槃经》。该经说:"明与无明,智者了达其性无二,无二之性即是实性。"将"不二"视为"实性"(即佛性),从而强调佛性的无分别。惠能正是在《涅槃经》这一思想基础之上,提出自己"佛性不二"主张的。

"不二",又称"无二""离两边",是对"二"或"二边见"的否定。《佛所行赞》说:"若彼有我者,或常或无常,生死二边见,其过最尤甚。"常与无常、生与死,都是从两端思考问题的"边见"(偏于一边之见解),这种"边见"会给世人带来错误的观念。世人有什么样的思想观念,心中就会产生什么样的执著。如在有、无二边中,世人会倒向一边,或者认为世间万法为实有,或者认为世间万法为虚空。佛教针对这种"颠倒"的二边之见,提出"离两边"。如《大智度论》卷四十三说:"常是一边,断是一边,离是两边行中道";"诸法有是一边,诸法无是一边,离是两边行中道"。只有远离两边,进入非常非断、非有非无的"不二"境界,才是中道。

禅之慧命得以延续的根本原因,就在于对二元对立的超越。印宗讲经,只在文字上明辨,而未能在"不二"之自性上体悟,因此自贬为"瓦砾";惠能讲法,能脱离文字,直达心源,直见佛性,因此被喻为"真金"。

【原文】

惠能于东山得法,辛苦受尽,命似悬丝。今日得与使君[1]、官僚、僧尼、道俗同此一会,莫非累劫之缘[2],亦是过去生中供养诸佛、同种善根,方始得闻如上顿教得法之因。教是先圣所传,不是惠能自智。愿闻先圣教者,各令净心,闻了各自除疑,如先代圣人无别[3]。

一众闻法,欢喜作礼而退。

【注释】

〔1〕使君：对州郡长官的尊称，这里指韦刺史。

〔2〕劫：又作劫波、劫簸等，意译为长时、大时，为古印度的时间单位，泛指极长的时间。在印度，通常以"劫"作为梵天的一日，即人间的四亿三千二百万年。

〔3〕圣人：与儒学中的"圣人"概念内涵不同，佛教中的"圣人"是指证得圣智、在见道位以上之人，又称圣者、圣。

【译文】

惠能自从在东山领受衣法之后，历尽千辛万苦，生命危如悬丝。今天能够与韦刺史、官僚及僧尼道俗共会于此，或许是累劫修来的法缘，或许是过去多世供养诸佛、同种善根的结果，今天才能听到以上顿教之法以及惠能得法的经过。这顿教之法是先圣传下来的，不是惠能自己的智慧。愿听古圣人教法的，请先各自净心，听了之后各自打消疑惑，这样就与先圣没有什么差别了。

众人听完惠能讲法，心生欢喜，行礼而后散去。

【讲解】

惠能在向众人叙述完得法经历后，说："教是先圣所传，不是惠能自智。"暗指自己所讲乃菩提达磨"不立文字，直指人心，见性成佛"的顿悟法门。惠能禅法，的确继承了达磨的"安心"禅法：崇尚虚空而不著言相，重视实践而不重形式，强调自证本心、契悟真理。但他绝不是单纯的继承，而是加入自己的新理解、新思想。

惠能禅法最大的创新之处在于，提倡于自我心性上来体认佛性。他说："其法无二，其心亦然。其道清净，亦无诸相。汝等慎勿观静及空其心。此心本净，无可取舍。各自努力，随缘好去。"(《付嘱第十》)惠能所谓的"自心""本心"不同于传统的"真如心"或"清净心",而是念念不断、念念无住的当下现实之心。无念、无住即真,起念、有著即妄。迷悟凡圣,就在自己的一念之中。在惠能看来,自心、佛性已不再是一个可以观、可以修的"真心",而是就体现在念念不断的无执著之心中,是众生心不起妄念的一种自然状态。惠能把"成佛"归于自心自性的由迷转悟,这是中国禅宗史上的一次革命性转变。因此,"不是惠能自智",只是一种自谦的说法,或者说,是惠能为了表示自己所传禅法的正统性。

般若第二

【题解】

般若,梵语音译,意译为智慧。般若智慧,与一般世俗所讲的智慧不是一回事,它特指能观悟诸法性空从而通达解脱彼岸的大智慧,因此又译为"圣智""真智"。佛教说,要到达解脱彼岸,必须修"六波罗蜜",其中,般若波罗蜜(智慧波罗蜜)被称为"诸佛之母",是其他五波罗蜜的根据,因此居于最为重要的地位。在本品中,惠能讲"自性般若"的理论内涵与修行方法,这是整部《坛经》禅学理论的核心。

【原文】

次日,韦使君请益[1]。师升座,告大众曰:"总净心,念摩诃般若波罗蜜多[2]。"复云:

善知识,菩提般若之智,世人本自有之,只缘心迷,不能自悟,须假大善知识[3],示导见性。当知愚人智人,佛性本无差别,只缘迷悟不同,所以有愚有智。吾今为说摩诃般若波罗蜜法,使汝等各得智慧。志心谛听[4],吾为汝说。

【注释】

〔1〕请益:在禅林中,请益多指学人受教后,就尚未透彻明白之处,再进一步请教。

〔2〕净心:清除心中的杂念,使注意力集中。摩诃般若波罗蜜多:摩

诃,梵音 Mahā 的音译,意译为大;波罗蜜多,简称波罗蜜,梵语 Pāramitā 的音译,意译为到彼岸。摩诃般若波罗蜜多,整体译为"大智度",意思是乘此大智慧则能由生死苦海渡到涅槃彼岸。

〔3〕大善知识:善知识中的尤胜者。

〔4〕志心:专心。谛听:聆听,认真听。

【译文】

第二天,韦刺史再次向惠能请教。惠能升座,对大众说:"请大家清除心中的杂念,诵念'摩诃般若波罗蜜多'。"又说:

善知识,菩提智慧,世人本来具有,只因一念心迷,不能自悟,必须依靠大善知识来开导才能见性。须知愚人和智人,佛性本来没有差别,只因为有迷悟的不同,才有了愚人和智人的区分。我现在为你们说"摩诃般若波罗蜜"法,使你们天生的智慧都能得以显现。请各位集中精力,听我为你们讲说。

【讲解】

本品主要讲般若智慧的理论与实践,因此有必要先简单介绍一下惠能之前般若学在中国的发展情况,以及般若学的理论内涵,这是理解惠能禅学思想必不可少的知识。

佛教有大量阐述般若理论与实践的经典,这些经典总称"般若经"。现存最早的般若经典是《八千颂般若》,大约形成于公元前1世纪左右,其后逐渐形成多种般若经,例如鸠摩罗什翻译的《金刚经》《维摩诘经》《大品般若经》《小品般若经》《妙法莲华经》,等等。这些经典在中国产生了极其重要的影响,也是惠能般若理论的重要来源。

在中国,般若学在魏晋时期得到很大发展,其代表人物是"六家七宗"与僧肇。僧肇(384—414),因读《维摩诘经》而出家为僧,后投于鸠摩罗什门下,帮助他翻译佛经,在此过程中,把自己对般若思想的感悟写成《肇论》一书。该书深刻阐述了般若学的"缘起性空"思想,僧肇也因此获得"解空第一"的赞誉。

般若学的核心思想是"缘起性空"。此理论认为,万法都是因缘和合而成,故无自性,无自性即为空,所谓"性空";但空又不是绝对的虚无,还有假有的现象存在,即所谓"幻有"。般若思想是由"性空"与"幻有"这一对范畴所构成,故不能单独执著于某一方面。那种视万物为"实有"而不见"性空"的见解,是世俗之见;执著于事物的"性空"而不见"幻有"的见解,则是邪说。正确理解"空"的方法是:不离"幻有"而观悟"性空","性空"直接体现在"幻有"之中,"性空"与"幻有"是不一不异的关系。

般若学的"缘起性空"思想,彻底摧毁了世人对"实有"的执著,同时也带来了新的问题。既然万法都是"空"的,那么谁是解脱的主体呢?换言之,谁来成佛呢?成佛的根据是什么呢?正当般若学陷于这一理论困境之中难以自拔的时候,《大般涅槃经》被译介到中国,其"一切众生悉有佛性"的思想正好弥补了般若学的这一理论缺失。佛性,意译为觉性、如来藏,原指佛陀本性,后来发展为众生觉悟之因,众生成佛的可能性。这样,"佛性"就成为众生成佛的主体与依据。这就是中国南北朝时期的"佛性论"。

随着"佛性论"的发展,又有很多人把"佛性"执为实有,一味执著于读经、念佛等外在名相、仪轨,这又需要用般若学的"性空"理论来扫除世人对"佛性实有"的执迷。圆满完成这一任务的人,就是惠能。他融会发展了涅槃佛性学说和般若性空理论,把佛性解释为众生本有的智慧之性,从而形成其以非有非无的遮诠方法、舍离文字义解而直彻心源的禅法特点。

以上是惠能般若思想的理论来源。在本节中,惠能先交待自己讲般若智慧的缘起,摆明自己的基本观点:一、般若智慧世人本有,本无差别;智人与愚人的差别只在于对自心般若智慧的迷与悟。二、般若智慧的获得,主要靠"自悟",假如不能自悟的话,就需要大善知识的引导。可以看出,惠能所说的般若之性与佛性是同等内涵的概念。

【原文】

善知识,世人终日口念般若,不识自性般若,犹如说食不饱。口但说空[1],万劫不得见性,终无有益。

善知识,摩诃般若波罗蜜是梵语[2],此言大智慧到彼岸。此须心行[3],不在口念。口念心不行,如幻如化[4]、如露如电[5];口念心行,则心口相应[6]。本性是佛,离性无别佛。

何名摩诃?摩诃是大。心量广大[7],犹如虚空,无有边畔,亦无方圆大小,亦非青黄赤白,亦无上下长短,亦无嗔无喜,无是无非,无善无恶,无有头尾。诸佛刹土[8],尽同虚空。世人妙性本空,无有一法可得。自性真空,亦复如是。

【注释】

〔1〕空:音译为"舜若""舜若多",又作空无、空性、空寂、空净、非有等。这是一个表示佛教根本立场的概念,与"有"相对,具有否定存在实体之意,并非"无"或"虚无"之意。

〔2〕梵语:印度语。古印度人认为自己所说的语言,乃禀承大梵天王而来,故称梵语。

〔3〕心行:用心体悟。

〔4〕如幻如化：为《大品般若经》所举"十喻"中的两种。在古印度人看来，魔术师以种种技法变现出的东西，称为幻；神仙用神通变化出来的东西，称为化。幻化之物，虽然看起来像真的一样，而其实是空而无实的。因此，佛教常用"如幻如化"来比喻"诸法皆空"的思想。

〔5〕如露如电：这两个比喻出自《金刚经》。该经说："一切有为法，如梦幻泡影，如露亦如电，应作如是观。"如露如电，比喻万法生灭的迅速。

〔6〕相应：相一致。

〔7〕心量：心量有两种，一种是凡夫之心量，一种是如来之心量。前者指，心起妄念，对外境而起种种度量；后者指，心远离一切所缘、能缘，虽对外境而不起分别之想。此处"心量"，是指如来之心量，因此说它"犹如虚空，无有边畔"。

〔8〕刹土：简称"刹"，意译为土田。梵汉合译为"刹土"，乃"国土"之义。

【译文】

善知识，世人一天到晚口念般若，却不知道般若就在自己的本心、本性之中，这好像一个饥饿的人，不论怎样念叨食物，但最终也不能饱肚。同样，如果只是口中说"空"而不能用心去体悟，即使经历万劫也难见自性，最终只能是徒劳无益。

善知识，摩诃般若波罗蜜是梵语，是"大智慧到彼岸"的意思。这要靠内心的体悟，而不能靠口头的念说。如果只是在口头上念诵而没有内心的体悟，那就如幻如化、如露如电，终将为空。不但口中念诵而且心中体悟，这才是心口一致。人的本性就是佛，除此之外没有别的佛。什么叫摩诃？摩诃是"大"的意思。人的心量广大，好像虚空一样，没有边际，也没有方圆大小、青黄赤白、上下长短，也无嗔无喜、无是无非、无善无恶、无头无尾等分别之见。诸佛国土，尽如虚空。世人的灵妙自性本来虚空，并没有什么东西可以获得。真空之自性，就是这个样子。

【讲解】

这一节,重点讲"自性般若"。

"自性般若"的内涵,按惠能的解释,包含以下三个方面。一、般若智慧不是外来的、外在的,而是产生并内在于人的自性之中的。在下文中,惠能明确地说:"一切般若智,皆从自性而生,不从外入。"二、般若的特点是"虚空",它无形无象、无是无非、无善无恶,超越一切二元对立。三、般若的获得,要靠"心行",而不能靠"口念"。因为般若只存在于人的自性之中,所以要获得它,只能向自己内心去证悟,而不能靠读经念佛。

在本节中,惠能还提出"自性真空"命题。他解释说:"诸佛刹土,尽同虚空";"心量广大,犹如虚空"。这是从"世界"与"人心"两方面进行解释。世界之"空",指万法皆因缘和合而成,没有永恒不变的实体,即"无自性",故"空";人心之"空",是指一无所得、无有执著的人生态度。

【原文】

善知识,莫闻吾说空,便即著空[1]。第一莫著空,若空心静坐[2],即著无记空[3]。善知识,世界虚空[4],能含万物色像。日月星宿,山河大地,泉源溪涧,草木丛林,恶人善人,恶法善法,天堂地狱[5],一切大海,须弥诸山[6],总在空中。世人性空,亦复如是。

善知识,自性能含万法是大,万法在诸人性中。若见一切人,恶之与善,尽皆不取不舍,亦不染著[7],心如虚空,名之为大,故曰摩诃。善知识,迷人口说,智者心行。又有迷人,空心静坐,百无所思,自称为大。此一辈人,不可与语,为邪见故[8]。

【注释】

〔1〕著空:执著于"空",即把"空"作为认识、追求的对象。

〔2〕空心:百无所思之意。

〔3〕无记空:佛教把一切法分为善、不善、无记三种,称为"三性"。无记,指非善非不善,因其不能记(判断)为善或恶,故称无记。无记空,是指心中百物不思、不存一念,虽然无善恶分别,但仍有对"空"的执著,仍属虚妄。

〔4〕世界:又名世间,指众生所居住的国土。佛经以过去、现在、未来为世,东西南北上下为界。世表时间,界表方位。

〔5〕天堂地狱:依佛教因果报应理论,善人死后当升天堂,受诸福乐;恶人则入地狱,受诸苦痛。

〔6〕须弥诸山:须弥,为梵语音译,又作须弥娄、修迷楼等,意译为妙高山。古印度人认为,世界的最下层为风轮(即大气),其上为水轮(即大洋),再上为金轮(即大地);金轮上有九座山八个海,相互间隔围绕,以须弥山为中心,其余八座山分别是持双、持轴、檐木、善见、马耳、象鼻、持边、铁围。须弥诸山,是指须弥山及其周围的八座山。

〔7〕染著:对外境生起分别、执著之心。

〔8〕邪见:指不合正法的外道之见。

【译文】

善知识,千万不要一听我说"空",马上就努力追求"空"。最重要的是,不要执著于"空"。如果空心静坐,就是执著于"空",称为"无记空"。善知识,世界本来虚空,但能含藏万物。日月星宿,山河大地,泉源溪涧,草木丛林,恶人善人,恶法善法,天堂地狱,一切大海,须弥诸山,无不含藏于这虚空之中。世人本性虚空,也能这样含藏万法。

善知识,自性能含藏万法,这就是"大"。万法就在大众的自性之中。如果看到一切众生或恶或善的行为,全能不取不舍,也不被其所染,心境洒落犹如虚空,就可称之为"大",称之为"摩诃"。善知识,迷人只知口中念说,悟人则能心中体悟。又有一种迷人,只知整天空心静坐,百无所思,还自以为这就是"大",这种人是不值得与谈"摩诃"的,因为他们的心已经被邪见所遮蔽。

【讲解】

上一节,惠能说自性之"空",以破除世人对"有"的执著。这一节,惠能说自性之"有",以破除世人对"空"的执著。

惠能说"空"说"有",其实都是针对世人的不同迷执而采取的权宜说法。当世人把"自性"视为实有时,他就说"空",以破除其"有见",即对"有"的执著;当世人把"自性"视为虚空时,他就说"有",以破除其"空见",即对"空"的执著。这就是"应病与药"。这种双遮双诠的方法,目的在于引人进入非有非无的境界,这才是真实的境界。

在本节中,惠能告诉修行者:"第一莫著空。"这是要破除世人的"空见"。《中论》说:"大圣说空法,为离诸见故。"说"空",是为了离"有见",但如果离"有"而著"空",那么又落入了"空见","空见"也就成了"诸见"之一。所以,惠能一再告诫信众:"莫闻吾说空,便即著空。"为了防止信众落入"空见",惠能又提出"自性能含万法"命题,并用"世界虚空,能含万物色像"作比喻。"能含万法"即是"有",惠能以此对治世人的"空见"之病。

以上,惠能是从禅学理论上批判"著空"的错误。接着,他又从修行实践层面进行批判。落入"空见"的学道者,在修行实践上,会把"空心静坐""百无所思"当作唯一正确的方法,其实这是极其错误的,症结在于"著无记空"。惠能以"自性能含万法"命题,来打破世人对"无记空"的执著,启发他们从"有"与"无"的对立之中超脱出来。他认为正确的修行方法应该是:"见一切人,恶之与善,尽皆不取不舍,亦不染著,心如虚空。"此时,心从有无、善恶、是非、取舍等二元对立之中解脱出来,从而进入不染不著、不黏不滞的境界,这就是"虚空"之境。

《五灯会元》卷十七载,青原惟信禅师把参禅的三个阶段描述为:一、见山是山,见水是水;二、见山不是山,见水不是水;三、见山只是山,见水只是水。第一阶段为执"有",第二阶段为执"空",只有第三阶段才是非有非无的"自性"世界。与此相似,还有禅师用诗句来表达这三个阶段、三种境界。第一境:"落叶满空山,何处寻行迹"(韦应物《寄全椒山中道士》);第二境:"空山无人,水流花开"(苏轼语);第三境:"万古长空,一朝风月"(天柱崇惠禅师语)。

【原文】

善知识,心量广大,遍周法界[1]。用即了了分明,应用便知一切。一切即一,一即一切[2]。去来自由[3],心体无滞,即是般若。善知识,一切般若智,皆从自性而生,不从外入。莫错用意,名为真性自用。一真一切真[4]。心量大事[5],不行小道[6]。口莫终日说空,心中不修此行,恰似凡人,自称国王,终不可得,非吾弟子。

【注释】

〔1〕法界:这里指一切事物与现象。"法"即诸法,"界"即分界,现象

界一切事物各有其殊相与分界,故称法界。

〔2〕"一切"二句:万法皆人之"一心"所变现,所变现出来的万法又体现着人之"一心",参禅悟道就是于千差万别的现象界体认平等一如的本心。

〔3〕自由:禅宗之"自由",指从烦恼束缚中获得解脱,达到自在无碍之状态。禅宗典籍中,同类词语还有"自由三昧",指不借助他人,而由自己证得身心脱落之禅定境界;"自由自在",指不受任何外力拘束、干扰之大自在境界。

〔4〕一真一切真:真如之性真实不虚,由此显现的万法也真实不虚。

〔5〕心量大事:开发真如心量,是转迷为悟的大事。

〔6〕小道:指上文所批判的"空心静坐"等修行方式。

【译文】

善知识,心量广大,能含容万法。用本心观照万法,万法了然自现,此时,心物之间相融相契,无障无碍。一切法即一心,一心即一切法。心体往来自由,无有滞碍,这就是般若智慧。善知识,一切般若智,皆从自性中产生,而非从外面获得。千万不要胡乱揣摩臆测!一切万法,都是真如本性的自我显现。真如之性真实不虚,由此显现的万法也是真实不虚的。开发心量是转迷为悟的大事,而空心静坐等修行则是小道。不要整天口中说"空"而心中不修空行,这就好像是平民百姓,整日自称国王,终归痴人说梦。这种人不配作我的弟子!

【讲解】

本节中,"心量""心体""自性""真性",这四个概念的内涵是一致的,都是指人的本心、自性。本节重点讲"自性"与"万法"之间的关系,惠能用"一即一切"来概括这一关系。

惠能认为，人的自性能生万法，且包含万法、遍布万法。自性与万法之间的关系是："一切即一，一即一切。"这个命题来自华严宗。华严宗认为，法界因缘而起，诸法之间相即相入，彼此圆融，"一切即一，一即一切"。诸法间的互融互摄表现在很多方面。就空间而言，有"一多互摄"："一"指个别事物，"多"指众多事物，一事物与众多事物之间相容相摄、自在无碍；"广狭互容"：广可入狭，狭可容广，广狭互融互摄，所谓"芥子纳于须弥"。就时间而言，过去、现在、未来三世涵容互摄、同时具足。以上，时间与空间互融互摄，从而熔铸成时空一如的华严境界。

华严宗的这一命题被惠能吸收。惠能在这里所说的"一"，是指人的本心、自性，即心体；"一切"指万法，即万事万物。他所谓"一切即一，一即一切"，是说万法皆人之"一心"所变现，所变现出来的万法又体现着人之"一心"。参禅悟道，就是于千差万别的现象界，体认平等一如的本心、自性。

惠能又提出"真性自用"命题，即一切万法都是真如自性的自我显现。"自性"与"万法"之间，"一真一切真"。"一真"，指诸法之"性"真实不虚、平等无二；"一切真"，诸法之"相"虽千差万别、虚妄不实，但都是平等、真实之"自性"的体现，因此站在"自性"立场上观照万法，万法皆是真实不虚的。

惠能这一思想对后世产生了很重要的影响。其弟子永嘉玄觉在《证道歌》中说："一性圆通一切性，一法遍含一切法。一月普现一切水，一切水月一月摄。"这是对其老师思想的发挥。"一月"，指天上之月，比喻自性；"一切水月"，比喻万法。一月映万川而显现为万川之水月，万川之水月终为天上一月所统摄，这个比喻生动形象地说明了自性与万法之间的关系。

禅林流传一则"俱胝一指"公案。俱胝，唐代的一位僧人，是惠能的第四代弟子。凡有来参学问道的，俱胝均不答话，只是竖起一指,因此被人称为"俱胝一指"或"一指头禅"。在这则公案中,"一指",既表示无分别、绝对待、平等一如的自性世界,又表示有分别的、五彩缤纷的现实世界,这两个世界之间是"一切即一,一即一切"的关系。宇宙万象,尽纳俱胝一指之内。悟得此番道理,就会顿入生命本源,获大解脱,得大自在。此为这则公案的旨意之所在。

【原文】

善知识,何名般若?般若者,唐言智慧也[1]。一切处所,一切时中,念念不愚[2],常行智慧,即是般若行。一念愚即般若绝,一念智即般若生。世人愚迷,不见般若,口说般若,心中常愚。常自言:我修般若。念念说空,不识真空。般若无形相,智慧心即是。若作如是解,即名般若智。

何名波罗蜜?此是西国语[3],唐言到彼岸,解义离生灭[4]。著境生灭起[5],如水有波浪,即名为此岸[6]。离境无生灭[7],如水常通流,即名为彼岸[8],故号波罗蜜。

善知识,迷人口念,当念之时,有妄有非。念念若行,是名真性。悟此法者,是般若法;修此行者,是般若行。不修即凡[9],一念修行,自身等佛。

【注释】

〔1〕唐言:大唐的语言,即中国语。

〔2〕念念:此处指连续不断的意念。

〔3〕西国语:指西方天竺语,亦即梵语。

〔4〕生灭：因缘和合而有，叫做生；因缘分散而无，叫做灭。生灭与生死同义，但生死主要是就有情而言，生灭则广通一切有情与无情。有生有灭，是有为法；不生不灭，是无为法。

〔5〕著境生灭起：人心执著于外境而不得解脱，从而处于生死轮回之中。境，在佛教看来，人的感官和思维的一切对象，都可以称为"境"。眼、耳、鼻、舌、身、意"六识"，所能辨别的各自的对象称为"六境"，即色、声、香、味、触、法。

〔6〕此岸：即生死轮回的境界。

〔7〕离境无生灭：心不执著外境而获得解脱，从而超脱生死轮回。

〔8〕彼岸：不生不灭的涅槃之境。

〔9〕凡：即凡夫，指因为迷惑事理而流转生死的平常人。

【译文】

善知识，什么叫般若呢？般若为梵语，汉语译作智慧。于一切处所、一切时间，心中皆能了达诸法性空之理而不流于愚妄，这就是智慧，就是修般若行。倘若一念愚妄，即是般若的断绝；一念离妄，即是般若的产生。世俗之人愚妄迷惑，不能了达般若实相，只是口说般若，心中常自迷惑。虽常常自言"我修般若"，念念口中说"空"，却不识真空之理。般若无形无相，人的智慧之心即是般若。若能作如是理解，即称为般若智。

什么叫波罗蜜呢？这是梵语，中国话译作"到彼岸"，若能了达其意则能进入不生不灭的涅槃之境。倘若心执著于所缘之境，则生灭随之现起，如同水随风而起波浪，这就叫作此岸。假如心离所缘之境，则生灭无由现起，如同水恒常流通，这就叫作彼岸，所以称为波罗蜜。

善知识，迷人只知口念般若波罗蜜，而口念之时，却心存妄念与是非。若能念念心行，即是真如法性。悟此法性，即是般若法；顺此法性的修行，即是般若行。如果不能这样修行，即是凡夫;如果能这样修行,自身当即与佛平等无异。

【讲解】

这节重点解释"般若波罗蜜"的内涵。

"般若"是智慧之意,但这种智慧不同于世俗所讲的智慧。世俗智慧,一般是以感性知识为基础,再根据已有的知识、遵循一定的逻辑规则来推导出新的知识。佛教智慧,则摒弃感官及世俗的思考规则,超越一般的逻辑顺序,通过调控心理意识,而直契人心本源和宇宙实相。世俗智慧是后天的,是从外界获得的,而佛教智慧则是先天的,是存在于人的本心本性之中的。

惠能认为,智人与愚人在先天的般若之智上是没有任何区别的,区别只在于愚人的般若之智被其后天的知识、技巧、欲望所遮蔽,而智人则通过修行来摒弃这些知识、技巧和欲望,从而让其先天的般若之智彰显出来。因此,他说:"一念愚即般若绝,一念智即般若生。"智人与愚人的本质区别,就在一念之中般若的"生"与"绝"。

波罗蜜,汉语译作"到彼岸",指修行者由生死苦恼的此岸,度到涅槃安乐的彼岸。这是佛教对波罗密的普遍解释。惠能则提出了别样的解释。他说:"著境生灭起,如水有波浪,即名为此岸。离境无生灭,如水常通流,即名为彼岸,故号波罗蜜。"心执著于外境,则为此岸;心离开执著,则为彼岸。此岸与彼岸,都在人的一"心"之中,区别只在于刹那之间人"心"的迷与悟。这样,惠能就把"波罗蜜"拉到了人"心"之中,把佛教的解脱归于人"心"的解脱。度人"到彼岸"的,不再是那高高在上的神秘力量,而是人先天本性中的般若之舟,这是一条智慧之舟,一条自性之舟。

【原文】

善知识,凡夫即佛,烦恼即菩提[1]。前念迷即凡夫,后念悟即佛。前念著境即烦恼,后念离境即菩提。善知识,摩诃般若波罗蜜,最尊最上最第一。无住无往亦无来,三世诸佛从中出[2]。当用大智慧,打破五蕴烦恼尘劳[3]。如此修行,定成佛道,变三毒为戒、定、慧[4]。

【注释】

〔1〕烦恼:梵文意译,又译作"惑",指扰乱众生身心,令其心烦意乱的精神作用。

〔2〕三世诸佛:过去世、现在世、未来世,称为三世。释迦牟尼佛为现在佛,其以前的佛称为过去佛,其以后的佛称为未来佛。三世诸佛,指出现于三世的一切佛。

〔3〕五蕴:蕴,梵语音译,也译作阴、众、聚,因此五蕴又称五阴、五众、五聚。蕴,乃积聚之意。五蕴指构成一切有为法的五种要素,即色蕴、受蕴、想蕴、行蕴、识蕴。色是一般所说的物质;受是感受,包括苦、乐、舍(不苦不乐)三受;想是想象,于善恶憎爱等境界中,取种种相,作种种想;行是意志、行动,由意念而行动去造作种种的善恶业;识是了别之意,由识去辨别所缘、所对的境界。五蕴中,前一种属于物质,后四种属于精神,这五种要素共同构成人身,因此五蕴又是"人"的代称。此处五蕴即为"人"的代称。尘劳:尘,即六尘,包括色尘、声尘、香尘、味尘、触尘、法尘;劳,即心劳。尘劳,为"烦恼"之异名,指凡夫为世尘所垢染而身心劳乱。

〔4〕三毒:即贪、嗔、痴。贪,即贪心,指对一切顺情之境生起贪得无厌之心;嗔,即嗔恨,指对一切违情之境,生起忿怒憎恨之心;痴,即愚痴,指对于一切事理,生起邪迷痴暗之心。这三毒是一切烦恼的根本。戒、定、慧:戒即禁戒,能防非止恶,降伏贪爱之心;定即禅定,能静虑澄心,降伏嗔恨之心;慧即智慧,能断愚证真,降伏愚痴之心。持此戒、定、慧三法,

能对治三毒,因此佛教称之为"三学"。

【译文】

善知识,凡夫本是佛,烦恼本是菩提。前念迷即是凡夫,后念悟即是佛。前念执著外境即是烦恼,后念离于外境即是菩提。善知识,摩诃般若波罗蜜,是最尊贵、第一位、至高无上的。不论过去、现在与未来,三世诸佛都从此产生。应当运用大智慧,打破一切烦恼与障碍。如能像这样修行,必定能成就佛道,变贪、嗔、痴三毒为戒、定、慧三学。

【讲解】

惠能说"烦恼即菩提",意思是说"烦恼"与"菩提"之间的关系是相即不二的。在佛教中,妨碍众生觉悟的一切精神作用,都称为烦恼;反之,断绝世间烦恼而成就涅槃的智慧,则称为菩提。"烦恼"为"迷","菩提"为"觉"。从表面上看,"烦恼"与"菩提"是对立的,是势不两立的,但是从本体上看,两者又是相即不离的,是同一的。烦恼为世间法,是因缘和合而起,其性本空,如果能证悟这无自性之空理,就是菩提,因此,不是"烦恼"灭而"菩提"生,而是"烦恼"当体即是"菩提"。

在惠能看来,"烦恼"与"菩提"是人心的不同显现:"前念著境即烦恼,后念离境即菩提。"人心执著外境即烦恼,放下执著即菩提。"烦恼"与"菩提",名虽有二,其实都是"一心"之显现,在体上两者是同一的。

"烦恼即菩提"命题,不是世俗认识,而是一种般若观照。以般若智慧观照贪嗔痴,这"三毒"当体即空,都是本心、自性的显现,因此惠能说"如此修行,定成佛道,变三毒为戒、定、慧"。

与"烦恼即菩提"相提并论的是"凡夫即佛"。惠能说:"前念迷即凡夫,后念悟即佛。"凡夫与佛的区别在于自心的"迷"与"悟",这就把"凡夫"与"佛"都归于人的心理状态,是同一"心体"的显现。从"心体"即自性上着眼,自然而然地就会得出"凡夫即佛"结论。

【原文】

善知识,我此法门[1],从一般若生八万四千智慧[2]。何以故?为世人有八万四千尘劳。若无尘劳,智慧常现,不离自性。悟此法者,即是无念[3]。无忆无著[4],不起诳妄[5],用自真如性,以智慧观照[6],于一切法不取不舍,即是见性成佛道。

【注释】

[1]法门:佛的教法,因为佛的教法是众生超凡入圣的门户,故称法门。

[2]八万四千:形容数目很多,并非确数。这是古印度人习惯使用的数字,佛经也常用此数字来表示数目极多。

[3]无念:无有妄念,正念的别名。

[4]无忆无著:既不迷恋过去也不执著现在。

[5]诳妄:诳,欺诈;妄,妄念,即虚妄的意念。

[6]智慧观照:以智慧观察事理、照破迷惑。

【译文】

善知识,我的教法,从一般若而生八万四千智慧。为什么呢?因为世人有八万四千烦恼。假若世人没有烦恼,自性智慧便会时常显现,就会念念不离菩提自性。能了悟这一法门,即是没有妄念。不迷恋过去、不执著现在,不起欺诈、虚妄之心,随缘应用本自具有的真如佛性，以般若智慧观照万法，对一切万法不取不舍，这就是自见本性、自成佛道。

【讲解】

这一节提到"无念""无忆""无著"三个概念。

无念，并不是什么都不想、什么都不念，而是无妄念，是一种无念之念，是一种正念、真念。惠能解释"无念"说："若无尘劳，智慧常现，不离自性。""无念"就是用般若智慧照破一切尘劳，让自性之光时常显现，这是一种万事无挂于心，一切随缘任运的心理状态与人生态度。

"无忆""无著"，都是讲不执著，但又有侧重点上的不同，前者强调不执著于过去的事情，后者强调不执著于现在的事情。《金刚经》讲："过去心不可得，现在心不可得，未来心不可得。"处于时间之内的所有相，都是虚妄的，因此对于过去、现在与未来的所有相，都不要执著。惠能的"无忆""无著"，与《金刚经》的三个"不可得"，所表达的意思是一样。

总之，本节中的"无念""无忆""无著"，都是放下执著的意思，用惠能的话来说就是"于一切法不取不舍"，这就是智慧观照。

【原文】

善知识，若欲入甚深法界及般若三昧者[1]，须修般若行，持诵《金刚般若经》，即得见性。当知此经功德[2]，无量无边，经中分明赞叹，莫能具说。此法门是最上乘[3]，为大智人说，为上根人说[4]。小根小智人闻[5]，心生不信。何以故？譬如天龙下雨于阎浮提[6],城邑聚落[7],悉皆漂流,如漂枣叶。若雨大海,不增不减。若大乘人,若最上乘人,闻说《金刚经》,心开悟解。故知本性自有般若之智,自用智慧常观照,故不假文字。譬如雨水,不从天有,元是龙能兴致,令一切众生,一切草木,有情无情[8],悉皆蒙润。百川众流,却入大海,合为一体。众生本性般若之智,亦复如是。

【注释】

〔1〕甚深:法之幽妙谓之深,深之极谓之甚。法界:即一真法界,这里与真如佛性、本心自性意思等同。三昧:梵语音译,又译作三摩提、三摩地,意译为正定、正受、等持,为离诸邪乱、摄心不散之意。

〔2〕功德:佛教一般认为,功指善行,德指善心,外修事功与内证佛性都称为功德。禅宗对"功德"一词有特殊的解释,认为只有内证佛性者才称为功德,而外修事功者称为福德。

〔3〕最上乘:至高无上的教法,即圆顿教,亦即一佛乘。

〔4〕上根:上等的根器,指根性敏锐、可以接受大乘教义的人。与其相对的词是"下根",即下等的根器,指根性钝弱的人。

〔5〕小根:只能接受小乘教义的根性。

〔6〕天龙:即天与龙,为八部众的其中二众。八部众,指守护佛法之诸神,包括天、龙、夜叉(意译为勇健鬼)、乾闼婆(意译为香神或乐神)、阿修罗(意译为非天)、迦楼罗(意译为金翅鸟)、紧那罗(意译为非人、歌人)、摩侯罗伽(意译为大蟒神或大腹行地龙)。由于人类的眼睛不能见到这八部众,所以又叫做冥众八部;又因为八部众以天、龙为最殊胜,所以又叫做天龙八部,或是龙神八部。阎浮提:又译为赡部洲,指我们现在所居住的娑婆世界。

〔7〕城邑聚落:有城郭的都邑称城邑,无城郭的市集、村落称聚落。

〔8〕有情无情:有情,又名众生,即一切有情识的动物。无情,指一切没有情识之物,如草木土石等。

【译文】

　　善知识,想进入深妙的一真法界及般若三昧的人,必须修持般若行,持诵《金刚经》,这样才能悟达本心、了见自性。应当知道,这部《金刚经》的功德是无量无边的。这些功德在经文中已经被反复赞叹过,这里就不再一一具说了。这部经所讲乃最上乘教法,是专为大智慧人说的,是专为上等根性的人说的。小根性、小智慧的人听闻此法,心生疑惑,不敢相信。为什么呢?譬如天、龙降雨于阎浮提,城市乡村飘浮在水中,像漂浮在水中的枣叶一样。如果雨水下在大海中,海水就不会增加。假如是大乘根性的人,是最上乘根性的人,一旦听闻《金刚经》,马上心开悟解,明白般若之智本自具有的道理,并会时时运用般若智慧自照本心,根本不需要凭借语言文字。譬如雨水本不是上天所有,而为龙王兴风所致,使一切众生、一切草木、有情之物与无情之物,统统蒙受雨水的润泽。江河百川,一旦流入大海,就会与海水融为一体。众生本性中的般若智慧,也如同这大海一样,虽纳百川而不增不减。

【讲解】

　　本节中,惠能提出"不假文字"主张,认为修习佛道,就是运用般若智慧自照本心,根本不需要凭借语言文字。这一直指人心、不假文字的顿悟法门传自禅宗初祖菩提达磨。

　　达磨在《悟性论》中说:"直指人心,见性成佛,教外别传,不立文字。"这十六个字成为中国禅宗的"不二法门"。达磨"付法传衣"的故事正说明了这一思想。据《五灯会元》卷一载,为了勘验谁适合继承衣钵,达磨让弟子们各用一句话或一个动作来表达自己对佛法的理解。

　　道副:"如我所见,不执文字,不离文字,而为道用。"

达磨:"汝得吾皮。"

尼总持:"我今所解,如庆喜见何佛国,一见更不再见。"

达磨:"汝得吾肉。"

道育:"四大本空,五阴非有,而我见处,无一法可得。"

达磨:"汝得吾骨。"

慧可礼拜,退回原处站立。

达磨:"汝得吾髓。"

慧可一言未发而得达磨印可,从而成为中国禅宗的第二代祖师。此故事表达的正是禅宗"不立文字""以心传心"的思想。

惠能在达磨"不立文字"思想基础之上,提出"不假文字"主张。在本节中,似乎有一个矛盾:既然惠能主张"不假文字",那他为什么又劝人读《金刚经》呢?他赞扬《金刚经》:"功德无量无边"、为"最上乘";又说:"最上乘人,闻说《金刚经》,心开悟解。"《金刚经》具有如此巨大的作用,以至于读颂此经便可以心开悟解,这难道不是主张假借文字吗?

要解决这一矛盾,必须回忆一下五祖弘忍传法的那个晚上。弘忍对惠能说:"法则以心传心,皆令自悟自解。自古佛佛惟传本体,师师密付本心。"自古以来诸佛之间所传的只是"法体",诸师之间所密付的只是"本心",而"法体""本心"是无法用语言文字来传付的。原来,"不立文字"的只是"法体""本心",这是从"体"上来说的。惠能所谓"不假文字",讲得也是本心、自性,也是就"体"上而言的。

惠能说:"须修般若行,持诵《金刚般若经》,即得见性。"对于未见性的迷人而言,必须持诵《金刚经》,而一旦见性,进入空无挂碍的自性世界,那么任何语言就都是多余的了,都是要舍弃的,不然就会形成"文字障"。惠能说:"本性自有般若之智,自用智慧常观照,故不假文字。"由此可见,他所说的"不假文字"是从"自性"上来说的。

【原文】

善知识,小根之人闻此顿教[1],犹如草木,根性小者,若被大雨[2],悉皆自倒,不能增长。小根之人,亦复如是。元有般若之智,与大智人更无差别,因何闻法不自开悟[3]?缘邪见障重[4],烦恼根深。犹如大云覆盖于日,不得风吹,日光不现。般若之智,亦无大小,为一切众生自心迷悟不同。迷心外见[5],修行觅佛,未悟自性,即是小根。若开悟顿教,不执外修,但于自心常起正见[6],烦恼尘劳常不能染,即是见性。

【注释】

〔1〕顿教:不历阶梯渐次,直指本源,顿时开悟的教法。
〔2〕被:遭遇,蒙受。
〔3〕开悟:开智明理。
〔4〕邪见:不合正法的外道之见。障:即障碍,分烦恼障与所知障两种。烦恼障又名惑障,即贪、嗔、痴等烦恼,能使众生流转于生死轮回,因而障碍涅槃之业,故名烦恼障;所知障又名智障,即众生的无明邪见,因其能遮蔽人本心的智慧,所以称为所知障。此处之"障",是指"所知障"。
〔5〕外见:外道之见,与邪见意同。
〔6〕正见:正确的见解,为八正道之一。

【译文】

善知识,小根性的人听闻如此顿教法门,如同根系小的草木,若被大雨冲刷就会全都倒掉,不能再继续生长。小根性的人，听闻顿教法门的情形也是这样。其实，小根性的人原本也有般若之智，与大智慧的人并没有什么差别，但为什么这种人听闻如此顿教大法却不能开悟呢？这是因为他执著于邪见的"所知障"过于深重、烦恼习气根深蒂固，这就好像大片乌云遮蔽了日光，如果没有惠风把乌云吹散，日光就不能显露出来。般若智慧人人具足，本无大小之别，区别只在于一切众生对其自心的智慧是迷还是悟。迷自本心而外生邪见，心外修行而离心觅佛，这样就远离了本心自性，这就是小根性的人。假如能了悟顿教之法，不执心向外修行，只在自心常起正见，一切烦恼尘劳就不会染污本心，这就是见性的人。

【讲解】

本节重点讨论"小根之人"与"大根之人"的区别。

惠能说："般若之智亦无大小，为一切众生自心迷悟不同。"众生的般若之智都是一样的，是没有大小之别的，但为什么会有"小根"与"大根"的区分呢？惠能的答案是：众生自心的迷悟不同。迷，则为小根；悟，则为大根。小根之人，由于"未悟自性"而"迷心外见"，在修行之时，不知道自识本心、自见本性，只是一味地向心外觅佛。相反，大根之人由于"开悟顿教"，因此"不执外修"，不是向心外觅佛，而是"于自心常起正见"，在自心之上下功夫。简言之，"小根"与"大根"的区别在于：一、自性上，是迷还是悟；二、修行上，是心外觅佛还是自识本心。惠能对小根之人是持批评态度的，认为他们"邪见障重，烦恼根深"。

【原文】

善知识，内外不住，去来自由，能除执心，通达无碍[1]。能修此行，与般若经本无差别[2]。

善知识,一切修多罗及诸文字[3],大、小二乘[4],十二部经[5],皆因人置,因智慧性方能建立。若无世人,一切万法,本自不有,故知万法,本自人兴,一切经书,因人说有。缘其人中有愚有智,愚为小人,智为大人。愚者问于智人,智者与愚人说法。愚人忽然悟解心开,即与智人无别。

善知识,不悟,即佛是众生[6];一念悟时,众生是佛。故知万法尽在自心,何不从自心中顿见真如本性?《菩萨戒经》云[7]:"我本元自性清净。"若识自心见性,皆成佛道。《净名经》云[8]:"实时豁然[9],还得本心。"

【注释】

〔1〕通达无碍:通于事理而无障碍。

〔2〕般若经:宣说般若波罗蜜教义的佛经的总称。此类经典有数十部,如《大品般若经》《小品般若经》《大般若经》《般若心经》《金刚经》等。

〔3〕修多罗:梵语音译,意译为"契经",指上契诸佛妙理、下契众生根机的经文,也泛指佛经。

〔4〕大、小二乘:即大乘和小乘。乘,运载工具。佛法如渡船,能把众生从生死此岸运载到涅槃彼岸,因此称为"乘"。小乘,以修身自利为宗旨,包括声闻乘、缘觉乘。声闻乘修四谛法,最高果位阿罗汉;缘觉乘修十二因缘,最高果位为辟支佛。大乘,为菩萨乘,以救世利他为宗旨,最高的果位为佛果。

〔5〕十二部经:佛陀所说法,依其叙述形式与内容分为十二个种类,故称十二部经,又称十二分教、十二分圣教、十二分经等。这十二类分别是:(一)契经,又作长行,以散文形式直接记载佛陀所说教义,即一般所说的"经"。(二)应颂,与契经相应,即以偈颂重复阐释契经所说教法,故又称重颂。(三)讽颂,又作孤起,单独以偈颂来记载佛陀的教说。孤起与应

颂不同之处在于,应颂是重述前面契经的内容,孤起则单独以偈颂阐述教义。(四)记别,又作授记,本为教义之解说,后来特指佛陀对众弟子之未来所作的证言。(五)自说,佛陀未待他人问法,而自行开示教说。(六)因缘,记载佛陀说法之因缘,如诸经之"序品"。(七)譬喻,以譬喻宣说法义。(八)本事,叙述佛陀及弟子在过去世之因缘事迹,此类经典往往以"佛如是说"开卷。(九)本生,记述释迦于过去世受生为各种不同身形及身份而行菩萨道的故事。(十)方广,宣说广大深奥之教义。(十一)希法,记载佛陀及诸弟子稀有之事。(十二)论议,借佛陀自问自答或与弟子往复问答形式来阐明经义的经典。

〔6〕众生:又名有情,即迷界一切有情识的动物。因集众缘而生,又因经历众多生死,故名众生。

〔7〕《菩萨戒经》:经名,从后秦鸠摩罗什译《梵网经》之《菩萨心地戒品》摘录而成。

〔8〕《净名经》:《维摩诘经》之异名。此经共有七种译本,现存三种:东汉支谦译《维摩诘经》二卷,后秦鸠摩罗什译《维摩诘所说不可思议解脱经》三卷,唐玄奘译《无垢称经》六卷。这三种译本中,鸠摩罗什译本流行最广。此处所引经文,出于罗什译《弟子品第三》。

〔9〕豁然:开悟。

【译文】

善知识,既不执著于外境也不执著于内心,遣除一切执著之心,便可通达事理,无障无碍,往来不滞,自由自在。如果能够如此修行,便与般若经所说没有差别了。

善知识,一切佛经及文字,大、小二乘教义,十二部经,都是随众生根性大小的不同而施设的。只有依靠众生根性中的智慧,才能建立起这些经教。如果没有世人,就没有一切万法,故知一切万法皆因人而兴,一切经书皆因人而成。世人有愚钝、有智慧,愚钝之人称为小人,智慧之人称为大人。愚钝之人向智慧之人请教,智慧之人给愚钝之人讲法。愚钝之人一旦悟解心开,即与智慧之人没有任何差别。

善知识,不悟之时,佛是众生;一念悟得,众生是佛。故知一切万法尽在自己心中,为什么不从自己心中顿见真如本性呢?《菩萨戒经》说:"我的本源自性是清净无染的。"若能识得本心、见得自性,即是成就佛道,因此《维摩诘经》说:"实时豁然,还得本心。"

【讲解】

本节重点谈"明心见性"的修行方法。

在惠能看来,佛与众生并无本性上的区别,区别只在对自心的迷与悟:"不悟,即佛是众生;一念悟时,众生是佛。"既然佛与众生的差别只在自心之上,那么修行佛道就只能在"心"上下功夫了,这就是惠能所说的"从自心中顿见真如本性"。具体方法是"除执心",即破除"法执"与"我执",从而达于"内外不住,去来自由","通达无碍"的境界。所以,惠能说:"若识自心见性,皆成佛道。"

惠能认为,修佛就是修"心",解脱就是"心"的解脱。在此思想基础之上,他又把佛经与人心联系起来。他说,佛教的一切经典都是因人而设置的,都是依靠人的智慧而建立的,都是为人心服务的。佛经说"无"说"有",都是权宜之说,都是为了破除人心中的执迷,其本质都是虚幻不实的。因此,修行者一定不能执著于外在的经卷文字而忽略修"心"的功夫。

宋人罗大经《鹤林玉露》中有一首很美的禅诗可以很好地诠释惠能"明心见性"思想:"尽日寻春不见春,芒鞋踏遍陇头云。归来笑拈梅花嗅,春在枝头已十分。"据说这首诗的作者是一位尼姑,名字与法号都已失考,后人因这首诗而送其法号曰"梅花尼"。诗的前两句说,自己整日遍历大山,参禅访道,却终不可得;后两句说,参访回来,拈起一枝梅花,沁鼻的清香使她一下大悟:春就在枝头这盎然开放的梅花里!真是踏破铁鞋无觅处,得来全不费功夫。这首诗要表达的思想是:修佛道不能向心外觅,只能于心中自悟,回归本心,你就是佛!这首诗是对惠能"明心见性"思想的最好诠释。

【原文】

善知识,我于忍和尚处,一闻言下便悟,顿见真如本性。是以将此教法流行[1],令学道者顿悟菩提,各自观心[2],自见本性。若自不悟,须觅大善知识、解最上乘法者[3],直示正路。是善知识有大因缘[4],所谓化导令得见性[5]。一切善法,因善知识能发起故[6]。三世诸佛,十二部经,在人性中本自具有。不能自悟,须求善知识指示方见。若自悟者,不假外求。若一向执谓,须他善知识方得解脱者,无有是处。何以故?自心内有知识自悟,若起邪迷妄念颠倒[7],外善知识虽有教授,救不可得。若起正真般若观照,一刹那间[8],妄念俱灭。若识自性,一悟即至佛地[9]。

【注释】

〔1〕流行:广泛传播。

〔2〕观心:反观内心以明心之本性。

〔3〕最上乘:至高无上的教法,即圆顿教,亦即一佛乘。

〔4〕因缘:"因"与"缘"的并称,乃原因、条件之意。"因"是产生结果的内在的、直接的原因;"缘"是资助因的外在的、间接的条件。因此,因缘又有内因外缘、亲因疏缘之称。一切有为法皆是因缘所生,只有因不能

生果,只有缘也不能生果,必须因缘和合,才能生果。以上是"因缘"一词在佛教中的一般意义,而此处不是这一意思,此处之意近于方法、手段或佛教所谓的"方便法门"。

〔5〕化导:教化开导。

〔6〕善法:合理益世之法,如五戒十善是世间的善法,三学六度是出世间的善法。

〔7〕颠倒:指违背常道、正理,如以无常为常,以苦为乐等违背事理之妄见。

〔8〕一刹那:指极短的时间。佛经说在人的一个念头中就含有九十个刹那。

〔9〕佛地:佛教把大乘菩萨道的修行分为十个阶位,称为十地。因为大地能生长万物,所以佛典中常以"地"来形容能生长功德的菩萨行。"佛地"为修菩萨行所要达到的最终果位。

【译文】

善知识,我在五祖弘忍大师那里,一听他说法,言下即便开悟,顿时见到自己的真如本性。所以将此顿教法门广泛传播,让那些学习佛道的人也能像我一样顿悟菩提自性,各自观照本心,自见本性。如果不能自己开悟,必须求助于能解最上乘教法的大善知识来指示修行正路。这些大善知识,能利用巧妙的方法来教化开导众生,令其见自本性。这是因为一切合理益世的教法,都是由大善知识所施设的。三世诸佛、十二部经,在人的自性之中本自具有。如果愚迷而不能自悟,必须借助善知识的开示才能悟入。如果能自悟的话,就不需要善知识的开示了。那种固执地认为必须依靠善知识开示才能获得解脱的观点,是完全错误的。为什么呢?因为众生自心原本具有解脱智慧,完全可以自解自悟。倘若心中塞满邪迷妄念、颠倒妄想,即使有善知识给予教化开导,也难以得救。如果心中能生起真正的般若观

73

照，一刹那间邪迷妄念便会烟消云散。识自本心、见自本性，便可一悟而直入佛地。

【讲解】

　　惠能把悟分为两种，一种是自悟，一种是假借而悟。

　　自悟，是不假外求之悟，既不需要借助诵读佛经，也不需要他人的开导，而是在自心之中生起"正真般若观照"，这样就能于刹那之间妄念俱灭，回归自我的本心、本性。惠能本人即属于这一种。他在弘忍那里待了八个月，虽未蒙教授，却能于言下顿见真如本性，他的那首示法偈就是最好的证明。

　　另一种是假借而悟。当不能自悟时，需要借助外缘的力量。关于外缘的力量，惠能提到两种，一是诵持佛教经典，二是高僧大德的开导。但在惠能看来，外缘力量所起的只是辅助的作用，而起决定作用的只能是自己，因为悟最终要归于自我根性的觉解，自心只能自识、自性只能自见。如果心中充满邪迷妄念的话，即使有高僧大德的教授，也是不能开悟的。

　　惠能还批评了一种错误的认识。有人固执地认为，单独依靠自己的力量是不能开悟的，必须依赖高僧大德的开导才能获得解脱。惠能认为这种观点是完全错误的。因为，不但众生解脱所必须的般若智慧就存在于人的自性之中，而且"三世诸佛，十二部经"这些辅助条件，也是人性中本自具有，如果众生能自识本性的话，一悟即至佛地，完全可以不凭借善知识的开导。

　　佛教有"自然悟道"之说，指释迦牟尼佛依本觉而不依他教，自然开悟，自行悟道。如《妙法莲华经玄义》卷四："若出无佛世，自然悟道，此即独觉。"这种不依靠经教而自行开悟的智慧，称为"自然智"。惠能"不假外求"的"自悟"思想与此是一致的。

【原文】

　　善知识,智慧观照,内外明彻,识自本心。若识本心,即本解脱。若得解脱,即是般若三昧[1],即是无念。何名无念?知见一切法,心不染著,是为无念。用即遍一切处,亦不著一切处。但净本心,使六识出六门[2],于六尘中无染无杂[3],来去自由,通用无滞,即是般若三昧。自在解脱,名无念行。若百物不思,当令念绝,即是法缚[4],即名边见[5]。善知识,悟无念法者,万法尽通;悟无念法者,见诸佛境界;悟无念法者,至佛地位。

【注释】

　　[1]般若三昧:获得智慧的正定功夫。

　　[2]六识:分别为眼识、耳识、鼻识、舌识、身识、意识,是眼、耳、鼻、舌、身、意六种感觉与思维器官接触外境而产生的见、闻、嗅、味、触、思等认识作用。六门:即六根,包括眼、耳、鼻、舌、身、意六种感觉与思维器官。

　　[3]六尘:又名六境,是六根所缘之外境,分别为色尘、声尘、香尘、味尘、触尘、法尘。尘,染污之义,意思是能染污人们清净的心灵,使真性不能显发。

　　[4]法缚:思想被所知所见束缚,也就是执著于法,与"法执"同义。

　　[5]边见:执著于一边的邪见,为"五见"中的一种。如,把一切视为常住不灭的"常见"与把一切视为断灭顽空的"断见",都属边见。

【译文】

　　善知识,运用般若智慧观照万法,就会内心澄明、外境澄澈,从而认识自己的本心、自性。一旦认识了本心,当即获得解脱;获得解脱,即是入于般若正定,即是一心无念。什么叫无念?对于所知所见的一切万法，心不执著，即为无念。无念之心能遍照一切万法，并且不执著于一切万法。只要清净自己的本心，眼、耳、鼻、舌、身、意六根接触色、声、香、味、触、法六尘时，就会自然而然地产生见、闻、嗅、味、觉、思六识，在此过程之中，心却来去自由、无滞无碍、丝毫不被六尘所染污，这就是"般若三昧""自在解脱"，也称为"无念行"。如果一味执著于"百物不思"的邪说，努力断绝心念，反而被"断绝心念"之"念"所障碍，这就是"法缚"，也叫作"边见"。善知识，领悟了"无念法"，也就领悟了一切万法；领悟了"无念法"，也就领悟了一切佛的境界；领悟了"无念法"，也就达到了佛的境地。

【讲解】

　　本节重点讲"无念"，惠能是从正反两个方面来讲的。

　　惠能先从正面解释"无念"。"无念"就是"识自本心"，就是"解脱"，就是"般若三昧"。其具体内涵是："知见一切法，心不染著。""用即遍一切处，亦不著一切处。""于六尘中无染无杂，来去自由，通用无滞。"既不脱离、躲避一切事物与现象，又不执著于一切事物和现象。自我之心，如虚空含纳万境又不执著万境，如明月朗照山河大地又不黏滞于山河大地，一切自由自在，无挂无碍。

　　惠能又从反面解释"无念"。所谓"无念"，不是"百物不思"，不是断绝心念。"百物不思"，虽然破除了对"有"的执著，但又落入"空"的窠臼，是一种"断见"，惠能称之为"法缚"。

　　来看一则禅宗公案。唐代，一位法号玄机的尼姑，来参拜雪峰禅师。雪峰问："你叫什么名字？"尼答："玄机。"雪峰又问："既是玄妙之机，一日能织几匹布？"尼答："寸丝不挂。"说罢，得意洋洋转身离去。刚走几步，就听雪峰在背后喊："你的袈裟角拖地了!"她猛一回头,雪峰哈哈大笑:"好一个寸丝不挂!"

雪峰把玄机的法号解释为"玄妙之机",这完全是一种调侃,深得禅家"游戏三昧"。玄机用"寸丝不挂"来回答,更是俏皮!雪峰喊:"你的袈裟角拖地了!"玄机出于本能而回头,岂不知就在她一回头的一刹那,心中早挂上了千丝万缕!"寸丝不挂",表达的是空境,而那一回头,表明她仍落在"法缚"之中,这就是所谓"不立纤毫已是尘"。这则公案正好契合惠能的"无念"思想。

【原文】

善知识,后代得吾法者,将此顿教法门,于同见同行[1],发愿受持[2],如事佛故。终身而不退者[3],定入圣位[4]。然须传授从上以来默传分付[5],不得匿其正法。若不同见同行,在别法中[6],不得传付。损彼前人,究竟无益。恐愚人不解,谤此法门,百劫千生,断佛种性[7]。

【注释】

〔1〕同见:持相同见解的人。同行:共同修行佛道的人,为三善知识之一。三善知识分别是:教授善知识、同行善知识、外护善知识。

〔2〕发愿:立下誓愿。受持:受是领受于心,持是忆而不忘,受持即是领受于心而永志不忘。受持可分为三方面:受持戒律,受持经典,受持三衣。

〔3〕退:即退转,又称退堕、退失。指在修行佛道过程中,意志不坚定,工夫退步,而堕于二乘凡夫之地。

〔4〕圣位:众生修行佛道所证得的声闻乘、缘觉乘、菩萨乘三乘圣果之位。

〔5〕默传：即默传心印，指脱离语言文字而以心传心的传授方法。

〔6〕别法："普法"之对称，指有特定对象或内容的教法。例如，华严宗以小乘与三乘之教为别法，而以华严一乘之教为普法。这里，"别法"是指禅宗以外的其他宗派的教法。

〔7〕佛种性：佛种，能生出佛果的种子。佛种性，指能生出佛果之种子的本性。

【译文】

善知识，后世继承我教法的人，应该将这顿教法门传授给那些同一见地、同一心行的人。他们要立下誓愿，永远信受奉持这一法门，就如同事奉佛陀一样。如果能终生精进而不退转，一定能够证得圣位。证得圣位的人，一定要像历代祖师那样按照"以心传心"的方式将此法门传授下去，切不可隐匿宗门正法。倘若不是同一见地、同一心行的其他宗派之人，不得妄传此法门，不然的话，不但损害先圣教法，而且对这些受法者也没有好处。如果妄传此法，那些愚痴之人根本不能理解，定会大加诽谤，这样他们将永远丧失成佛的可能性。

【原文】

善知识，吾有一《无相颂》，各须诵取。在家出家，但依此修。若不自修，惟记吾言，亦无有益。听吾颂曰：

说通及心通〔1〕，如日处虚空。
唯传见性法，出世破邪宗〔2〕。
法即无顿渐〔3〕，迷悟有迟疾。
只此见性门〔4〕，愚人不可悉。
说即虽万般，合理还归一〔5〕。

烦恼暗宅中,常须生慧日[6]。
邪来烦恼至,正来烦恼除。
邪正俱不用[7],清净至无余[8]。
菩提本自性,起心即是妄[9]。
净心在妄中[10],但正无三障[11]。
世人若修道,一切尽不妨。
常自见己过,与道即相当。
色类自有道[12],各不相妨恼[13]。
离道别觅道[14],终身不见道。
波波度一生[15],到头还自懊。
欲得见真道,行正即是道[16]。
自若无道心,暗行不见道。
若真修道人,不见世间过[17]。
若见他人非,自非却是左[18]。
他非我不非,我非自有过[19]。
但自却非心,打除烦恼破[20]。
憎爱不关心,长伸两脚卧[21]。
欲拟化他人,自须有方便[22]。
勿令彼有疑,即是自性现。
佛法在世间,不离世间觉[23]。
离世觅菩提,恰如求兔角[24]。
正见名出世,邪见是世间[25]。
邪正尽打却,菩提性宛然[26]。
此颂是顿教,亦名大法船[27]。
迷闻经累劫[28],悟则刹那间。

师复曰:"今于大梵寺说此顿教,普愿法界众生[29],言下见性成佛。"

时韦使君与官僚道俗,闻师所说,无不省悟。一时作礼,皆叹:"善哉!何期岭南有佛出世!"

【注释】

〔1〕说通:能因时因地因人而灵活宣讲佛教教义。心通:即宗通,远离一切语言文字而证悟自己的本心、本性。说通偏重于他人的语言讲说,心通偏重于自己的内心证悟。

〔2〕出世:诸佛为救度众生而出现于世间。邪宗:南宗禅把不以"明心见性"为正法的宗派均视为邪宗。

〔3〕顿渐:顿教与渐教。不依次第,快速到达觉悟的教法,称为顿教;依顺序渐进,经长时间修行而觉悟的教法,称为渐教。

〔4〕见性门:以明心见性为宗旨的教法。

〔5〕合理:教法所蕴含的真理。

〔6〕慧日:佛的智慧,能像太阳一样照亮一切黑暗,故称慧日。

〔7〕邪正俱不用:对邪与正不加分别,意指消了分别之心。

〔8〕无余:为"有余"之对称,完全穷尽、没有残余之意。这里指无余涅槃,即烦恼与肉身完全灭尽之状态。

〔9〕起心:生起分别之心。

〔10〕净心在妄中:自我的清净本心就在妄念之中,净心与妄念不二。

〔11〕三障:烦恼障、业障、报障。烦恼障,如贪欲、嗔恚、愚痴之惑;业障,如五逆十恶之业;报障,如地狱、饿鬼、畜生之苦报。众生因有此三障,所以不能悟解佛道。

〔12〕色类:有种种色身的一切生类,即一切众生。

〔13〕妨恼:妨碍。

〔14〕离道别觅道:离开明心见性之正道而另寻成佛之道。

〔15〕波波:奔波流浪。

〔16〕行正：行为正直、无偏执。

〔17〕不见世间过：不要用分别心对待世间一切人或事。

〔18〕"若见"二句：如果总是看到别人的错误，那肯定是自己的错误，是自己的看法出了偏差。左，偏差的意思。

〔19〕"他非"二句：别人有了错我并不认为是错，如果我认为是错，那就是我犯了错。

〔20〕"但自"二句：只要自我消除了指责他人的心念，也就扫除了自己心中的烦恼。

〔21〕"憎爱"二句：心中无憎无爱，便会尽息诸缘，身心自在，无挂无碍。

〔22〕"欲拟"二句：如果想教化、开导他人，自己必须有机智灵活的方法与手段。方便，又译为善权、权巧施设，指佛、菩萨根据众生的不同根机而采取的机智灵活的教化手段。

〔23〕"佛法"二句：佛法就在世俗之中，觉悟成佛不能离开世俗。

〔24〕"离世"二句：离开世俗而另寻解脱之道，就如同寻找兔子的角，终不可得。

〔25〕"正见"二句：持正确的解脱观念即是出世间，持邪迷的解脱观念即是世间。出世间与世间的区别就在于见解的正与邪。

〔26〕"邪正"二句：不论邪见与正见，一概扫除净尽，清净的觉悟本性就会清晰地显现出来。宛然，清晰、分明的样子。

〔27〕法船：佛法能使人了脱生死，好像船能渡人过生死苦海而达涅槃彼岸。

〔28〕累劫：无数劫，泛称极长的时间。如《无量寿经》下："世世累劫无有出期。"

〔29〕法界众生：一切众生。

【译文】

　　善知识，我有一首《无相颂》，请你们务必记诵。无论在家出家，只要依照这首《无相颂》来修行就能成就佛道。假如不能用心修行，只是死记硬背我的话，那是毫无益处的。听我说《无相颂》：

他说通与自心通，都像慧日处虚空。
唯有心传见性法，度众出世破邪宗。
佛法本来无顿渐，只因迷悟有迟疾。
如此明心见性门，愚痴之人难自悉。
教法虽有万般异，合得理体仍归一。
烦恼如处暗宅中，常须慧日来相照。
邪念来时烦恼至，正念来时烦恼除。
邪正二相都除去，清净本性显无余。
菩提本是自性觉，起心动念即成妄。
净心常处妄念中，但正心念无三障。
世人若要修佛道，一切法门都无妨。
时常反省自己过，即与佛道且相当。
一切众生自有道，各自修行不相妨。
离却见性另觅道，终其一生难见道。
风尘仆仆忙一生，临终落得空自懊。
欲要得见真实道，行为正直即是道。
自己如果无道心，恰似暗行不见道。
若是真正修道人，不见世间过与错。
如果只见他人错，定是自心偏向左。
他人若非我不非，我非定是自己过。
只要自止非人心，即将烦恼来打破。
无憎无爱心不起，长伸两脚坦然卧。
想要化导世上人，自己须有善方便。
勿使他人有疑惑，便是自性真显现。
佛法常在世俗间，不离世俗成正觉。

离开世俗觅菩提，如同妄求兔子角。
正见即名出世智，邪见名为世间惑。
邪见正见尽扫却，菩提自性分明现。
此颂示君顿教法，也可说是大法船。
迷闻不悟历万劫，顿悟只在刹那间。

六祖又说："今天我在大梵寺讲此顿教法门，但愿一切众生，听了我的讲法，都能认识自己的本性而成就佛道。"

此时，韦使君、众官员以及众多僧俗弟子，听了六祖所说法，无不心领神会。大家一起向六祖行礼致敬，齐声赞叹："太好了！没想到岭南竟然有真佛出世！"

【讲解】

这首《无相颂》是对整品内容的概括。在此，惠能特别强调两点：一是修行一定不能脱离自性。不论是偏重于言语讲说的"说通"，还是偏重内心证悟的"宗通"，两者的终极目标都是引人认识自性，而一旦回归自性，都如慧日处虚空，两者就没有什么区别了。因此，只有"见性"之法才是修行的正法。

二是修行不能脱离世间。他对"出世间"与"世间"做了全新的解释。有正确的解脱观念，即以自性为中心，就是"出世间"；持邪迷的解脱观念，即脱离自性而执著外境，就是"世间"。"出世间"与"世间"的区别就在于见解的正与邪。在此基础上，惠能又说："邪正尽打却，菩提性宛然。"只有打破邪正之间的对立，进入无正无邪的境界，才是真正的菩提自性世界。这个世界就在人的自心之中，就在现实世界之中。因此，惠能说："佛法在世间，不离世间觉。离世觅菩提，恰如求兔角。"修行佛法，不是青灯古佛边的枯守，而是于现实生活之中对本心、自性的回归。

　　惠能还在这首《无相颂》中重申顿悟思想。其中,"迷闻经累劫,悟则刹那间",是对顿悟的经典表述,被后人不断引用。

疑问第三

【题解】

　　疑问品,又作决疑品。在本品中,惠能通过回答韦刺史的提问,解释了"功德"与"福德"的区别,以及关于"往生西方"的问题,并提出"自性西方"概念,标志着中国禅宗在解脱论与修行观上的重大转变。

【原文】

　　一日,韦刺史为师设大会斋[1]。斋讫[2],刺史请师升座,同官僚、士庶肃容再拜[3]。问曰:"弟子闻和尚说法,实不可思议[4]。今有少疑,愿大慈悲,特为解说。"师曰:"有疑即问,吾当为说。"

　　韦公曰:"和尚所说,可不是达磨大师宗旨乎?"师曰:"是。"公曰:"弟子闻,达磨初化梁武帝[5]。帝问云:'朕一生造寺、度僧[6]、布施[7]、设斋,有何功德?'达磨言:'实无功德。'弟子未达此理,愿和尚为说。"

　　师曰:"实无功德,勿疑先圣之言。武帝心邪,不知正法。造寺、度僧、布施、设斋,名为求福。不可将福便为功德,功德在法身中[8],不在修福。"

　　师又曰:"见性是功,平等是德。念念无滞,常见本性,真实妙用,名为功德。内心谦下是功[9],外行于礼是德。自性建立万法是功,心体离念是德。不离自性是功,应用无染是德。若觅功德法身,但依此作,是真功德。若修功德之人,心即不轻[10],常行普敬[11]。心常轻人,吾我不断[12],即自无功;自性虚妄不实,即自无德。为吾我自大,常轻一切故。善知识,念念无间是功[13],心行平直是德。自修性是功,自修身是德。善知识,功德须自性内见,不是布施供养之所求也,是以福德与功德别[14]。武帝不识真理,非我祖师有过。"

【注释】

〔1〕大会斋:举行大法会时兼施斋饭,故称大会斋。

〔2〕讫:完毕。

〔3〕士庶:士人与普通百姓,泛指百姓,这里指一般信众。肃容:使仪容严肃、庄重。

〔4〕不可思议:梵语意译,又作不思议、难思议。指不可思虑言说之境界,主要用于形容诸佛菩萨觉悟之境地。此成语后被世俗广泛运用,形容事理深奥玄妙,无法想象,难以理解。

〔5〕梁武帝:萧衍(464—549),字叔达,南兰陵中都里人(今江苏武进),南朝梁开国君主。博学能文,崇信佛教,曾四次舍身佛寺,并常设无遮大会、平等大会、盂兰盆会。广建寺塔,仅首都建康(今南京)即有佛寺五百余所、僧尼十万余人,为南朝佛教的繁荣做出了很大贡献。

〔6〕度僧:即度人为僧。度,出世俗、离生死之意。

〔7〕布施:这里指财施。布施有三种:一是财施,即以自己的财物,分施给别人;二是法施,即以正法去劝人修善断恶;三是无畏施,即不顾虑自己的安危去解除别人的怖畏。

〔8〕法身:佛三身之一,又名自性身,或法性身,即诸佛所证的真如法性之身。这里,法身指自我的本心、本性。

〔9〕谦下:虚心谦逊,不自高自大。

〔10〕不轻:不轻视他人。

〔11〕普敬:普遍尊敬他人。

〔12〕吾我不断:吾我,指具有主宰作用的实体之我。"吾我不断",近于"我执",即执著"自我"为实有的错误观念。佛教认为,众生之体为五蕴和合而成,如果妄执具有主宰作用的实体之"我"的存在,就会产生"我"与"我所"等妄想分别,这是一切错误观念的总根源。

〔13〕无间:无有间断。

〔14〕福德:禅宗认为,福德与功德不同,外修事功的是福德,内证佛性的才是功德;福德、功德双修具足,才是出离生死苦海而成佛道的正途。

【译文】

一天,韦刺史为六祖大师设大会斋。吃罢斋饭,韦刺史先请六祖登上法座,然后与同僚官员及广大信众整肃仪容,向六祖行礼致敬,恳请说:"弟子听大师所说法,玄妙深奥,实在难以心思口议。现在有些疑问,恳请大师大发慈悲,为我们解惑答疑。"六祖说:"有疑问请尽管提出,我会为你们讲解。"

韦刺史说:"大师所说法,是达磨祖师的宗旨吗?"六祖说:"是的。"韦刺史说:"弟子听说达磨祖师当初教化梁武帝时,武帝问:'朕一生建造寺庙、度人为僧、布施财物、广设斋会,有什么功德呢?'达磨祖师说:'实在没有什么功德。'弟子不明白这个道理,恳请大师为我解说。"

惠能说:"真的没有什么功德,请不要怀疑先圣的话。武帝执著有为、心存邪见,不懂佛法真谛。建造寺庙、度人为僧、布施财物、设置斋会,这些都是在求福报,不可将福报当作功德。因为功德只存在于自我的本性中,而不存在于所修的事功上。"

惠能又说:"自见本性是功,平等待物是德。思想时时刻刻无滞无碍,自我本性时时刻刻发挥真实妙用,这就是功德。内心谦虚是功,外行守礼是德。从自我本性建立万法是功,心体离却一切妄念是德。不离自我本性是功,不受世尘染污是德。如果要寻求功德法身,只要这样修行,就能得到真正的功德。如果真是修功德的人,心就不会轻慢他人,常能对一切众生普遍尊敬。倘若心常轻慢他人,我慢之心不能断除,就是没有功;自己的心性虚妄不实,就是没有德。这是因为妄自尊大、目空一切的缘故。善知识,念念不断是功,心行平直是德。自修心性是功,自修身行是德。善知识,功德必须从本心、自性中去发现,而不是靠布施、供养所能获得,因此福德与功德是不同的。武帝不懂得这个道理,并不是达磨祖师有什么过错。"

【讲解】

本节重点讲"功德"与"福德"的区别。

韦刺史提到的"达磨初化梁武帝"故事,记载于《五灯会元》卷一。梁普通七年(526),菩提达磨来到中国,正值梁武帝执政。武帝诚心信佛,曾身披袈裟讲《放光般若经》,传说出现天女散花、地变黄金的瑞应。他还多次颁布诏书,起建佛寺,度人为僧,被尊称为"佛心天子"。梁武帝听说达磨来到了中国,忙派人把他迎请到金陵。两人见面,有一番对话:

"朕即位以来,起建佛寺,度人为僧,有何功德?"

"无功德!"

"如何是圣谛第一义?"

"廓然无圣。"

"对朕者谁?"

"不识。"

这番对话过后,武帝因达磨否定自己的功德而生气,而达磨则因武帝不懂佛法而失望。两人不欢而散,达磨折苇渡江去了嵩山少林寺。后来,武帝听志公说此人是观音大士,是来传佛心印的,后悔不迭,忙遣使去请。志公说:"莫道陛下发使去取,阖国人去,他亦不回。"

中国禅宗认为,修行有福德与功德之别。外修事功者为福德,内证佛性者为功德。梁武帝起建佛寺、度人为僧,所修的只是福德,并非功德,所以达磨说他无功德,这令他大为恼火。

禅宗认为,要想脱离生死苦海就要福德与功德兼修;同时又认为,福德固然重要,而功德更为根本。功德的核心是"见性",即彻见自心之佛性。见性即佛,不能见性即凡夫。不能"见性",便是无功德,即使有福德,也不可能出离生死苦海,更不用说修成佛道了。达磨在《血脉论》中说:"若欲见佛,须是见性,性即是佛。若不见性,念佛诵经,持斋持戒,亦无益处。"念佛、诵经、持斋、持戒,这些都是福德而非功德,如果不能见性,是不可能成就佛道的。

五祖弘忍传承达磨思想,也特别强调"见性"的重要性,他曾告诫弟子们说:"汝等终日只求福田,不求出离生死苦海,自性若迷,福何可救?"这是告诉弟子,不能只修福德,要在"自性"上下功夫。

与达磨、弘忍一样,惠能也严格区分"福德"与"功德"。他说:"功德须自性内见,不是布施供养之所求也,是以福德与功德别。"布施供养等外在事功上的修行是福德,只有内在自性上的修行才是功德。

在此基础之上,惠能对"功德"的内涵进行了详细地阐释。他说:"见性是功,平等是德。念念无滞,常见本性,真实妙用,名为功德。……自性建立万法是功,心体离念是德。不离自性是功,应用无染是德。"这些解释都紧扣两个字:自性。

惠能严格区分"福德"与"功德",目的在于把佛教的修行重心由外在的事功转向内在的自性,把佛教的解脱归结为"心"的解脱。

【原文】

刺史又问曰:"弟子常见僧俗念阿弥陀佛[1],愿生西方。请和尚说,得生彼否?愿为破疑。"

师言:"使君善听,惠能与说。世尊在舍卫城中[2],说西方引化[3],经文分明,去此不远。若论相说里数,有十万八千,即身中十恶八邪[4],便是说远。说远为其下根,说近为其上智。人有两种,法无两般。迷悟有殊,见有迟疾。迷人念佛,求生于彼,悟人自净其心。所以佛言:'随其心净,即佛土净[5]。'使君东方人,但心净即无罪。虽西方人,心不净亦有愆[6]。东方人造罪,念佛求生西方,西方人造罪,念佛求生何国?凡愚不了自性,不识身中净土[7],愿东愿西,悟人在处一般[8]。所以佛言:'随所住处恒安乐。'使君心地但无不善,西方去此不遥;若怀不善之心,念佛往生难到。今劝善知识,先除十恶,即行十万;后除八邪,乃过八千。念念见性,常行平直,到如弹指[9],便睹弥陀[10]。使君但行十善[11],何须更愿往生[12]?不断十恶之心,何佛即来迎请?若悟无生顿法[13],见西方只在刹那;不悟念佛求生,路遥如何得达?惠能与诸人,移西方于刹那间,目前便见,各愿见否?"

【注释】

〔1〕阿弥陀佛:意译为无量光、无量寿佛,为西方极乐世界的教主。

他以观世音、大势至两大菩萨为胁侍,在极乐净土教化、接引众生。

〔2〕世尊:佛的尊称,表示佛是世人所共尊的人。舍卫城:又音译为室罗伐、罗伐悉底,意译为闻者、闻物、丰德、好道等。古印度拘萨罗国都城,在今印度北方邦北部,拉普底河南岸。佛教史上著名的祇园精舍即在此城中。据说拘萨罗国富商给孤独(又名须达多,意为善授)长者,用金钱铺地的代价购得波斯匿太子祇陀在舍卫城南的花园,作为释迦牟尼在舍卫国说法、驻留的场所。祇陀太子为这一举止所感动,也将园中的林木捐献给释迦牟尼。因此,此园称为"祇树给孤独园"。

〔3〕引化:接引化度。

〔4〕十恶:指十种恶行,即杀生、偷盗、邪淫、妄语、两舌(即搬弄是非,挑拨离间)、恶口、绮语(不合礼义、不正经的话,又作杂秽语或无义语)、贪、嗔、痴。八邪:与八正道相反的八种邪道,即邪见、邪思惟、邪语、邪业、邪命、邪方便、邪念、邪定。

〔5〕随其心净,即佛土净:语出《维摩诘经》。

〔6〕愆:罪过。

〔7〕净土:圣人所住的国土,因这种国土没有五浊的垢染,所以叫做净土。

〔8〕"悟人"句:觉悟之人无论在什么地方都是一样的。

〔9〕弹指:拇指与食指摩擦发出声音,为古印度人的习惯。弹指有四种含义:一是表示虔敬欢喜,二是表示警告,三是表示许诺,四是表示时间极短。此处为第四种含义。

〔10〕弥陀:阿弥陀佛的简称。

〔11〕十善:十种善行,即不杀生、不偷盗、不邪淫、不妄语、不两舌、不恶口、不绮语、不贪、不嗔、不痴。

〔12〕往生:生到西方极乐世界去。

〔13〕无生:不生不灭,为涅槃之意。

【译文】

韦刺史又问:"弟子时常听见出家或在家信众持念阿弥陀

佛名号,愿往生西方极乐世界。请问,这样修行,能往生西方极乐世界吗?恳请大师为我破解心中的疑团。"

惠能答:"韦使君,请听惠能为您解说。当年,释迦牟尼佛在舍卫城中,宣讲西方接引、度化众生的经文,很清楚地指出:西方净土离此不远。依据他的描述,大概有十万八千里,因为众生心中有十恶八邪的障隔,便说十分遥远。说西方净土遥远,这是对下根之人而说的;说西方净土很近,这是对上智之人而说的。人的根性虽有利钝两种,但佛法并无两样。因为众生有迷悟的差别,所以在见性上就有快慢的不同。执迷之人,念佛求生西方净土;觉悟之人,只求净化自己心灵。所以佛说:'随着自心的清净,佛土也就清净。'韦使君,虽然您是东方人,但只要您内心清净,就是无罪的;反过来说,那些住在西方的人,如果内心不净,照样是有罪的。东方人有了罪业,就想念佛求生西方;那么西方人有了罪业,又将念佛求生到哪个国土去呢?凡夫愚人不能了悟自性,不知道西方净土就在自己心中,只知一味求生西方;觉悟之人,无论在哪里都是净土。所以佛说:'随其所住,恒常安乐。'使君,只要心地没有不善,西方极乐世界就不遥远;倘若心地不善,只想通过念佛而往生西方极乐世界,简直是痴心妄想。现在我劝告各位善知识,首先铲除十恶,这就等于向西方极乐世界前进了十万里路;再铲除八邪,就等于又前进了八千里路。每一个念头都是自性的真实显现,每一个行动都是公平、正直的,这样的话,刹那之间即可到达西方净土,即可见到阿弥陀佛。使君,只要您能常行十善,何必祈求往生西方极乐世界呢?倘若不断十恶之心,什么佛会来迎接您往生净土呢?如果能觉悟不生不死的顿悟法门,见到西方极乐净土就在一刹那之间;如果不能觉悟,只知念佛求愿往生,漫漫长路,如何到达?惠能要为诸位在一刹那间移来西方净土,现在就能见到,各位愿意见吗？"

【原文】

众皆顶礼[1]，云："若此处见，何须更愿往生？愿和尚慈悲，便现西方，普令得见。"

师言："大众，世人自色身是城[2]，眼、耳、鼻、舌是门。外有五门，内有意门。心是地[3]，性是王，王居心地上，性在王在，性去王无。性在身心存，性去身心坏。佛向性中作，莫向身外求。自性迷即是众生，自性觉即是佛。慈悲即是观音[4]，喜舍名为势至[5]，能净即释迦[6]，平直即弥陀[7]，人我是须弥[8]，邪心是海水[9]，烦恼是波浪，毒害是恶龙[10]，虚妄是鬼神[11]，尘劳是鱼鳖[12]，贪嗔是地狱[13]，愚痴是畜生[14]。善知识，常行十善，天堂便至。除人我，须弥倒；去邪心，海水竭；烦恼无，波浪灭；毒害除，鱼龙绝。自心地上觉性如来，放大光明，外照六门清净，能破六欲诸天[15]。自性内照，三毒即除，地狱等罪，一时销灭。内外明彻，不异西方。不作此修，如何到彼？"

大众闻说，了然见性，悉皆礼拜，俱叹善哉！唱言："普愿法界众生，闻者一时悟解。"

【注释】

〔1〕顶礼：印度礼法，即两膝、两肘及头着地，以头顶触受礼者双足。这种以五体投地行礼之法，是印度最高的礼节。

〔2〕色身：由地、水、火、风四种物质要素（色法）组成的形质之身，即肉身。反之，无形质之身称为法身，或智身。

〔3〕心是地：心为万法之本，能生一切诸法，因此喻之为地，"心地"一词常出现于佛经之中。

〔4〕"慈悲"句：观世音菩萨一察觉到众生的痛苦，马上前往救济，因此成为大慈大悲精神的化身。所以，惠能说：心存慈悲之念，自身即是观音。

〔5〕"喜舍"句：喜舍，意思是对一切众生都能平等地欢喜布施。势至，大势至菩萨的简称，因其大智慧能遍至一切处，故名大势至。大势至菩萨不论到什么地方，都能平等地施法度化众生，因此惠能说：自心常存喜舍之念，自身即是势至。

〔6〕能净即释迦：释迦牟尼因修清净行而功德圆满、成就佛道，所以此处说，能够净化自心，自身即是释迦。

〔7〕平直即弥陀：阿弥陀佛以正直之心，平等利益众生，所以惠能说自心平直就是自性弥陀的显现，自身即是弥陀。

〔8〕人我是须弥：人我，即人我执，指执著于人体中有一个主宰之"我"的观点。这句话的意思是，人我执如同须弥山一样障碍着正道。

〔9〕邪心是海水：邪迷之心能使人像海水一般心潮澎湃，日夜不得安宁。

〔10〕毒害是恶龙：恶龙是毒害人的凶猛动物，如果众生有毒害他人之心，就好像恶龙一样。

〔11〕虚妄是鬼神：《释摩诃衍论》："障身为鬼，障心为神。"虚妄之心如同鬼神一样障碍人的身心解脱。

〔12〕尘劳是鱼鳖：人一生奔波不息，如同鱼鳖终日在水中穿梭不停。

〔13〕贪嗔是地狱：贪欲嗔恚之心，使人像陷于地狱中一样惶惶不可终日。

〔14〕愚痴是畜生：愚痴之人像畜生一样缺少智慧。

〔15〕六欲诸天：欲界的六重天，即一重四天王天、二重忉利天、三重夜摩天、四重兜率天、五重乐变化天、六重他化自在天。

【译文】

大众一起向惠能顶礼，说："如果能够在这里见到西方净土，又何必往生西方呢？恳请大师慈悲，方便示现西方净土，让大众都能看到。"

惠能说："大众，世间之人自己的身体好比是一座城，眼、耳、鼻、舌好比是城门。在外有五门，在内有意门。心好像是土地，性好像是国王，国王居住在土地上，性存在就如同国王存在，性不存在就如同国王不存在。自性若在，则身心俱存；自性若离，则身心俱坏。佛要向自性中修，切莫向身外求。不认识自我本性，即是众生；认识自我本性，即是佛。心存慈悲，自身就是观音菩萨；能够喜舍，自身就是大势至菩萨；净化自心，就是释迦牟尼佛；行为平等正直，就是阿弥陀佛。'人我执'如同障碍正道的须弥山，邪迷心如同汹涌澎湃的海水，烦恼障如同翻滚的波浪。心存毒害是凶猛的恶龙，心地虚伪是诳妄的鬼神。人常在尘世奔波，如同鱼鳖穿梭于水中；心怀贪欲嗔恚，如同自造地狱；内心愚痴不化，就与畜生无异。善知识，经常修行十善，天堂即刻到达；除去'人我执'，须弥山顷刻崩塌；息除邪恶心，海水就会枯竭；烦恼不生，波浪就会息灭；去除害人之心，鱼龙就会绝迹。觉悟之心光明朗照，能破除六欲诸天的恶业，从而使六根清净无染。自性之光内照，贪、嗔、痴三毒尽皆消除，地狱等罪业也一起消灭。心内心外一片澄明，与西方极乐净土没有什么不同。如果不做这样的修行，怎么能到西方极乐世界呢？"

大众听了惠能这番话，顿见自心本性，一起礼拜，同声赞叹："妙极了！"又齐声高唱："普愿天下一切众生，一听六祖讲法，顿时心开悟解。"

【原文】

师言:"善知识,若欲修行,在家亦得,不由在寺。在家能行,如东方人心善;在寺不修,如西方人心恶。但心清净,即是自性西方[1]。"

韦公又问:"在家如何修行?愿为教授。"

师言:"吾与大众说《无相颂》,但依此修,常与吾同处无别。若不依此修,剃发出家于道何益?颂曰:

心平何劳持戒[2]?行直何用修禅[3]?
恩则孝养父母,义则上下相怜。
让则尊卑和睦,忍则众恶无喧[4]。
若能钻木出火,淤泥定生红莲。
苦口的是良药,逆耳必是忠言。
改过必生智慧,护短心内非贤[5]。
日用常行饶益[6],成道非由施钱[7]。
菩提只向心觅,何劳向外求玄[8]。
听说依此修行,西方只在目前。"

师复曰:"善知识,总须依偈修行,见取自性,直成佛道。时不相待,众人且散,吾归曹溪。众若有疑,却来相问。"

时刺史官僚,在会善男信女[9],各得开悟,信受奉行[10]。

【注释】

〔1〕自性西方:自性即是西方净土。

〔2〕心平:以平等、无分别之心待物。持戒:受持戒律,与"破戒"相对。

〔3〕行直:行为正直、无偏私。

〔4〕无喧:平息、消除。

〔5〕护短:掩饰自己的过失或掩盖自家人的短处。

〔6〕饶益:给人丰富的利益。

〔7〕施钱:布施钱财。

〔8〕玄:深奥难懂的理论。

〔9〕善男信女:原指皈依佛法的男女,后泛指信仰佛教的男男女女。

〔10〕信受奉行:真心相信、切实奉行佛法。

【译文】

惠能说:"善知识,若要修行佛法,在家也可以,不是非要到寺庙出家不可。在家人如果能够依法修行,就好像身处东方之人却能心存善念;出家人如果不能依法修行,就好像身处西方之人心存恶念。只要自心清净无染,就是自性中的西方极乐净土。"

韦刺史又问:"在家人要怎样修行呢?恳请大师特为教授。"

惠能说:"我给大家说一首《无相颂》,只要大家能依照修行,就无异于时刻与我同在;如果不能依照修行,即使剃发出家,对修道也没有什么帮助。"请听偈颂:

    心地平等何劳持戒?行为正直何用修禅?
    知恩就能孝敬父母,知义就能上下相怜。
    谦让就能尊卑和睦,忍辱就能禁恶止喧。
    钻木如能生焰火,污泥定会出红莲。
    苦口的必是良药,难听的必是忠言。
    痛改前非定生智慧,文过饰非心内不贤。

日常处事常利他人,成就佛道不靠施钱。
菩提自性只向心觅,何必徒劳心外空谈?
听我此偈依照修行,西方净土就在眼前。

惠能又说:"善知识,只要大家能依照这首偈颂所说的去修行,就能认识自己的本心、佛性,直接成就佛道。修行佛法千万不能拖延、等待。现在大家散去吧,我要回曹溪了。你们若有疑问,请来曹溪问我。"

此时,韦刺史、众官员以及参会的善男信女,都心开悟解,对此教法深信不疑,切实奉行。

【讲解】

以上三节,重点讲"自性西方"思想。

佛教认为,众生在此生积德行善、信仰佛陀、归心"三宝",死后即可往生"西方净土"。所谓"西方净土",指阿弥陀佛的极乐净土,又称"极乐净土""极乐世界"等,存在于"西方过十万亿佛土"处。韦刺史对"往生西方"之说存有疑虑,请惠能解说。

惠能说:"凡愚不了自性,不识身中净土,愿东愿西,悟人在处一般。"他认为,"净土"并不是存在于十万八千里之外的西方,而存在于自己的心中。这样,他就把"净土"由遥远的天国拉进人的自心之中,从而提出一个崭新的概念——"自性西方"。他说:"但心清净,即是自性西方。"所谓"自性西方",就是人恒常清净的本心。惠能的三传弟子大珠慧海说:"若心清净,所在之处,皆为净土。……其心若不净,在所生处,皆是秽土。净秽在心,不在国土。"(《景德传灯录》卷二十八)这是对惠能"自性西方"思想的很好阐释。

惠能"自性西方"思想,使中国禅宗的解脱论与修行观发生了重大转变。

一、解脱论上,由佛度到自度的转变。既然"净土"不在天国而在人心,那么解脱就不能靠佛度、他度而只能靠自度。惠能说:"佛向性中作,莫向身外求。自性迷即是众生,自性觉即是佛。"

二、修行方式上,由"念佛"转向"净心"。惠能说:"迷人念佛,求生于彼,悟人自净其心。"相信"西方净土"的迷人,只知道念佛而求往生西方,而相信"自性西方"的悟人,则不重外在的形式,只重"自净其心"。惠能又说:"若悟无生顿法,见西方只在刹那;不悟念佛求生,路遥如何得达?""西方"就是人的自性,路途就是人心中的"无明"。自性若悟,"西方"就在眼前;自性若迷,路途无限遥远。惠能这句话,很好地回答了韦刺史的问题。

三、修行场所上,由"在寺"转向"在家"。与前面两条相联系,惠能提出"在家修行"的思想。他说:"若欲修行,在家亦得,不由在寺。在家能行,如东方人心善;在寺不修,如西方人心恶。"

定慧第四

【题解】

本品记述惠能为大众讲定慧问题,因此以"定慧"为品题。惠能提出"定慧等学"命题,并从"体用不二"角度进行阐释。他还批评两种错误的认识:一是定慧别;二是先定发慧或先慧发定。前者,侧重于禅学理论层面;后者,侧重于修行实践层面。

【原文】

师示众云:"善知识,我此法门,以定慧为本[1]。大众勿迷言'定慧别'。定慧一体,不是二。定是慧体,慧是定用。即慧之时定在慧,即定之时慧在定。若识此义,即是定慧等学。诸学道人[2],莫言'先定发慧、先慧发定'各别。作此见者,法有二相[3]。口说善语,心中不善,空有定慧,定慧不等。若心口俱善,内外一如,定慧即等。自悟修行,不在于诤[4]。若诤先后,即同迷人。不断胜负,却增我法[5],不离四相[6]。善知识,定慧犹如何等?犹如灯光。有灯即光,无灯即暗。灯是光之体,光是灯之用。名虽有二,体本同一。此定慧法,亦复如是。"

【注释】

〔1〕定慧:禅定与智慧。戒定慧"三学"其中之二法。收摄散乱的心意为定,了悟诸法实相为慧。

〔2〕学道人：学习佛法之人。

〔3〕法有二相：佛法有两种不同的表现。

〔4〕诤：即论争、辩论。佛教有"四诤"说，即言诤、觅诤、犯诤、事诤。

〔5〕我法：这里指"我执"与"法执"。"我执"，执著于主宰之"我"的真实性；"法执"，执著于一切诸法的真实性。

〔6〕四相：佛教对"四相"有不同的解释。一，生相、住相、异相、灭相。生相即由无而有，住相即暂时安住，异相即衰老变坏，灭相即最终灭亡。此生、住、异、灭四相，迁流不息，此灭彼生，此生彼灭。二，我相、人相、众生相、寿者相。这是众生对个体心身的四种错误认识。我相，认为自我为实有；人相，认为自我与其他众生不同；众生相，执著于众生的五蕴和合性；寿者相，执著于一期寿命（从生至死）的长短。这两种解释在本句中都能讲得通，而以第二种为好。

【译文】

惠能开示大众说："善知识，我的教法以定慧为根本。大家千万不要误以为'定慧有分别'。定和慧同为一体，不是两个阶段。定是慧的主体，慧是定的功用。当慧出现的时候定就在慧中，而在入定的时候慧也在定中。如果能够这样理解两者之间的关系，就是定慧平等无差别。诸位学道的人，不要说'先定后慧或先慧后定'之类的分别之语。如果持这种见解的话，就相当于承认诸法有两种实相。如果口中说善话，心中无善念，定慧就名存实亡了，更谈不上定慧平等了。如果心口俱善，表里如一，定慧就平等无差别了。佛法贵在自悟自修，不在争执、辩论。如果非要把定慧争出个先后来，就与痴迷之人没有什么两样。如果不消除胜负、是非之心，必将加重'我执'与'法执'，不能远离我、人、众生、寿者四相。善知识，定慧好比什么呢？好比灯光。有了灯就有光明，没有灯就会黑暗。灯是光的主体，光是灯的功用。两者名称虽然不同，但体性并无差别。这就是我要讲的定慧关系。"

【讲解】

本节重点阐述定慧关系,其核心是"定慧等学"。

在本节一开始,惠能就对信众说:"我此法门,以定慧为本。"定慧的确是禅宗的根本,禅的内涵即是定慧之意。中唐高僧宗密解释"禅"说:"禅是天竺之语,具云禅那,中华翻为思维修,亦名静虑,皆定慧之通称也。……悟之名慧,修之名定,定慧通称为禅那。"依他的解释,禅乃定慧之通称。惠能讲禅,即是从定慧这一根本思想入手的。

佛教有戒、定、慧"三学",这三学之间的关系是:由戒生定,由定发慧。三者之间有一个先后次序。就定与慧的关系而言,要先入定,入定后才能发慧,定先慧后。南朝梁时,达磨来到东土,中国禅宗进入初创期。从初祖达磨至五祖弘忍,虽然禅宗历代祖师都提倡"定慧双修",但都主张"从定发慧"。如,达磨提倡"壁观"禅,道信提倡"身心不动门",弘忍提倡"萧然静坐",这些主张都偏向于"定",其思想的实质都是"从定发慧"。惠能彻底打破了"从定发慧""定先慧后"的思想,提出一个全新思想:"定慧等学"。

惠能首先批评"定慧别",即把定慧打为两截的错误思想。他说:"莫言'先定发慧、先慧发定'各别。"不论是"先定发慧"还是"先慧发定",其错误都是一样的,都是把"定"与"慧"打为两截。因此,惠能批评说:"作此见者,法有二相。"把定慧误解为两个东西,就相当于承认宇宙万物的实相有两种。他又批评这种人说:"若净先后,即同迷人。不断胜负,却增我法,不离四相。"如果总是争论"定"与"慧"孰先孰后,就会加重我法二执,难以从世俗的迷妄之中解脱出来。

在批评"定慧别"思想之后，惠能提出"定慧等学"主张。他是从体用角度来论证"定慧等学"思想的。体用思维是佛教尤其是禅宗重要的思维方式。所谓体用，是指诸法之体性与作用。体，即体性，指不变的、无分别的本性；用，即作用，指变化的、有差别的具体现象。关于体用关系，唐代高僧大珠慧海在《顿悟入道要门论》中说："从本体起迹用，从迹用归本体，体用不二，本迹非殊。"即是说，体是用的内在本质，用是体的外在表现，体用一如，无有差别。

惠能从体用角度论证"定慧等学"说："定慧一体，不是二。定是慧体，慧是定用。即慧之时定在慧，即定之时慧在定。若识此义，即是定慧等学。"人的自性有体、用两个不同层面，自性之体为定，自性之用为慧。要注意，定与慧是自性的两个不同层面，而不是两个东西。定与慧的关系是：定为慧之体，慧为定之用，即定是慧的主体，慧是定的功用；说慧的时候定就在慧中，说定的时候慧就在定中。定与慧是一体之两面，是不可须臾分离的。

为了更直观地说明定与慧之间的体用关系，惠能又用灯与光作比喻。他说："定慧犹如何等？犹如灯光。有灯即光，无灯即暗。灯是光之体，光是灯之用。名虽有二，体本同一。"灯与光是体用关系，灯是光的主体，光是灯的功用，有灯即有光，无灯即无光，两者是一体之两面，是平等而不可须臾分离的。定慧之关系犹如灯光，定为灯，慧为光，有定即有慧，无定即无慧，两者也是平等而不可须臾分离的。

惠能主张"定慧等学"，目的在于提倡"定慧等持"或"定慧双修"的修行方式。他认为，只有定慧双运并修而无轻重先后之别，才是明心见性的正道。如果偏于修"定"，就可能陷于枯木死水般的沉寂之中；如果偏于修"慧"，就可能陷于掉举颠狂的狂禅之中。只有定慧等持、双修双运，才是禅宗解脱的正途。

【原文】

师示众云："善知识，一行三昧者[1]，于一切处，行住坐卧，常行一直心是也[2]。《净名经》云：'直心是道场[3]，直心是净土[4]。'莫心行谄曲[5]，口但说直，口说一行三昧，不行直心。但行直心，于一切法勿有执著。迷人著法相，执一行三昧，直言'常坐不动，妄不起心，即是一行三昧'。作此解者，即同无情，却是障道因缘[6]。善知识，道须通流，何以却滞？心不住法，道即通流；心若住法，名为自缚。若言常坐不动是，只如舍利弗宴坐林中[7]，却被维摩诘诃[8]。善知识，又有人教坐，看心观静[9]，不动不起，从此置功[10]。迷人不会，便执成颠[11]，如此者众。如是相教，故知大错。"

【注释】

〔1〕一行三昧：通过静坐、念佛等特定的修行方式，将心定于一境，使其保持宁静、安定而不散乱的状态，从而观照万事万物的无差别相。由于修行方式的不同，一行三昧也有不同的类型。如，观想法界（即真相、实相）的三昧，称念阿弥陀佛的念佛三昧等。惠能对"一行三昧"做了全新的解释，把它解释为：能在行住坐卧之中"行直心"的境界。

〔2〕直心：正直、无谄曲之心，进而引申为无分别、无执著之心。

〔3〕道场：修习佛法的场所，常常作为寺院的别称。

〔4〕净土：佛所居住的国土，因这种国土没有五浊的垢染，故称净土。全称清净土、清净国土、清净佛刹，又作净刹、净界、佛刹、佛国等。与此相对，众生居住之所，有烦恼染污，故称秽土、秽国。

〔5〕谄曲：曲意逢迎。

〔6〕障道因缘:障碍修行佛道的原因。

〔7〕舍利弗:梵语音译,又作舍利子,古代中印度摩揭陀国人,婆罗门种姓。为佛十大弟子之一,以智慧第一著称。宴坐:静坐。

〔8〕维摩诘:梵语音译,意译为净名(净是清净无垢之义,名是声名远扬之义)或无垢称。为毗耶离城一位在家菩萨,相传是金粟如来的化身,自妙喜国化生在此世上,以居士身份辅助释迦牟尼教化众生。诃:大声斥责。据《维摩诘经·弟子品》记载,舍利弗在林中默然静坐,维摩诘大声呵斥道:"唯!舍利弗!不必是坐,为宴坐也。夫宴坐者,不于三界现身意,是为宴坐;不起灭定而现诸威仪,是为宴坐;不舍道法而现凡夫事,是为宴坐;心不住内,亦不在外,是为宴坐;于诸见不动,而修行三十七品,是为宴坐;不断烦恼而入涅槃,是为宴坐。若能如是坐者,佛所印可。"

〔9〕看心观静:看、观,都是观想的意思。看心观静,也作看心看静,即观想心、观想静。

〔10〕从此置功:依此修行而建立功德。

〔11〕颠:即颠倒。便执成颠,把错误的当成正确的。

【译文】

惠能开示大众说:"善知识,所谓一行三昧,就是能在一切处,无论行住坐卧,都能保持一颗平等正直的心。《净名经》说:'直心是道场,直心是净土。'不要怀揣谄曲之心,却满口正直之语;口说'一行三昧',却无正直之念。要行正直之心,就要对一切万法无有执著。愚迷之人执著于万法的外在表相,执著于'一行三昧'的表面意义,开口便说'常常静坐不动,不起妄心,这就是一行三昧'。持这种见解的人,就如同没有情感与意识的木石一样,这是修习佛道的一大障碍。善知识,道本来是畅通无阻的,却被什么阻碍了呢?心不执著于万法,道就畅通无阻;心若执著于万法,这就是为法所缚。那些迷信'常常静坐而不动'的修行者,就像默坐林中的舍利弗一样,只能落得被维摩诘大声呵斥的下场。善知识,又有一些人,教人静坐,教人观想'心'、观想'静',教人既不动身也不起念,他们认为这样可以建立功德。愚迷之人不知道什么是修行的正道,便把这种错误的修行方式当作法宝,像这样的愚迷之人有很多。这样的教导方法,一看就知道是大错特错的。"

【讲解】

　　这一段的重点是讲"一行三昧"。

　　"一行三昧",是四祖道信与五祖弘忍所开创的"东山法门"的核心思想,它来源于《文殊说般若经》。此经是这样解释"一行三昧"的:"欲入一行三昧,应处空闲,舍诸乱意,不取相貌,系心一佛,专称名字;随佛方所,端身正向,能于一佛念念相续,即是念中,能见过去、未来、现在诸佛。""一行",意思是定、正定,即将心定于一处或一境。所谓"一行三昧",就是通过静坐、念佛等特定的修行方式,将心定于一处或一境,使其保持宁静、安定而不散乱的状态,从而观照万事万物的无差别相。

　　"东山法门"的"一行三昧"禅法,包括以下几个方面:一是静坐,通过默然静坐以达到息心、摄念之目的;二是念佛,通过称名、观想等多种念佛活动,排除心中的一切妄念,从而达到无分别、无执著、形相俱泯、心佛不二的境界;三是守心,即守住"本真心",使其不驰散,不起妄念。上述静坐、念佛、守心等法门,其最终目的在于引人进入空净世界。

　　惠能继承了"东山法门"的禅法传统,同时又对其"一行三昧"思想做了创造性的发挥。他解释"一行三昧"说:"一行三昧者,于一切处,行住坐卧,常行一直心是也。""一行三昧"不再是静坐、念佛等修行方法,而是在行住坐卧等一切行动中行"直心"。他所谓直心,表面意思是正直、无谄曲之心,实质义涵为无分别、无执著之心。惠能说："但行直心,于一切法勿有执著。"明确交待,"直心"即是一颗念念无有执著之心。

惠能又说："心不住法,道即通流;心若住法,名为自缚。""道"最根本的特点是通流,即畅通无阻、不黏不滞,这是"心不住法"的结果。"心不住法"就是心不执著于万法,就是行"直心",就是"一行三昧";相反,"心若住法",即心执著于万法,就会被万法所系缚,惠能称其为"自缚"。在佛教中,人心被其所知、所见的事物缠绕,称为"法执"或"法缚",而惠能却称其为"自缚",这是为什么呢?其实,所谓"法缚",并不是真有一个外在的"法"缚住了人心,而是人心自己缚住了自己,因为一切法都是人心所生,是人心被自己所生的万法所牵引、所捆绑。一切"法缚"皆"自缚"。与此相应,解脱"法缚"或"自缚"的方法只有一个,那就是"心不住法",即破除执著之心,也就是行"直心",也就是进入"一行三昧"。

综上所述,惠能所谓"一行三昧",就是一颗无有分别、无有执著的"直心",其核心精神是"通流",即一种不黏不滞的精神境界。

惠能把"一行三昧"解释为"直心",把其核心精神归纳为"通流",在此基础之上,批评"迷人"对"一行三昧"的误解:"迷人著法相,执一行三昧,直言'常坐不动,妄不起心,即是一行三昧'。""迷人"认为"一行三昧"就是"常坐不动",就是"不起心"。如果真的是"不动身""不起心"的话,这与没有意识和情感的木头瓦石又有什么区别呢?所谓"常坐不动""不动不起",其实是对"一行三昧"的执著。当心执著于"一行三昧"时,就会被"一行三昧"所系缚,"一行三昧"就成了"障道因缘"。在惠能看来,真正进入"一行三昧"之心,并非如木石那样不动不起,而是既不著于动也不著于静,当动则动、当静则静,随缘任运、念念不住。

惠能对"一行三昧"的独特理解及对"迷人"的批评,是对执著于念佛、坐禅等传统修行方法的批判,也是对神秀北宗渐修禅法的批评。他说:"又有人教坐,看心观静,不动不起。……如是相教,故知大错。"坐禅及"看心观静",正是神秀北宗"观心看净"禅法的主要特点。

【原文】

师示众云:"善知识,本来正教[1],无有顿渐,人性自有利钝[2]。迷人渐修,悟人顿契。自识本心,自见本性,即无差别,所以立顿渐之假名[3]。

"善知识,我此法门,从上以来,先立无念为宗[4],无相为体[5],无住为本[6]。无相者,于相而离相[7]。无念者,于念而无念[8]。无住者,人之本性。于世间善恶好丑,乃至冤之与亲,言语触刺、欺争之时[9],并将为空,不思酬害[10],念念之中,不思前境[11]。若前念、今念、后念,念念相续不断,名为系缚[12]。于诸法上,念念不住,即无缚也。此是以无住为本。

"善知识,外离一切相,名为无相。能离于相,即法体清净[13],此是以无相为体。善知识,于诸境上心不染,曰无念。于自念上常离诸境,不于境上生心[14]。若只百物不思,念尽除却,一念绝即死,别处受生[15],是为大错。学道者思之。若不识法意,自错犹可,更误他人,自迷不见,又谤佛经,所以立无念为宗。

"善知识,云何立无念为宗?只缘口说见性,迷人于境上有念,念上便起邪见,一切尘劳妄想从此而生[16]。自性本无一法可得,若有所得,妄说祸福,即是尘劳邪见。故此法门,立无念为宗。

"善知识,无者无何事?念者念何物?无者,无二相[17],无诸尘劳之心;念者,念真如本性[18]。真如即是念之体,念即是真如之用[19]。真如自性起念[20],非眼、耳、鼻、舌能念。真如有性,所以起念;真如若无,眼耳色声,当时即坏。善知识,真如自性起念,六根虽有见闻觉知,不染万境,而真性常自在。故经云:'能善分别诸法相,于第一义而不动[21]。'"

【注释】

〔1〕正教:契合佛教真理的教法。

〔2〕人性:此处指人的根性,而不是人的本性。

〔3〕假名:人为假设或假立之名,并无实体。

〔4〕无念为宗:以无念为宗旨。无念,对一切事物和现象不产生贪取或舍弃的念头。

〔5〕无相为体:以无相为本体。无相,不执著于万法的相状,即超越差别对立的境界,与"本心""自性"意思相近。

〔6〕无住为本:以无住为根本。无住,与上文所说的"道即通流"意思一样,指没有执著,不黏不滞的境界。

〔7〕于相而离相:对于万事万物,既不脱离其相状也不执著其相状。"于"是不脱离,"离"是不执著。

〔8〕于念而无念:既不离念又不执念。

〔9〕触刺:冒犯。

〔10〕酬害:报答与伤害,此处为报复之意。

〔11〕不思前境:不执著于过去的事情。

〔12〕系缚:又作结缚,为束缚之意。众生的身心为烦恼、妄想或外界事物所束缚而失去自由,处于生死流转之中。

〔13〕法体:诸法的本体,这里指人的本心、自性。

〔14〕境上生心:面对外境而生执著之心。

〔15〕别处受生:转生别处。

〔16〕妄想:又作分别、妄想分别、虚妄分别、妄想颠倒等,与"妄念""妄执"为同义词。指由于分别之心而无法如实知见事物,遂产生虚幻谬误的认识。

〔17〕二相:佛教中,"二相"有多种不同的涵义,如同相与异相、总相与别相等。此处的"二相",是指相对待的事物或事物相对待的方面,如有无、内外、是非、善恶等。无二相,就是没有分别之心,对一切事物与现象不妄加分别。

〔18〕真如:真是真实不虚,如是如常不变。真如是一切事物的真实状况,它不生不灭、不增不减、不垢不净,故又称实相、法性等。真如也指一切众生的自性清净心,又称佛性、法身。

〔19〕"真如"二句:"念"这里指人的思想意识。这两句话从体用角度解释"念"与"真如"之间的关系:真如是念的本体或本性,念是真如的效用或表现。

〔20〕真如自性起念:念产生于真如自性,是真如自性的表现。

〔21〕"能善"二句:出自《维摩诘经·佛国品》。第一义,佛教至高无上的真理。这两句话的意思是,如果善于认识一切事物和现象的话,就能坚信佛教的最高真理而不动摇。

【译文】

惠能开示大众说:"善知识,佛法本无顿渐之分,只因为人的根性有利钝的差别,才有了顿渐之别。钝根之人适合渐修之法,利根之人适合顿悟之法。不论哪种教法,一旦引导人自识本心、自见本性后,就没有顿渐的区别了。因此,所谓顿法、渐法,只是权且设立的假名而已。

"善知识,我现在所讲的佛法,其宗旨自从佛祖时就已经确立了,即以无念为宗,无相为体,无住为本。所谓无相,就是不离一切相又不执一切相;所谓无念,就是不离一切念又不执一切念;所谓无住,是指人的自然本性。对于人世间的善恶美丑,乃至冤仇和恩亲,以及所受到的言语攻击和欺凌侮辱,都要一并视为虚空,而不要总是惦记着报答或报复。要让自己的心念流动起来,不要总是抓住过去的事情不放。倘若总是执著于过去,那么过去、现在、未来的事情就会纠缠在一起,令人心生烦恼,这就叫'系缚'。如果心念能够流动起来,既不执著于过去,也不执著于现在与未来,心灵就获得了自由,就是'无缚'。这就是'无住为本'。

"善知识,不执著于外相,称为'无相'。能不执著于外相,则内心自然清净,这就是以'无相为体'。善知识,面对外境而心不执著,称为'无念'。要让自己的心念远离一切尘境,换言之,面对一切尘境而不起执著之心。不要把'无念'理解成什么都不想,或清除掉心中的所有念头,一旦什么念头都没有了,人也就死了;在这里死去又会在那里转生,生生死死,永不得解脱。因此,这种理解是非常错误的,学习佛法的人要好好思考这个问题。那些不理解佛法真意的人,自己错了还可原谅,不可原谅的是他还要劝别人同错;自己不懂佛经,却又毁谤佛经。基于以上原因,我要提倡以'无念'为宗旨。

"善知识,为什么要提倡'无念为宗'呢?只是因为那些口头上说'见性'的愚迷之人,一旦面对外境,立即起心动念,并且在心念之中藏着诸多错误见解。一切痛苦与烦恼,都是从这些错误见解之中产生出来的。人的自我本性具足一切,没有什么东西是需要从外部获得的,假如认为有所获得,并且妄说祸福,那就是痴迷尘世的错误见解。为了根除这些错误见解,我提倡以'无念为宗'。

"善知识,所谓无,是指'无'什么呢？所谓念,又是指'念'什么呢？所谓无,是指无差别相、无烦恼心。所谓念,是指念人的真如自性。真如是念的本体,念是真如的效用。念产生于真如自性,而不是产生于眼耳鼻舌等器官。真如是人先天具有的内在本性,所以能随缘起念。如果没有真如自性,眼睛就看不到物体,耳朵就听不到声音,整个六根就会失去功能。善知识,真如自性随缘起念时,六根虽然有见闻觉知等功能,却不会被其产生的万境所染污,真如自性恒常清净、自由自在。所以《维摩诘经》说:'如果善于认识一切万法的话,就能坚信佛教的最高真理而不动摇。'"

【讲解】

本节有两个重点:一是"法无顿渐",二是"三无",即无念为宗、无相为体、无住为本。第一个问题,我们暂时不讲,放在"顿渐品"中一起讲。下面重点谈第二个问题。

先说"无念为宗"。所谓无念,既不是没有意念——按惠能的说法,没有意念就成了死人——也不是清除意念,因为如果一心想着"清除意念","清除意念"本身就是最大的意念,就是一种执著。有执著就会把虚妄当真实,从而引起无边的烦恼与痛苦。"无念"的真实含义是"于念而不念",也就是既不执著于意念也不刻意清除意念,让意念自然产生、自然消亡,像流水一样畅通无阻、永不停滞。

唐代诗人李端与朋友一起在长安慈恩寺避暑,突然悟到"无念"的真意,于是作诗一首,名《同苗发慈恩寺避暑》。该诗的最后两句说:"若问无心法,莲花隔淤泥。""无心"即"无念"。"无念"之心,就像洁净的莲花一样,既不黏染淤泥也不脱离淤泥。这就是惠能所说的"于念而不念"。

惠能提倡"无念为宗",其实是提倡以"无心"的态度对待世俗的一切。《五灯会元》卷十七说:"愚人除境不忘心,圣人忘心不除境。"这里,"忘心"即"无心",乃无分别之心的意思。愚迷之人为了躲避是非而遁入空门,虽然"除境"了,却没有忘掉分别心,整日口念佛经,却心乱如麻。宋代大诗人杨万里曾在《送德轮行者》一诗中,嘲讽这种人说:"沥血抄经奈若何,十年依旧一头陀。袈裟未著愁多事,著了袈裟事更多。"只有那些真正理解"无念"的人才能做到"忘心不除境",虽身处尘世,却心如月朗,自由自在。希运禅师《传心法要》说:"凡人皆逐境生心,心随欣厌。若欲无境,当忘其心。心忘则境空,境空则心灭。不忘心而除境,境不可除,只益纷扰耳。"希运是惠能法孙马祖道一的高足,从他这段对"心"与"境"辩证关系的论述,可以真切地看到所受惠能"无念"思想的深刻影响。

次说"无相为体"。惠能解释"无相"说:"于相而离相。"世间万法都是由因缘和合而成,都是暂时的、虚幻的存在,没有永恒不变的本性,无不变之性即是空。从相上说,万法有虚幻的形象存在;从性上说,万法当体即空。对待万法,既不把它当实有,也不把它当虚无。当成实有,就会执著于"相";当成虚无,就会执著于"无相"。正确的认识态度,就是惠能所说的"于相而离相",也就是既不脱离相也不执著相,在婆婆的大千世界中观悟其当体之空性。《古尊宿语录》卷三十一说:"见色时无色可见,闻声时无声可闻。"这两句话是对惠能"无相"的绝好阐释。《圆悟录》卷十六说:"虽在尘劳中,尘劳不染;虽居净妙处,净妙收他不住。"这几句话也能加深我们对"于相而离相"的理解。

再说"无住为本"。惠能"无住为本"命题来自《维摩诘经·观众生品》。"住"是执著之意,"无住"就是不执著于一切事物与现象。对过去不忆念,对现在不迷恋,对将来不担忧,一任意念的自由流动,心无任何执著,犹如飞鸟翱翔太空。相反,如果心执著于某处,意念就会被阻隔在此处而不得流动,后续之念都会被阻隔,这样,前念、今念及后念全都纠缠在一起而成为一堆乱麻,把人心团团围住,这就是"系缚"。一旦破除执著,让意念自由流动起来,心灵的枷锁就被打开,这就是"无缚",就是"无住"。

惠能的"无住为本"思想,为我们提供了一种很好的观物态度。大千世界是瞬息万变的,无绝对静止的东西,因此要用"无住"的眼光来看世界,不能执著于外物,要破除"物执";人心也是流动的,不可带成见看世界,要破除"我执"。丹霞子淳禅师说:"宝月流辉,澄潭布影,水无蘸月之心,月无分照之意。"这几句话描绘的就是破除执著、不黏不滞的"无住"境界。

"无念""无相""无住",虽然侧重点上有所不同,但实质上并无区别。能做到其中的一点,则其他两点也就同时具足。相反,如果做不到其中的一点,其他两点也肯定落空。"三无",共同诠释了一种不黏不滞的人格精神,一种自由洒脱的人生态度。

《五灯会元》卷三记载源律师向大珠慧海问道的故事:

"和尚修道,还用功否?"

"用功。"

"如何用功?"

"饥来吃饭,困来即眠。"

"一切人总如是,同师用功否?"

"不同。"

"何故不同?"

"他吃饭时不肯吃饭,百种须索;睡时不肯睡,千般计较。所以不同也。"

只有"无念""无相""无住"之人，才能真正做到"饥来吃饭，困来即眠"。一般人由于有念、有相、有住，而百种须索，千般计较，如《红楼梦》第二十八回《红豆曲》所言："睡不稳纱窗风雨黄昏后，忘不了新愁与旧愁。咽不下玉粒金莼噎满喉，照不见菱花镜里形容瘦。"

最后，还要说一下，对《坛经》的理解一定不能拘泥于表面的字句，要重点领悟字句背后的思想实质。如惠能说："于世间善恶好丑，乃至冤之与亲，言语触刺、欺争之时，并将为空，不思酬害。"千万不能根据这几句话的表面意思，认为惠能不分善恶美丑，认为惠能不主张报答亲人的恩情。惠能这样讲，其实是一种破除众生执著之心的方便法门（假言立说）。众生由于过分执著于世俗的善恶美丑而生出无量烦恼，惠能为了破除众生的这种执著，于是说善恶美丑，"乃至冤之与亲"，全是空的。相反，如果众生否定善恶美丑的话，同样是一种执著，为了打破这种执著，惠能就会肯定善恶美丑。这就是"随方解缚"或"应病施药"。由此可知，惠能说上面那番话，并不是让世人善恶不分，而是为了破除他们的执著之心，让其心念流动起来，不要总是抓住过去的事情不放，不要作茧自缚。

坐禅第五

【题解】

本品又称妙行品。坐禅是佛教的一项十分重要的修行方式,也是"东山法门"的重要内容。传统的坐禅方法是,端身静坐,将心定于某一对象,从而止息妄念,直达明心见性的境界。惠能对"坐禅"提出了崭新的理解。他说:"在外,面对一切善恶境界而心念不起,称为'坐';在内,能了见自性原本不动,称为'禅'。"他把"坐禅"的内涵,由传统意义上的"不动身"转为"不动心",认为只要能于一切处"心不动",则语默动静无处不是禅。惠能的"坐禅"观,使南宗禅的修行方式发生了根本性的变化。

【原文】

师示众云:"此门坐禅,元不著心,亦不著净[1],亦不是不动[2]。若言著心,心元是妄,知心如幻,故无所著也。若言著净,人性本净,由妄念故,盖覆真如,但无妄想,性自清净。起心著净,却生净妄。妄无处所,著者是妄。净无形相,却立净相,言是工夫,作此见者,障自本性,却被净缚[3]。善知识,若修不动者,但见一切人时,不见人之是非、善恶、过患,即是自性不动[4]。善知识,迷人身虽不动,开口便说他人是非、长短、好恶,与道违背。若著心著净,即障道也。"

【注释】

〔1〕"元不"二句:元,通"原",本来的意思。著,有的《坛经》版本作"看",为"观想"之意。这两句话的意思是,既不观想"心",也不观想"净"。这是对神秀"住心观净"禅法的直接批判。

〔2〕不动:此处指身心不动,而不单指身不动。

〔3〕净缚:被自己所观想的"净"所束缚。

〔4〕自性不动:在自性上不起分别之心。

【译文】

惠能开示大众说:"我所讲的坐禅,原本既不观想'心',也不观想'净',也不是一动不动。倘若观想'心'的话,心念原本是虚妄,既然心念是虚妄,也就没有'心'可观想了。倘若观想'净'的话,人的自性本来清净,只因为有妄想杂念从而遮蔽了清净的真如自性,只要没有妄想杂念,本性自然清净。如果产生观想'净'的念头,就会产生对'净'的妄念。妄念本无所依附,而观想'净'的念头本身便成了妄念。'净'本没有形相,现在却立出个'净'相,还说这是修行的工夫。持这种见解的人,是在障碍自己的真如本性,是被自己所假想的'净'相束缚住了。善知识,真正修'不动'功夫的人,是看不到他人的是非、善恶、功过、得失的,这才是自我本性上的真'不动'。善知识,愚迷之人,虽然身体没动,却一开口便说他人的是非、长短、好坏,这是与修行正道相违背的。如果观想心、观想净,这是障碍正道的。"

【讲解】

本节重点批评"著心""著净"的错误倾向,并提出"自性不动"学说。

惠能说:"此门坐禅,元不著心,亦不著净,亦不是不动。"先摆明批评的靶子："著心""著净""不动"，这主要是针对神秀"坐禅习定""住心看净"禅法而言的。

神秀继承了四祖道信以来的"东山法门"，以"心体清净，体与佛同"作为其禅学理论的基础。他主张"坐禅习定"，以"住心看净"作为修行方法。《顿渐第八》记载，神秀弟子志诚对惠能描述其老师的教法："常指诲大众：住心观净，长坐不卧。"神秀的俗家弟子大诗人张说也说："开法大略，则忘念以息想，极力以摄心。其入也，品均凡圣；其到也，行无先后。趣定之前，万缘皆闭；发慧之后，一切皆如。"（《大通禅师碑》）可见，"住心看净"的确是神秀禅法的精髓。

所谓"住心看净"，是指先收摄己心，令之镇定，进而观照其清净的本性。惠能把这种禅修方法称为"著心著净"，"著"在这里不是执著之意，而是观想之意。

惠能对"著心著净"提出批评。首先批评"著心"："若言著心，心元是妄。"人心如幻，是不能作为观想的对象的，不然就会被妄念所缚。再批评"著净"："若言著净，人性本净，由妄念故，盖覆真如。"人性本来清净，清净之性是根本没有形相可观的，假如你非要去观的话，就会妄立一个"净相"，这个"净相"反而会遮蔽你清净的本性，这就是"净缚"。总之，"著心著净"的修行方法，不但无助于修成佛道，反而成为障道因缘。

在批评过"著心著净"后，惠能又对神秀的"坐禅习定"提出批评。他说，坐禅并不是一动不动，有人尽管在打坐之时身体真的做到了一动不动，但起身就说别人的是非、长短、好恶，这种身心不一的做法是与佛道相违背的。惠能认为，真正的不动应是"自性不动"。什么是"自性不动"？他说："若修不动者，但见一切人时，不见人之是非、善恶、过患，即是自性不动。"放下分别之心，即是"自性不动"。

【原文】

师示众云:"善知识,何名坐禅?此法门中,无障无碍,外于一切善恶境界[1],心念不起,名为坐;内见自性不动,名为禅。善知识,何名禅定?外离相为禅[2],内不乱为定。外若著相,内心即乱;外若离相,心即不乱。本性自净自定,只为见境思境即乱。若见诸境心不乱者,是真定也。善知识,外离相即禅,内不乱即定,外禅内定,是为禅定。《菩萨戒经》云:'我本元自性清净。'善知识,于念念中,自见本性清净,自修自行,自成佛道。"

【注释】

〔1〕境界:简称"境",指人的感官与思维的一切对象。
〔2〕离相:不执著于一切外在的事物和现象。

【译文】

惠能开示大众说:"善知识,什么叫'坐禅'?在我这顿教法门之中,一切无有障碍。在外,面对一切善恶境界而心念不起,这就称为'坐';在内,能了见自性原本不动,这就称为'禅'。善知识,什么叫禅定呢?能不执著于外相就叫禅,内心安宁而不散乱就叫定。如果执著于外境,内心就会散乱;相反,如果能打破对外境的执著,内心就安定。本心原本清净安定,只因为接触外境而又执著外境,所以内心就乱了。如果面对一切外境而内心不乱的话,这就是真定。善知识,外离相即是禅,内不乱即是定,这就是外禅内定,就是'禅定'。《菩萨戒经》说:'我的自性原本清净。'善知识,在随缘升起的每一个念头之中,体认自己内心深处的那份清净,自我修行,自我体证,自然就能成就佛道。"

【讲解】

本节对"坐禅"提出了独特的解释。

早在佛教产生之前,坐禅作为一种修行方式在古印度就已经很流行,这在其宗教文献《奥义书》中就有记载。公元前5世纪前后的古印度宗教,如婆罗门、耆那教、佛教都修习坐禅。因为释迦牟尼于菩提树下端坐静思而悟道,所以佛教对坐禅更加重视,将其列为出家修行的第一要务。菩提达磨东渡之后,中国兴起了专以修禅为悟道法门的禅宗。随着禅宗影响的扩大,在世人眼中,坐禅几乎成了佛教的专利。

坐禅是"东山法门"的一项重要内容。《续高僧传》卷二十《玄爽传》,记载四祖道信禅法:"唯存摄念,长坐不卧。"《楞伽师资记》记载五祖弘忍禅法:"萧然净坐。"神秀"坐禅习定"是对"东山法门"的直接继承。以上诸位祖师坐禅的方法是,端身静坐,将心定于某一对象,从而止息妄念,直达明心见性的境界。

惠能对坐禅的理解与以上诸人截然不同。他说:"无障无碍,外于一切善恶境界,心念不起,名为坐;内见自性不动,名为禅。"他把"坐禅"的内涵,由端身静坐、摄念息心转变为"心念不起""自性不动",由不动身转为不动心,从而使南宗禅的修行方式发生了根本性的变化。

惠能"坐禅"观念的转变,是建立在其对"禅定"或"禅"内涵的独特理解基础之上的。一般而言,"禅定"的意思是:止息妄念,令心专注于某一对象,而达于不散乱的状态。它是以"静"为根本特征,因此玄奘将其意译为"静虑"。惠能一改传统认识,提出了新的理解。他说:"外离相即禅,内不乱即定,外禅内定,是为禅定。"在他这里,禅定不再是如死水、枯木般的寂静,而是面对纷纷扰扰的现实世界,内心不被染著的自由状态。

《海水一滴》说:"坐禅虽标三业不动,然一切处心不动,则语默动静无往不禅。若谓坐是禅,而其他非禅,则是非祖师门中正禅。"这句话很好地诠释了惠能"坐禅"观念的内涵。

忏悔第六

【题解】

在佛教中,忏悔是用来表达悔过自新的一种十分重要的仪式。忏是承认自己过去的错误,悔是悔过自新,誓不再犯。在本品中,惠能为信众讲解"自性五分法身""无相忏悔""四弘誓愿""无相三归依戒""一体三身自性佛"等。这些内容,能使人认识自己的错误,并立志悔过自新,其作用等同于忏悔仪式,因此本品以"忏悔"为品题。

【原文】

时,大师见广、韶洎四方士庶[1],骈集山中听法[2],于是升座告众曰:"来,诸善知识,此事须从自性中起[3],于一切时,念念自净其心,自修自行,见自己法身,见自心佛,自度自戒,始得不假到此[4]。既从远来,一会于此,皆共有缘,今可各各胡跪[5],先为传自性五分法身香[6],次授无相忏悔。"众胡跪。

【注释】

〔1〕广韶:即广州与韶州。洎:及。
〔2〕骈集:聚集。
〔3〕此事:指修行佛道。
〔4〕不假:不枉。
〔5〕胡跪:右膝着地,左膝竖起,本为胡人的跪敬之礼,后被佛教普

遍使用。

〔6〕"自性"句:即戒香、定香、慧香、解脱香、解脱知见香。

【译文】

当时惠能看到来自广州、韶州及其他地方的广大信众聚集在山中准备听法,于是登上法座,对大众说:"来,诸位善知识。修行佛道必须从自性的觉悟上做起。在任何时候,在每个念头之中都要保持本心的清净无染,自己修习自己践行,认识自己的法身,体悟自己心中的佛性,自我持戒自我救度,这样才不枉来此一场。你们既然从远方而来,一同聚集在这里,这说明我们大家有缘分。现在请各位右膝着地跪下,我要先为你们传授自性五分法身香,再传授无相忏悔。"大众都依言而跪。

【原文】

师曰:"一、戒香,即自心中,无非无恶、无嫉妒、无贪嗔、无劫害,名戒香。二、定香,即睹诸善恶境相,自心不乱,名定香。三、慧香,自心无碍,常以智慧观照自性,不造诸恶。虽修众善,心不执著,敬上念下,矜恤孤贫〔1〕,名慧香。四、解脱香,即自心无所攀缘〔2〕,不思善、不思恶,自在无碍,名解脱香。五、解脱知见香,自心既无所攀缘善恶,不可沉空守寂,即须广学多闻,识自本心,达诸佛理,和光接物〔3〕,无我无人,直至菩提,真性不易,名解脱知见香。善知识,此香各自内熏〔4〕,莫向外觅。

【注释】

〔1〕矜恤：怜悯抚恤。

〔2〕攀缘：心随外境而转。

〔3〕和光：出自《老子》第四章："和其光，同其尘。"指不露锋芒，与世无争的处世态度。接物：即待人接物，指与人相处、往来。

〔4〕内熏：熏是熏陶之意，内熏即熏陶内心使其回归本性。

【译文】

惠能说："一是戒香，即无是非、罪恶、嫉妒、贪婪、嗔恨之心，亦无劫掠、伤害之念，这就叫'戒香'。二是定香，面对一切善恶之境，自心镇定而不散乱，这就叫'定香'。三是慧香，自心无障无碍、自由自在，常用般若智慧来观照自己的真如本性；决不做任何恶事，虽然做了很多善事，心中也不会执著于这些善行；尊老爱幼，怜悯抚恤孤苦、贫穷之人，这就叫'慧香'。四是解脱香，面对外境而心不执著，不思善不思恶，心无挂碍，自由自在，这就叫'解脱香'。五是解脱知见香，自心虽然不再执著于善恶，但也不堕入虚无、孤闭之中，而是广泛参究、学习，体认自己的本心，彻悟佛法的真谛；收敛光芒，以平等之心待人接物；从初修佛道直至证得菩提，真如自性毫不变易，这就叫'解脱知见香'。善知识，这自性五分法身香都必须向自心内熏，而不能脱离自心向外寻求。

【讲解】

本节讲"自性五分法身"。在佛教中，五分法身指成就佛身的五种功德法，即戒法身、定法身、慧法身、解脱法身、解脱知见法身。因惠能主张五分法身皆存在于人的自性之中，故称自性五分法身。惠能所谓"自性五分法身香"，在名称上与传统佛教并没有区别,仍指戒香、定香、慧香、解脱香、解脱知见香五种,但在"香"的内涵上是有区别的,惠能所说的"香"并非实指焚烧的香,而是比喻"自性五分法身"的功德如同香味一样弥漫四方。

【原文】

"今与汝等授无相忏悔,灭三世罪,令得三业清净[1]。善知识,各随我语,一时道:弟子等,从前念、今念及后念,念念不被愚迷染,从前所有恶业[2]、愚迷等罪,悉皆忏悔,愿一时销灭,永不复起。弟子等,从前念、今念及后念,念念不被骄诳染,从前所有恶业、骄诳等罪,悉皆忏悔,愿一时销灭,永不复起。弟子等,从前念、今念及后念,念念不被嫉妒染,从前所有恶业、嫉妒等罪,悉皆忏悔,愿一时销灭,永不复起。

"善知识,已上是为无相忏悔。云何名忏?云何名悔?忏者,忏其前愆[3],从前所有恶业、愚迷、骄诳、嫉妒等罪,悉皆尽忏,永不复起,是名为忏。悔者,悔其后过,从今以后,所有恶业、愚迷、骄诳、嫉妒等罪,今已觉悟,悉皆永断,更不复作,是名为悔。故称忏悔。凡夫愚迷,只知忏其前愆,不知悔其后过,以不悔故,前愆不灭,后过又生,前愆既不灭,后过复又生,何名忏悔?"

【注释】

〔1〕三业:身业、口业、意业。身业即身之所作,如杀生、偷盗、邪淫、酗酒等;口业即口之所语,如恶口、两舌、绮语、妄语等;意业即意之所思,如贪、嗔、痴等念头。

〔2〕恶业:与"善业"相对,指违背佛教教义的行为、语言和思想。

〔3〕愆(qiān)：罪过，过失。

【译文】

"现在给你们传授'无相忏悔'，以灭除三世罪业，从而使你们的身、口、意三业变得清净无染。善知识，请大家一起跟着我说：'弟子等，从过去到现在再到未来，心中所升起的每个念头都不被愚昧迷妄所染污。过去所造的一切恶业以及愚昧迷妄等罪过，现在全都坦诚悔过，但愿全部消除干净，今后永远不再重犯。弟子等，从过去到现在再到未来，心中所升起的每个念头都不被骄傲狂妄所染污，以前所造的一切恶业以及骄傲狂妄等罪，现在全都坦诚悔过，但愿全部消除干净，今后永远不再重犯。弟子等，从过去到现在再到未来，心中所升起的每个念头都不被嫉妒所染污，以前所造的一切恶业以及嫉妒等罪，现在全都坦诚悔过，但愿全部消除干净，今后永远不再重犯。'

"善知识，以上所说的就是'无相忏悔'。什么叫'忏'？什么叫'悔'？所谓忏，就是承认自己以前所犯的过失，从前所有的恶业，包括愚昧迷妄、骄傲狂妄、嫉妒等罪，全部坦诚悔过，今后永远不再重犯，这就叫作忏。所谓悔，就是彻底悔改，从今以后，所有恶业，包括愚昧迷妄、骄傲狂妄、嫉妒等过失，现在已经彻底认识，并将永远消除干净、永不再犯，这就叫悔。所以称为忏悔。那些愚昧无知的凡夫，只知道承认自己以前所犯的过失，而不知道警惕以后可能发生的错误。因为不知悔改的原故，从前的罪业还未消除干净，以后的过失又要发生。既然前罪未灭、后过又生，这怎么能称得上'忏悔'呢？"

【讲解】

本节讲"无相忏悔"。从古印度原始佛教以来，佛教一直十分重视修行者的忏悔。除随时随地的忏悔外,还有定期举行的忏悔仪式,如每半个月(每月的十五日与二十九日或三十日)举行一次布萨,僧众聚集在一起念诵戒规,以求佛祖给犯戒者以悔过自新的机会。惠能提倡"无相忏悔",是反对忏悔的外在形式化,而代之以向本心自性的回归。

【原文】

"善知识,既忏悔已,与善知识发四弘誓愿[1],各须用心正听。自心众生无边誓愿度[2],自心烦恼无边誓愿断[3],自性法门无尽誓愿学[4],自性无上佛道誓愿成[5]。

"善知识,大家岂不道'众生无边誓愿度',恁么道[6],且不是惠能度。善知识,心中众生,所谓邪迷心、诳妄心、不善心、嫉妒心、恶毒心,如是等心尽是众生。各须自性自度,是名真度。何名自性自度?即自心中邪见、烦恼、愚痴众生,将正见度。既有正见,使般若智打破愚痴迷妄众生,各各自度。邪来正度,迷来悟度,愚来智度,恶来善度,如是度者,名为真度。

"又烦恼无边誓愿断,将自性般若智,除却虚妄思想心是也。又法门无尽誓愿学,须自见性,常行正法,是名真学。又无上佛道誓愿成,既常能下心[7],行于真正,离迷离觉,常生般若,除真除妄,即见佛性,即言下佛道成。常念修行,是愿力法[8]。"

【注释】

〔1〕四弘誓愿：又称四弘愿行、四弘行愿等，略称四弘，或称总愿。指菩萨为救度众生而立下的四个愿望。佛教诸经论对"四弘誓愿"的解释不尽相同，而惠能的说法在中国佛教界影响最大。

〔2〕"自心众生"句：发誓救度自己心中的无数众生。这里，"众生"并不是传统意义上的凡夫、众人，而是指自己心中有碍佛道的情感与思想。

〔3〕"自心烦恼"句：发誓断绝自己心中的无边烦恼。

〔4〕"自性法门"句：发誓学习一切能令人明心见性的佛教法门。

〔5〕"自性无上"句：发誓成就至高无上的佛道。在惠能这里，成就无上佛道其实就是自性的自我实现。

〔6〕怎么道：这么说。

〔7〕下心：放下分别、执著之心。

〔8〕愿力：誓愿的力量。

【译文】

"善知识，'无相忏悔'已经传授完了，现在再与各位善知识发'四弘誓愿'，请各位专心聆听：'我誓愿度尽自心里的无数众生，我誓愿断尽自心里的无边烦恼，我誓愿修学自性里的无量法门，我誓愿成就自性里的无上佛道。'

"善知识，大家不是说'誓愿度尽自心里的无数众生'么？这么说，是指各位自性自度，而不是靠惠能度。善知识，所谓'心中众生'，就是所说的邪迷心、诳妄心、不善心、嫉妒心、恶毒心，如此种种之心，都是'众生'。各人都必须自性自度，这才叫'真度'。什么叫'自性自度'呢？就是将自己心中的邪见、烦恼、愚痴等'众生'，用正见来纠正。既然有了正见，运用般若智慧来打破愚痴、迷妄等'众生'，这就是自性自度。邪见来时用正见度，迷妄来时用觉悟度，愚痴来时用智慧度，恶念来时用善念度,这样救度众生,才叫真度。

"此外,所谓'发誓断绝心中的无边烦恼',就是运用自性中的般若智慧来除掉虚妄的思虑之心。所谓'发誓学习一切佛教法门',实质就是自见本性,常行正法,这才叫'真学'。所谓'发誓成就至高无上的佛道',就是放下分别之心,修行真正的佛法,既不执著'迷'也不执著'觉';内心常生般若智慧,既不执著'妄'也不执著'真',非真非妄,即见佛性,这就能在一言之下立即成就佛道。常常不忘如此修行,这是发挥誓愿力量的正确方法。"

【讲解】

本节中,惠能提出一个新概念:心中众生。

众生,为梵语意译,又称有情、含识、含生、群萌、群类等,指一切有情识的动物。这个词有多种含义:(1)"与众共生",即众多有情共生于世。如《长阿含经》卷二十二《世本缘品》:"尔时无有男女、尊卑、上下,亦无异名,众共生世故名众生。"(2)"受众多生死",即经历众多生死轮回。如《往生论注》卷上:"以其轮转三有,受众多生死,故名众生。"(3)"众缘和合而生",如《大乘同性经》卷上:"众生者,众缘和合名曰众生。所谓地、水、火、风、空、识、名色、六入因缘生。"(4)为烦恼所缠,往来生死。如《不增不减经》:"即此法身,过于恒沙无边烦恼所缠,从无始世来,随顺世间波浪漂流,往来生死,名为众生。"总之,在十法界中,除佛之外,其他九界有情,都称为众生。

惠能在以上诸义之外,又给"众生"增加了一层新内涵。他说:"所谓邪迷心、诳妄心、不善心、嫉妒心、恶毒心,如是等心尽是众生。"他所谓众生,不再是指那些外在的有情识的动物,而是指人的愚痴迷妄之心,他称之为"心中众生"。

当惠能把"众生"拉入人心之中,使其转变为人的一种心理状态时,"度"的内涵也发生了根本性的转变,它不再是佛度他度,而是自性自度。所谓自性自度,就是利用自性中的般若智慧打破自己心中的邪见、烦恼、愚痴等"众生"。惠能认为,这才是真度。

【原文】

"善知识,今发四弘愿了,更与善知识授无相三归依戒[1]。善知识,归依觉,两足尊[2];归依正,离欲尊[3];归依净,众中尊[4]。从今日去,称觉为师,更不归依邪魔外道[5],以自性三宝常自证明[6]。

"劝善知识,归依自性三宝。佛者觉也,法者正也,僧者净也。自心归依觉,邪迷不生,少欲知足,能离财色,名两足尊。自心归依正,念念无邪见,以无邪见故,即无人我[7]、贡高[8]、贪爱、执著,名离欲尊。自心归依净,一切尘劳爱欲境界,自性皆不染著,名众中尊。若修此行,是自归依。

"凡夫不会[9],从日至夜,受三归戒。若言归依佛,佛在何处?若不见佛,凭何所归?言却成妄。善知识,各自观察,莫错用心。经文分明言'自归依佛',不言'归依他佛'。自佛不归,无所依处。今既自悟,各须归依自心三宝。内调心性,外敬他人,是自归依也。"

【注释】

〔1〕无相三归依戒:"归",又写作"皈",归依或皈依,是归顺信奉的意思。三归依戒,又称三归、三归戒等,指归依佛、法、僧三宝。归依三宝,

是成为佛教徒的基本条件。惠能把"三归依戒"解释为向本心、自性的回归,因此称为"无相三归依戒"。

〔2〕两足尊:佛的尊号,一是指佛具足福报与智慧,二是指佛在两足生命中最为尊贵。

〔3〕归依正,离欲尊:正即正见,指佛教正确的教义。离欲尊,因消除人世间的一切贪欲而尊贵。

〔4〕归依净,众中尊:净,指不受世尘的染污;众中尊,即众生之中最为尊贵者。

〔5〕邪魔外道:指那些不明佛法、妨碍修行,以及向心外求法的人。

〔6〕自性三宝:佛教所谓"三宝",是指佛、法、僧三宝;惠能所谓"自性三宝",是指人自性之中的觉、正、净三宝。常自证明:时常自我反省。

〔7〕人我:即人我见,指固执地认为人有一个恒常不变的主宰者。

〔8〕贡高:傲慢、自大。

〔9〕不会:不懂。

【译文】

"善知识,现在已经发了'四弘誓愿',再给各位传授'无相三归依戒'。善知识,归依觉,即是福报与智慧具足的'两足尊';归依正,即是贪欲尽除的'离欲尊';归依净,即是众生敬重的'众中尊'。从今以后,应当以觉悟为师,再也不要归依那些邪魔外道。常常以自性中的觉、正、净'三宝',来自我体察、反省。

"奉劝各位善知识,归依自性三宝。佛即是觉,法即是正,僧即是净。如果自心归依于觉,就不会有邪迷之念,就能做到少欲知足,就能远离财色,所以叫'两足尊'。如果自心归依于正,念念之中就不会有邪见,因为没有邪见的缘故,就没有人我、傲慢、贪爱等执著之心,所以叫'离欲尊'。如果自心归依于净,即使身处情尘欲诟之中,自性也不会被染污,所以叫'众中尊'。

如果能如此修行，就是归依自性。

"凡夫不懂这'无相三归依戒'，只知从早到晚地求受形式上的'三归依戒'。如果说是归依于佛，佛在哪里呢？如果见不到佛，那么又为什么要归依于他呢？所以，那种'归依佛'的说法，根本就是错误的。善知识，你们一定要用心观察，千万不要用错心思。经文上分明说'自归依佛'，从未说'归依他佛'。如果自性之佛不归依的话，那还归依什么呢？现在大家既然已经明白了这个道理，那就归依'自性三宝'吧。在内要调适自己的心性，在外要尊重他人，这就是归依自性。"

【讲解】

在本节中，惠能重点讲"无相三归依戒"，其内涵由两个概念组成：一是无相戒，二是自性三宝。

佛教之戒，有戒相与戒体之分。戒相，指各种戒规戒律，有五戒、十戒，乃至二百五十戒等不同的说法。戒体，指受戒者在接受戒法之后体内所获得的一种防非止恶的功能。由于戒体外表无相，因此又称为无表色。

惠能提倡"无相戒"，以般若无相思想打破世人对外在清规戒律的执著，破除了传统的戒相观。同时，又把戒体归于人清净的本心、自性，把其防非止恶的功能转变为众生念念无著的自由状态。

惠能的"无相戒"，把佛教外在的清规戒律转变为人内在的心性，同样他提出的"自性三宝"概念也把传统意义上的佛、法、僧"三宝"转变为人内在的心性。惠能所谓"自性三宝"，是觉、正、净三宝，其实就是人的自性。

总之，惠能所谓的"无相三归依戒"，其实就是向人本心、自性的回归。因此，惠能又把"无相三归依"称为"自归依"，即归依自心三宝。

立足于"自归依",惠能批判"归依他佛"的迷人。他说:"若言归依佛,佛在何处?若不见佛,凭何所归?言却成妄。……自佛不归,无所依处。"惠能打破了佛的万能形象,把他由外在的高高在上的神秘存在内化为人的一颗本心。这一思想对后世产生了极为重要的影响。

赵州从谂继承惠能的"自归依"思想,提出著名的"三转语":"金佛不度炉,木佛不度火,泥佛不度水,真佛内里坐。"(《联灯会要》卷六)前三句是对"归依他佛"的批判,最后一句是对"归依自性"的提倡。

再如"丹霞烧佛"的故事。丹霞(739—824),法号天然,因曾驻锡南阳(今属河南省)丹霞山,世称丹霞天然,或丹霞禅师。有一年冬天,丹霞天然到洛东慧林寺,因寒冷难耐,就把大殿中的木佛劈开烤火。院主看见,大声呵斥:"为何烧我木佛?"丹霞用手杖拨着木灰说:"我烧取舍利。"院主说:"木佛哪有舍利?"丹霞说:"既然没有舍利,我再取两尊来烧。"院主一下大悟。这个故事意在破除世人对外在土木偶像的执著而回归自己的本心本性。

【原文】

"善知识,既归依自三宝竟,各各志心,吾与说一体三身自性佛[1],令汝等见三身,了然自悟自性。总随我道:'于自色身归依清净法身佛[2],于自色身归依圆满报身佛[3],于自色身归依千百亿化身佛[4]。'善知识,色身是舍宅,不可言归。向者三身佛在自性中,世人总有,为自心迷,不见内性。外觅三身如来[5],不见自身中有三身佛。汝等听说,令汝等于自身中见自性有三身佛。此三身佛从自性生,不从外得。"

【注释】

〔1〕一体三身自性佛:三身,指三种佛身,即法身、报身、化身。这三种佛身本为一体,且存在于人的自性之中,因此惠能称其为"一体三身自性佛"。

〔2〕色身:有形质之肉身。法身:又名自性身、法性身,即常住不灭、人人本具的真性,众生因迷而不显,只有诸佛才能证得,因此又称法身佛。

〔3〕报身:又作报身佛,指诸佛修福慧功德圆满时的果报之身。

〔4〕化身:又名应身、应化身或变化身,指佛为教化众生,应众生之根机而变化显现之身。

〔5〕三身如来:即三身佛。

【译文】

"善知识,既然已经归依自性三宝了,各位专心听,我再给你们说'一体三身自性佛',使你们了见自性三身,彻悟本心本性。大家跟着我说:'让我的肉身归依清净法身佛,让我的肉身归依圆满报身佛,让我的肉身归依千百亿化身佛。'善知识,我们的肉身只是一所空房子,是不能作为最终的归依之处的。刚才所说的三身佛从来就在我们的自性之中,世上之人各自具足,只因为我们的心被无明所迷,不能见到内在的自性,只知道向外去寻觅三身佛,却不知道三身佛本来就在自己的本性之中。你们听我说法,我会让你们在自身中发现自性本具的三身佛。这三身佛是从自己的本性之中产生的,并不是从外面寻觅所获得的。"

【讲解】

佛教认为，佛有三种身，即法身、报身、化身，这三种佛身本为一体，因此称为"一体三身"。惠能对"三身佛"做了全新的解释。他说："三身佛在自性中，世人总有。"又说："三身佛从自性生，不从外得。"这就把"三身佛"拉进人的自性之中，把它等同于人的自性。接着，批评世人的错误见解："为自心迷，不见内性。外觅三身如来，不见自身中有三身佛。"世人不知道"三身佛"就在人的自性之中，反而向外寻觅，这恰似"骑驴觅驴"。

【原文】

"何名清净法身佛？世人性本清净，万法从自性生。思量一切恶事即生恶行，思量一切善事即生善行。如是诸法在自性中，如天常清，日月常明，为浮云盖覆，上明下暗。忽遇风吹云散，上下俱明，万象皆现。世人性常浮游，如彼天云。善知识，智如日，慧如月，智慧常明。于外著境，被妄念浮云盖覆自性，不得明朗。若遇善知识，闻真正法，自除迷妄，内外明彻，于自性中万法皆现。见性之人，亦复如是。此名清净法身佛。

"善知识，自心归依自性，是归依真佛。自归依者，除却自性中不善心、嫉妒心、谄曲心、吾我心、诳妄心、轻人心、慢他心、邪见心、贡高心，及一切时中不善之行，常自见己过，不说他人好恶，是自归依。常须下心，普行恭敬，即是见性，通达更无滞碍，是自归依。"

【译文】

"什么叫'清净法身佛'呢？世人心性本来清净无染，一切万法皆从自性而生。如果心中思量恶事，就会有恶的行动；如果心中思量善事，就会有善的行动。由此可见，善恶诸法皆在人的自性之中。天空常晴，日月常明，只因为被浮云遮盖而上明下暗。如果忽然过来一阵风，把浮云吹散，那么天空就会上下通明，森罗万象就会全部显现。世人的心性时常浮游不定，就好像那天空的浮云。善知识，智如日，慧如月，智慧恒常明朗。假如执著于外境，自性就会被自己生起的妄念浮云所遮盖，智慧就会失去光辉。如果能遇到善知识，能听受真正的佛法，就会自己除去心中的迷妄，自然就会内外光明澄澈，自性之中的万法就会清晰地显现出来。能自见本性之人，就是这个样子。这就叫'清净法身佛'。

"善知识，将心归依自己本有的自性，就是归依真佛。所谓自归依，就是自己除去遮蔽自性的不善心、嫉妒心、谄曲心、分别心、诳妄心、轻人心、慢他心、邪见心、自大心，以及其他一切的不善行为，常常反省自己的罪过，不说别人的是非好坏，这就是自归依。必须常怀谦下之心，恭敬对待每一个人，这就是自见本性、通达无碍，这就是自归依。"

【原文】

"何名圆满报身？譬如一灯能除千年暗，一智能灭万年愚。莫思向前，已过不可得；常思于后，念念圆明，自见本性。善恶虽殊，本性无二，无二之性，名为实性[1]。于实性中，不染善恶，此名圆满报身佛。自性起一念恶，灭万劫善因[2]；自性起一念善，得恒沙恶尽[3]。直至无上菩提，念念自见，不失本念，名为报身。"

【注释】

〔1〕实性:真如、实相的别名,这里指事物或现象清净平等、非有非无之本性。

〔2〕善因:能带来善果的原因。

〔3〕恒沙:即恒河沙,佛教常用来比喻数量多。恒河是印度三大河流之一,两岸多细沙,佛陀说法时常以恒河之细沙比喻数量极大。

【译文】

"什么叫'圆满报身佛'呢?正如灯光一闪能破除千年的黑暗,智慧之光一闪便能灭除万年的愚昧。不要纠结于过去的事情,已经过去的事情是不可再得的;要常想想以后的事情,时刻保持本心的圆满光明,自然见到自己的本性。善与恶虽然不同,但其本性却没有什么两样,这无二之性,就叫实性。在实性中,不染善恶,这就叫'圆满报身佛'。自性若起一念之恶,便会灭绝万劫所修的善因;自性若起一念之善,便可灭尽多如恒河之沙的恶因。从最初发心修行一直到成就无上菩提,时刻都能自见本性,并且时刻不失这正确的心念,这就叫'圆满报身佛'。"

【原文】

"何名千百亿化身?若不思万法,性本如空,一念思量,名为变化。思量恶事,化为地狱;思量善事,化为天堂。毒害化为龙蛇,慈悲化为菩萨[1],智慧化为上界[2],愚痴化为下方[3]。自性变化甚多,迷人不能省觉,念念起恶,常行恶道。回一念善,智慧即生,此名自性化身佛。"

【注释】

〔1〕菩萨:梵语,菩提萨埵的简称,意译为"觉有情",即"觉悟的有情",指上求佛道、下化众生的大圣人。

〔2〕上界:指三界诸天,即欲界天、色界天、无色界天。

〔3〕下方:指三涂,即地狱、饿鬼、畜生之三恶道。

【译文】

"什么叫'千百亿化身'呢?如果对一切万法不思量,自己的心性就如同虚空一样,无滞无碍。如果对万法萌生了哪怕一念的思量,就叫做'变化'。思量恶事,自心就会变化为地狱般的丑恶;思量善事,自心就会变化为天堂般的美好。毒害之心会变化为恶龙毒蛇,慈悲之心会变化为菩萨,智慧之心会变化为三界诸天,愚痴之心会变化为地狱、饿鬼、畜生。自性的变化非常多,愚迷之人不能自省自觉,常常生起恶念,常常堕于恶道。如果能一念转善,般若智慧就会即时而生。这就叫做'自性化身佛'。"

【讲解】

以上三节内容,具体解释"清净法身佛""圆满报身佛""千百亿化身佛",由于惠能把这"三身佛"全部归于自性,所以对"三身佛"的解释其实就是从不同角度阐述自性的内涵。下面重点谈谈惠能对"自性"内涵的理解。

一、自性是圆明的。惠能说:"念念圆明,自见本性。"自性本来是清净、圆明的,如天常清,如日常明。太阳有时会被浮云遮住,从下面看好像失去了光辉,但从上面看,依然光芒万丈,没有因为浮云而失去半点光明。同样,自性有时也会被妄念盖覆,表面来看似乎失去了光明,其实也没有失去半点光明。当智慧之风把妄念浮云吹散之后,自性之光就会重新显现。

受惠能的影响,禅宗学人常用"神珠""心珠""骊珠""心月""火把"等意象来象征本心、自性,以突出其圆满、光明特征。自性本自清净,如日月常明,但世人的本心常被情尘欲垢染污,上明下暗,不能了见日月星辰,而突如其来的机缘如惠风吹散云雾,森罗万象,一时皆现。正如丹霞天然《骊龙珠吟》所说:"骊龙珠,骊龙珠,光明灿烂与人殊,十方世界无求处,纵然求得亦非珠。……自迷失,珠元在,此个骊龙终不改。虽然埋在五阴山,自是时人生懈怠。不识珠,每抛掷,却向骊龙前作客。不知身是主人公,弃却骊龙别处觅。认取宝,自家珍,此珠元是本来人。拈得玩弄无穷尽,始觉骊龙本不贫。若能晓了骊珠后,只这骊珠在我身。"(《祖堂集》卷四)

《五灯会元》卷六载,郁山主专心参究一则公案,历经三年,仍未明白。一天,他骑着毛驴外出,在过一座木板桥的时候,毛驴一脚踏翻桥板,连人带驴掉到桥下。这意外的惊吓使郁山主攀缘尽除,豁然顿悟。于是,作了首偈颂:"我有神珠一颗,久被尘劳关锁。今朝尘尽光生,照破山河万朵。""神珠"即比喻本心、自性。

二、自性是超越二元对立的。惠能说:"善恶虽殊,本性无二,无二之性,名为实性。于实性中,不染善恶,此名圆满报身佛。"这里,"实性"即自性,即无二之性,它是超越一切美丑、善恶、净秽、生死、去来等二元对立的。惠能提倡"自归依",主张除去自性中的"吾我心""轻人心""慢他心""贡高心"等,其实就是破除一切二元对立而回归本心、本性。

【原文】

"善知识,法身本具,念念自性自见,即是报身佛。

从报身思量[1],即是化身佛。自悟、自修自性功德,是真归依。皮肉是色身,色身是舍宅,不言归依也。但悟自性三身[2],即识自性佛。吾有一《无相颂》,若能诵持,言下令汝积劫迷罪一时销灭[3]。颂曰:

迷人修福不修道[4],只言修福便是道。
布施供养福无边,心中三恶元来造[5]。
拟将修福欲灭罪,后世得福罪还在。
但向心中除罪缘,名自性中真忏悔。
忽悟大乘真忏悔,除邪行正即无罪。
学道常于自性观,即与诸佛同一类。
吾祖惟传此顿法,普愿见性同一体[6]。
若欲当来觅法身,离诸法相心中洗[7]。
努力自见莫悠悠,后念忽绝一世休[8]。
若悟大乘得见性,虔恭合掌至心求[9]。"

师言:"善知识,总须诵取[10],依此修行,言下见性。虽去吾千里,如常在吾边。于此言下不悟,即对面千里,何勤远来[11]?珍重好去。"一众闻法,靡不开悟,欢喜奉行。

【注释】
〔1〕从报身思量:站在报身佛的立场思考。
〔2〕自性三身:自己本性中的三身佛。
〔3〕积劫:即累劫、多世,泛指很长时间。
〔4〕修福:指修建佛寺、供佛斋僧等善举。修道:这里特指修行禅宗"明心见性"的顿悟法门。

〔5〕三恶:指贪、嗔、痴三种恶心,或地狱、饿鬼、畜生三种恶道。

〔6〕同一体:与诸佛同一体。

〔7〕"若欲"二句:如果希望将来证得真如法性,现在就要摆脱一切万法的束缚,使自己的内心洁净如洗。法相,这里指诸法的相状,代指一切事物和现象。

〔8〕"努力"二句:悠悠,懒散、不用心。如高适《涟上送别王秀才》:"行矣当自爱,壮年莫悠悠。"后念忽绝,指代生命的结束。前念、今念都已过去,后念如再断绝,生命就结束了。这两句话的意思是,要努力修行"明心见性"法门,千万不能懒散、懈怠,人的一生很快就会过去。

〔9〕"若悟"二句:如果能理解这"明心见性"的大乘顿教法门,就虔诚恭敬地去修行吧。虔恭,虔诚恭敬。合掌,又名合十,对合双掌及十指,以表达恭敬、礼拜。

〔10〕诵取:念诵并记住。

〔11〕勤:不辞劳苦。

【译文】

"善知识,法身本自具足,只要念念自见自性,就是报身佛。能站在报身佛立场上观照万法,就是化身佛。自己觉悟、自己修行这自性功德,就是真归依。皮肉是色身,色身如宅舍,不可作为归依之处。只要能了悟自性中本来具有的三身佛,就是认识了自性佛。我有一首《无相颂》,你们如果能读诵受持,当下就能让你们累积多劫的迷罪瞬间全部消灭。颂说:

　　迷人修福不修道,只言修福便是道。
　　布施供养福无边,心中三恶元来造。
　　拟将修福欲灭罪,后世得福罪还在。
　　但向心中除罪缘,名自性中真忏悔。
　　忽悟大乘真忏悔,除邪行正即无罪。
　　学道常于自性观,即与诸佛同一类。

吾祖惟传此顿法,普愿见性同一体。
若欲当来觅法身,离诸法相心中洗。
努力自见莫悠悠,后念忽绝一世休。
若悟大乘得见性,虔恭合掌至心求。"

惠能说:"善知识,大家都必须诵读这首《无相颂》,然后依照修行。如果能于言下自见本性,即使离我有千里之遥,也如同陪伴在我的身边一样。如果不能于言下开悟,即使就在我的对面,也如同远隔千里,又何必不辞劳苦地从远道而来呢?大家散去吧,各自好好保重。"大众听了惠能所说之法,没有不开悟的,都十分高兴,依照修行。

机缘第七

【题解】

　　机,根机;缘,因缘。机缘,指众生信受佛法的根机和因缘。禅师教化弟子,特别强调顺应各种机缘而施行教法,这些应机教化众生的事迹也称为机缘。惠能得法后回到曹溪,众多学佛者慕名前来请教,惠能根据他们根机的不同而采取相应的教化方法。本品为惠能应机教化参学者的事迹汇录,因此以"机缘"为品题。

【原文】

　　师自黄梅得法,回至韶州曹侯村,人无知者。有儒士刘志略,礼遇甚厚[1]。志略有姑为尼,名无尽藏,常诵《大涅槃经》。师暂听即知妙义,遂为解说。尼乃执卷问字,师曰:"字即不识,义即请问。"尼曰:"字尚不识,焉能会义?"师曰:"诸佛妙理,非关文字。"尼惊异之,遍告里中耆德云[2]:"此是有道之士,宜请供养。"

　　有魏武侯玄孙曹叔良[3],及居民竞来瞻礼[4]。时宝林古寺,自隋末兵火已废,遂于故基重建梵宇[5],延师居之[6],俄成宝坊[7]。师住九月余日,又为恶党寻逐[8],师乃遁于前山。被其纵火焚草木,师隐身挨入石中得免[9]。石今有师趺坐膝痕及衣布之纹[10],因名避难石。师忆五祖"怀会止藏"之嘱,遂行隐于二邑焉。

143

【注释】

〔1〕礼遇:以礼接待。

〔2〕里中:同里之中。古代五家为邻,五邻为里。此指村社乡里。耆(qí)德:德高望重之人。

〔3〕魏武侯玄孙:有些《坛经》版本作"魏武系孙"。魏武,即曹操。玄孙,指曾孙的儿子,也就是四世孙。系孙,意思是远世子孙。曹操(155—220)与惠能(638—713),时间相差近五百年,在这五百年中曹氏家族不可能只传四世,因此曹叔良不大可能是曹操的玄孙,而应该是系孙。

〔4〕瞻礼:瞻仰礼拜。

〔5〕梵宇:佛寺的别称。

〔6〕延:邀请。

〔7〕俄:极短的时间。宝坊:对寺院的美称。

〔8〕恶党:指那些为夺取衣钵而欲加害惠能的人。

〔9〕挨入:挤进。

〔10〕趺坐:即结跏趺坐,方法是互交双足,将右脚背盘放于左腿上,左脚背盘放于右腿上。趺,同"跗",足背之意。

【译文】

惠能在黄梅领受五祖衣钵后,回到韶州曹侯村,村里没有人知道这回事。有位读书人,名叫刘志略,用优厚的礼遇款待他。刘志略有一位姑母是比丘尼,法名无尽藏,经常诵念《大涅槃经》。惠能一听就知道经文妙义,于是为她解说。无尽藏拿着经书向他请教经中的文字,惠能说:"文字我不认识,意义尽管问。"无尽藏说:"文字尚且认不得,怎么能理解经义呢?"惠能说:"佛法的精妙道理,与文字没有直接的关系。"无尽藏听了非常诧异,于是就遍告村里的诸位德高望重者:"这是一位道行高妙之人,应当请来供养。"

魏武帝曹操的远世孙曹叔良以及当地居民,都争先恐后地来瞻仰礼拜惠能。自从经过隋朝末年的战火兵灾,当时的宝林古寺已经成为废墟,人们于是就在古寺的旧址上重建佛寺,邀请惠能过来居住,这座寺庙的香火很快就兴旺起来。惠能在这里大概住了九个多月,又有一帮人过来抢夺五祖衣钵,惠能只好隐藏在前山中。那帮人又放火烧了前山,惠能由于挤进石缝之间才得幸免于难。那块石头上现在还留有六祖结跏趺坐的痕迹以及当时所穿衣服的布纹,因此后人称此石为"避难石"。惠能想起五祖"逢怀则止,遇会则藏"的嘱托,于是就在怀集、四会二县境内隐居下来。

【讲解】

本品通过惠能与无尽藏讨论《大涅槃经》这个机缘,来说明"诸佛妙理,非关文字"的道理。下文中,怀让参谒惠能的故事,也说明这个道理。怀让至曹溪参拜,惠能问:"从什么地方来?"答:"嵩山。"又问:"什么东西这么来?"怀让苦苦思索了八年才找到答案:"说似一物即不中。"后世僧人依此故事而作诗曰:"说似一物即不中,八年方契卖柴翁。"

在《顿渐第八》中,惠能对大众说:"吾有一物,无头无尾,无名无字,无背无面,诸人还识否?"神会答:"是诸佛之本源,神会之佛性。"师曰:"向汝道:无名无字,汝便唤作本源佛性。汝向去有把茆盖头,也只成个知解宗徒。""有把茆盖头"指有间茅草庵住。这个故事表达的也是"不立文字"的禅学思想。

惠能以后,禅宗有关"不立文字"的公案、故事大量涌现,且十分有趣。

庞蕴居士参拜马祖,问:"不与万法为侣者是什么人?"马祖答:"待汝一口吸尽西江水,即向汝道。"庞居士所问"不与万法为侣",即超越万法、不在万法变化之中,只有"自性"能生万法,能不与万法为侣。"不与万法为侣者",即是指见性成佛之人。马祖说:"待汝一口吸尽西江水,即向汝道。"西江水是不可能一口吸尽的,既然不能一口吸尽西江水,当然也就不能回答"不与万法为侣者是什么人"的问题了。"一口吸尽西江水",说明法不可说、本性离言的道理,正如文殊道所颂:"一口吸尽西江水,大师也是不得已。偶被庞公借问来,尽力道得只如此。"

【原文】

僧法海,韶州曲江人也。初参祖师,问曰:"即心即佛,愿垂指谕[1]。"师曰:"前念不生即心[2],后念不灭即佛[3]。成一切相即心[4],离一切相即佛[5]。吾若具说,穷劫不尽。听吾偈曰:

> 即心名慧,即佛乃定。
> 定慧等持,意中清净。
> 悟此法门,由汝习性[6]。
> 用本无生,双修是正[7]。"

海言下大悟,以偈赞曰:

> 即心元是佛,不悟而自屈[8]。
> 我知定慧因,双修离诸物[9]。

【注释】

〔1〕垂:敬语,多用于尊称长辈、上级对自己的行动。指谕:指示。

〔2〕前念不生:前一个念头已经过去就不要再生起,即不执著于过去。

〔3〕后念不灭:后一个念头任其生起而不要有意抑制。

〔4〕成一切相:心中生起一切事物和现象。

〔5〕离一切相:心不执著于一切事物和现象。

〔6〕习性:又名习种性,即以前研习所修成的性,这里可理解为"悟性"。"悟此法门,由汝习性",意思是:能否领悟我这顿悟法门,完全依靠各位的悟性。

〔7〕"用本"二句:定慧原本无生无灭,只有均等双修才是解脱正路。

〔8〕自屈:屈辱自己。

〔9〕"我知"二句:因,依靠;定慧因,定慧相互依靠、不可分离,即《定慧品》所说的"定体慧用"。离诸物,即离一切相。这两句话的意思是,定体慧用、相即不离,要定慧双修,不著一切相。

【译文】

僧人法海,韶州曲江县人。第一次参礼惠能时,问道:"'即心即佛'是什么意思?恳请大师开示。"惠能说:"不执前念即心,不灭后念即佛;能生万法为心,能离万法为佛。我如果这样继续解释下去,用再长的时间也说不完。听我说偈:

　　无念即心名为慧,离相即佛乃是定。
　　定慧均等双修持,心意自然常清净。
　　能否悟此顿教法,要看先天之悟性。
　　定体慧用本无生,定慧双修才是正。"

法海听闻此偈,恍然大悟,以偈称赞说:

　　此心原本是佛,不悟自我束缚。
　　定慧相因不离,双修离诸外物。

【讲解】

本节的重点是讲"即心即佛",这是禅宗的核心命题,其基本内涵是:一切众生皆有佛性,佛性就是人恒常清净的本心,众

147

生一但认识本心、回归本心,就获得解脱,即见性成佛。

"即心即佛"是禅宗的普遍主张,诸祖都有类似说法,到六祖惠能,更强调"明心",其"心"更少出世色彩,而逼近当下现实之人心。惠能解释"即心即佛"说:"前念不生即心,后念不灭即佛。成一切相即心,离一切相即佛。"前两句说,不执前念即心,不灭后念即佛。一定不能把这两句话理解为:"心"与"佛"的区别在于一个是不执前念,一个是不灭后念,这样就把"心"与"佛"打成了两橛。其实,这是互文的表现手法,确切的义涵应是:"心"与"佛",都是既不执前念也不灭后念。后两句也应这样理解,"心"与"佛"都既能生万法又能离万法。在本节的偈颂中,惠能又说:"即心名慧,即佛乃定。定慧等持,意中清净。"这是从定慧角度解释"即心即佛",用的也是互文的手法,既然定、慧等持,心、佛当然不二。在《般若第二》中,惠能也说:"内外明彻,识自本心;若识本心,即本解脱。"讲的也是"即心即佛"之意。

惠能以后,马祖道一专用"即心即佛"来接引学人。《景德传灯录》卷六记载大珠慧海初参马祖的情形:

> 祖问曰:"从何处来?"曰:"越州大云寺来。"祖曰:"来此拟须何事?"曰:"来求佛法。"祖曰:"自家宝藏不顾,抛家散走什么?我遮里一物也无,求什么佛法。"师遂礼拜问曰:"阿那个是慧海自家宝藏?"祖曰:"即今问我者,是汝宝藏。一切具足,更无欠少,使用自在,何假向外求觅?"

马祖批评慧海"抛家散走",其实是告诉他:即心是佛,不假外求。

在唐代禅林,流传马祖道一接引大梅法常的故事。法常参马祖,问:"如何是佛?"马祖答:"即心即佛。"法常遂大悟,后隐居鄞县(今属浙江宁波)大梅山静修。一日,马祖令一僧人去问法常:"和尚见马祖得个什么便住此山?"法常说:"马祖向我道'即心即佛',我便向这里住。"僧说:"马祖近日又别。"法常说:"作么生别?"僧说:"又道'非心非佛'。"法常说:"这老汉惑乱人未有了日。任它非心非佛,我只即心即佛。"僧回来把这事向马祖汇报,马祖说:"梅子熟也。"(《宗鉴法林》卷十二)这就是著名的"梅子熟"公案。

在这则公案中,马祖先用"即心即佛"来破除法常的向外求索之心,待他开悟后,又用"非心非佛"来破除他对"心""佛"的执著。只有既不执"有"也不执"无"才是真正的悟境。假如法常因马祖又说"非心非佛"而放弃"即心即佛"主张,岂不是刚走出"有"的泥沼又陷入"无"的深渊了?法常说"任它非心非佛,我只即心即佛",表明自己已经超出"有"与"无"之间的对立,不受任何名相术语的限制,进入了彻悟的境界。

《五灯会元》卷十载,有僧问永明道潜禅师:"达磨西来传个甚么?"师曰:"传个册子。"又问:"恁么则心外有法去也?"师曰:"心内无法。"永明禅师的意思是,法不在心外,也不在心内,即心即佛,当下即是。

在禅宗看来,佛就是人的一念之本心,如果不解"即心即佛",而一味向外寻找,那就是"骑驴觅驴",枉费心机。《大乘赞》说:"若欲存情觅佛,将网上山罗鱼。……不解即心即佛,其似骑驴觅驴。"大安访百丈,问:"学人欲求识佛,何者即是?"百丈呵斥道:"大似骑牛觅牛。"大安日后有悟,又问:"识后如何?"百丈答:"如人骑牛回家。"

南宋晓莹《云卧纪谈》载,绍兴年间,一位儒士登焦山风月亭,作诗云:"风来松顶清难立,月到波心淡欲沉。会得松风元物外,始知江心是吾心。"月庵果禅师评此诗说:"诗好则好,只是无眼目。"遂改后两句为:"会得松风非物外,始知江月即吾心。"这一改破除了心与月、物与我之间的对立,而达即心即佛之境。

【原文】

僧法达,洪州人[1],七岁出家,常诵《法华经》[2]。来礼祖师,头不至地。师诃曰:"礼不投地[3],何如不礼?汝心中必有一物,蕴习何事耶[4]?"曰:"念《法华经》已及三千部[5]。"师曰:"汝若念至万部,得其经意,不以为胜[6],则与吾偕行。汝今负此事业,都不知过。听吾偈曰:

　　礼本折慢幢[7],头奚不至地?
　　有我罪即生[8],亡功福无比[9]。"

师又曰:"汝名什么?"曰:"法达。"师曰:"汝名法达,何曾达法?"复说偈曰:

　　汝今名法达,勤诵未休歇。
　　空诵但循声[10],明心号菩萨[11]。
　　汝今有缘故,吾今为汝说。
　　但信佛无言,莲华从口发[12]。

达闻偈悔谢曰[13]:"而今而后,当谦恭一切。弟子诵《法华经》,未解经义,心常有疑。和尚智慧广大,愿略说经中义理。"师曰:"法达,法即甚达,汝心不达。经本无疑,汝心自疑。汝念此经,以何为宗?"达曰:"学人根性暗钝,从来但依文诵念,岂知宗趣[14]?"师曰:"吾不识文字,汝试取经诵一遍,吾当为汝解说。"

【注释】

〔1〕洪州:治所在今江西省南昌县。

〔2〕《法华经》:即《妙法莲华经》,鸠摩罗什译,共七卷二十八品。

〔3〕礼不投地:顶礼时头部不着地,表示不尊敬。

〔4〕蕴习:修习。

〔5〕三千部:即三千遍。

〔6〕不以为胜:不因此而自傲。

〔7〕礼本折慢幢:慢,即骄慢、自大。幢,又作宝幢、天幢,是寺庙用来表示佛、菩萨及道场庄严的旗帜。慢幢,比喻自大之心像幢一样高耸。整句话的意思是,顶礼本来是为了消除自大之心的。

〔8〕有我:有自大之心。

〔9〕亡功:消除贪求功德之心。

〔10〕但循声:只知口中念诵,内心却不能领会。

〔11〕明心号菩萨:明心见性才能称作菩萨。

〔12〕"但信"二句:惠能认为,佛法的传承只能靠以心传心,因此佛虽有言而实无言。这两句话的意思是说,只有离言说之相、忘诵经之功,才是真正的诵《法华经》。

〔13〕悔谢:悔过、谢罪。

〔14〕宗趣:即宗旨。

【译文】

僧人法达,洪州人,七岁时出家,经常念诵《法华经》。有一天,前来礼拜六祖,顶礼时头却不着地。六祖呵斥道:"顶礼时头不着地,与不顶礼有什么区别?你心中必定有一件令你自负的东西,你平时都修习些什么?"法达说:"我念诵《法华经》已达三千遍了。"六祖说:"你如果能念到一万遍,且能领悟经中大

意,而又不自以为傲的话,那就能和我并肩同行了。你现在却因此而自负,竟然还一点都不知自己的过失。且听我说偈:

　　顶礼本为折慢幢,为何尊首不着地?
　　心存我慢罪即起,不恋功德福无比。"

　　惠能又问:"你名叫什么?"法达说:"名叫法达。"六祖说:"你的名字叫法达,但你何曾通达妙法?"于是又说一偈:

　　你的名字叫法达,勤奋诵经未有暇。
　　循声逐字徒枉然,明心见性真菩萨。
　　你今与我有缘分,听我为你说妙法。
　　但信佛言实无言,如此才能诵法华。

　　法达听了偈颂,连声悔过谢罪:"从今以后,一定会以谦虚恭敬之心对待一切。弟子虽然念诵《法华经》三千遍,但并未真正理解经意,心中常常存有疑惑。您智慧深广博大,恳请简单讲解一下经中义理。"六祖说:"法达,佛法原本通达,只是你的心不通达;经义本来没有疑惑,只是你心中自起疑惑。你念这部经,知道它以什么为宗旨吗?"法达说:"弟子根性愚钝,从来只知道依经文诵念,哪里知道它依什么宗趣呢。"六祖说:"我不认识文字,你把经卷拿过来给我读一遍,我为你讲说。"

【原文】

　　法达即高声念经,至《譬喻品》,师曰:"止。此经元来以因缘出世为宗[1],纵说多种譬喻,亦无越于此。何者因缘?经云:'诸佛世尊,唯以一大事因缘出现于世。'一大事者,佛之知见也[2]。世人外迷著相,内迷著空,若能于相离相,于空离空,即是内外不迷。若悟此法，一念心开，是为开佛知见。

"佛犹觉也，分为四门：开觉知见[3]，示觉知见[4]，悟觉知见[5]，入觉知见[6]。若闻开示，便能悟入，即觉知见，本来真性而得出现。汝慎勿错解经意，见他道'开示悟入'，自是佛之知见，我辈无分。若作此解，乃是谤经毁佛也。彼既是佛，已具知见，何用更开？汝今当信佛知见者，只汝自心，更无别佛。盖为一切众生，自蔽光明，贪爱尘境，外缘内扰，甘受驱驰，便劳他世尊从三昧起，种种苦口[7]，劝令寝息[8]，莫向外求，与佛无二。故云开佛知见。

"吾亦劝一切人，于自心中，常开佛之知见。世人心邪，愚迷造罪，口善心恶，贪嗔嫉妒，谄佞我慢[9]，侵人害物，自开众生知见。若能正心，常生智慧，观照自心，止恶行善，是自开佛之知见。汝须念念开佛知见，勿开众生知见[10]。开佛知见即是出世，开众生知见即是世间。汝若但劳劳执念[11]，以为功课者，何异牦牛爱尾[12]。"

【注释】

〔1〕出世：出现于世。

〔2〕佛之知见：佛的智慧。

〔3〕开觉知见：开启"觉知见"，即打开封闭佛智慧的一切世俗认识。"觉知见"即佛智慧。

〔4〕示觉知见：向众生明示佛智慧。

〔5〕悟觉知见：理解佛的智慧。

〔6〕入觉知见：悟入佛智慧，从而成就佛道。

〔7〕种种苦口：根据不同情况，利用不同方法，不辞烦劳地再三规劝。

〔8〕寝息：止息。

〔9〕我慢：以"我"为中心，因执著于"我"而形成自大、轻人之心。

〔10〕众生知见：导致凡夫生起烦恼的见解，与"佛之知见"相对。

〔11〕劳劳：辛苦、忙碌。如元稹《送东川马逢侍御使回》："流年等闲过，人世各劳劳。"执念：执迷众生知见。

〔12〕牦牛爱尾：语出《法华经·方便品》，比喻世人愚昧无知，追求那些不该追求的东西。

【译文】

于是法达高声念诵经文，当念到《譬喻品》时，惠能说："停下来！这部经的宗旨是'佛以一大事因缘出现于世'。即使说了再多的比喻，也不会超越这个宗旨。那么，是什么因缘呢？经中说：'诸佛世尊，只为一件大事的缘故而出现于世间。'所谓一大事，就是佛的思想与智慧。世间之人不是执迷于外在的相状，就是执迷于内在虚空。如果能够做到既不离相也不执相，既不离空也不执空，这就是内外不迷。如果能领悟这一法门，一念之间豁然开朗，这就是开启了佛的智慧。

"佛即是觉。觉可分为四个方面：开佛智慧，示佛智慧，悟佛智慧，入佛智慧。如果一听开导启示就能顿悟契入，这就是觉悟的智慧，自心本有的真如佛性就会顿时显现出来。你千万不要错解了经文的意思，一看见'开示悟入'，马上就以为是佛的智慧，与我们这些凡夫没有关系。如果有这样的误解，就是诽谤佛经、诋毁佛陀。试想，他既然是佛，已经具有了佛的智慧，何必再开佛智慧？你现在应当相信：所谓佛智慧，就是你自己的心，心外再也没有别的佛智慧。芸芸众生自我蒙蔽了光明的心性，贪恋六尘外境，因攀缘外境而内心纷扰，心甘情愿地承受着尘世欲望的驱使,这不得不有劳佛祖走出禅定,而苦口婆心地讲说种种教法,来劝导众生止息妄念与向外驰求的心,让其明白自心与佛原本没有区别,这就称为开启佛的智慧。

"我也常常劝一切世人,要在自己的心中开启佛的智慧。世人心中常常充满邪念,愚昧无知而造种种罪业,口说善言而心怀恶念,贪爱嗔恨,嫉贤妒能,媚上欺下,自高自大,侵害他人,损害他物,这就是在自己心中开启了众生的智慧。如果能有正确的见解,就会以智慧观照自己的心性,从而止恶行善,这就是在自己心中开启了佛的智慧。你们要时时开启佛的智慧,而不要开启众生的智慧。开启佛的智慧,就是超脱世俗;开启众生的智慧,就是堕入尘网。你们如果只知道不辞劳苦地念诵《法华经》经文,并且以为这是日常应做的功课,这和牦牛迷恋自己的尾巴又有什么不同呢?"

【讲解】

本节中,惠能提到一对概念"佛知见"与"众生知见",前者指佛的智慧,后者指导致凡夫生起烦恼的见解。在佛教中,知见指依自己的思虑分别而立的见解。知见与智慧不同,智慧特指般若的无分别智,是离思虑、无分别的心理作用。只有在"佛知见"或"知见波罗蜜"中,"知见"才与"智慧"同义。

关于"众生知见",惠能说:"世人外迷著相,内迷著空。""外迷著相",指妄执万法为实有的见解;"内迷著空",指妄执万法为虚空的见解。前者为有见、后者为空见,两者都属"众生知见"。关于"佛知见",惠能说:"若能于相离相,于空离空,即是内外不迷。若悟此法,一念心开,是为开佛知见。"对于万法,既不把其幻相执为真实,也不把其空性执为虚空,而是于其婆婆的外相之上悟其当体之空性,这就是"佛知见",即佛的智慧。

155

以上是就理论层面而言的。就实践层面而言,"众生知见"表现为:"愚迷造罪,口善心恶,贪嗔嫉妒,谄佞我慢,侵人害物。""佛知见"表现为:"观照自心,止恶行善。"惠能还以"佛知见"与"众生知见"来区分开"出世"与"世间"。他说:"开佛知见即是出世,开众生知见即是世间。"

"佛知见"与"众生知见",表面看是对立的,其实都是人之自心的表现。惠能说:"汝今当信佛知见者,只汝自心,更无别佛。盖为一切众生,自蔽光明,贪爱尘境,外缘内扰,甘受驱驰,便劳他世尊从三昧起,种种苦口,劝令寝息,莫向外求,与佛无二。故云开佛知见。"所谓"佛知见",其实就是人的自心,只不过由于众生贪爱尘境,外缘内扰而自我遮蔽了本心的光明,而一旦停歇向外驰求之心,回归自己的本性,就是开佛知见。

【原文】

达曰:"若然者,但得解义,不劳诵经耶?"师曰:"经有何过,岂障汝念?只为迷悟在人,损益由己。口诵心行,即是转经[1]。口诵心不行,即是被经转。听吾偈曰:

　　心迷《法华》转,心悟转《法华》。
　　诵经久不明,与义作仇家。
　　无念念即正,有念念成邪。
　　有无俱不计,长御白牛车[2]。"

达闻偈,不觉悲泣,言下大悟,而告师曰:"法达从昔已来,实未曾转《法华》,乃被《法华》转。"

【注释】

〔1〕转经:念诵经文。

〔2〕白牛车:白牛拉的车。《法华经》用"白牛车"比喻"一佛乘",即唯一能令人成佛的教法。这里"白牛车",比喻禅宗"明心见性"的教义。

【译文】

法达说:"这样说的话,只要能了解经义,那就不需要诵经了?"惠能说:"经文本身有什么过错,怎么会障碍你的诵念呢?只是或迷或悟、或损或益,完全取决于自己。口诵经文而心能行其义,就是'转经';口诵经文而心不能行其义,就是'被经转'。听我说偈:

心迷即被《法华》转,心悟就能转《法华》。
诵经久不明经义,似与经义为仇家。
不执于念即正念,执著于念即成邪。
有念无念具忘却,自性之车白牛拉。"

法达听了此偈,恍然大悟,不禁热泪盈眶,对惠能说:"法达过去从未转《法华》,一直是被《法华》转。"

【讲解】

此节提出"心迷《法华》转,心悟转《法华》"重要思想。

《法华经》是《妙法莲华经》的简称。"妙法",意为佛陀所说教法微妙无上;"莲华经",比喻经典的纯洁无瑕。《法华经》以大乘佛教般若理论为基础,集大乘佛教思想之大成。惠能南宗禅创造性地汲取《法华经》的思想精髓,并在此基础上进行不立文字的禅悟体证,所谓"经诵三千部,曹溪一句亡"。

法达诵读《法华经》三千遍,但只是依文诵念,而不知宗趣。

口诵心不悟,而被《法华经》的字句所牵引,这就是"《法华》转"。相反,如果能了悟经旨,又能信受奉行,从而悟入自性佛知见,这就是"转《法华》"。惠能以《法华经》为喻,意在提倡"转物而不为物转"思想,提倡"应无所住而生其心"的流通精神。

【原文】

再启曰:"经云:'诸大声闻乃至菩萨[1],皆尽思共度量,不能测佛智。'今令凡夫,但悟自心,便名佛之知见,自非上根,未免疑谤。又经说三车[2],羊、鹿、牛车,与白牛之车,如何区别?愿和尚再垂开示。"

师曰:"经意分明,汝自迷背。诸三乘人不能测佛智者[3],患在度量也。饶伊尽思共推[4],转加悬远。佛本为凡夫说,不为佛说,此理若不肯信者,从他退席。殊不知坐却白牛车,更于门外觅三车。况经文明向汝道:'唯一佛乘,无有余乘,若二若三,乃至无数方便,种种因缘,譬喻言词,是法皆为一佛乘故。'汝何不省:三车是假,为昔时故;一乘是实,为今时故。只教汝去假归实,归实之后,实亦无名。应知所有珍财,尽属于汝,由汝受用,更不作父想[5],亦不作子想,亦无用想[6],是名持《法华经》。从劫至劫[7],手不释卷;从昼至夜,无不念时也。"

达蒙启发,踊跃欢喜,以偈赞曰:

经诵三千部,曹溪一句亡[8]。
未明出世旨,宁歇累生狂[9]?

羊鹿牛权设,初中后善扬[10]。
谁知火宅内[11],元是法中王[12]。

师曰:"汝今后方可名念经僧也。"达从此领玄旨,亦不辍诵经。

【注释】

〔1〕声闻:依靠听闻佛说四谛法而悟道的人。

〔2〕三车:羊车、鹿车、牛车。羊车,比喻声闻乘,只能自度,不能度他,好像是一辆羊车不能载货物。鹿车,比喻缘觉乘,能自度兼度亲属,好像一辆鹿车能载少许的货物。牛车,比喻菩萨乘,不但自度且能普度众生,好像一辆大牛车能运载很多的货物。

〔3〕三乘人:声闻、缘觉、菩萨。

〔4〕饶伊:任由他。

〔5〕父:指《妙法莲华经·譬喻品》所说的大富长者,他曾把自己的财宝分给儿子们。在此经中,"父"比喻诸佛如来,下句中的"子"比喻一切众生。

〔6〕无用想:连想也不要想。

〔7〕从劫至劫:从上一劫至下一劫。

〔8〕曹溪一句亡:曹溪,指惠能。这句话的意思是,经过惠能一句话的点拨,法达明白自己过去读《法华经》三千遍都是徒劳。

〔9〕宁歇:怎能止息。

〔10〕初中后善扬:初善,羊车所喻的声闻教法;中善,鹿车所喻的缘觉教法;后善,牛车所喻的菩萨教法。

〔11〕火宅:比喻众生生死轮回的三界。《妙法莲华经·譬喻品》说:"三界无安,犹如火宅。"意思是说,三界好像是一所被大火焚烧的房子,人们住在里面,苦不堪言。

〔12〕法中王:指经过长期修行而超脱生死轮回的修行者。

【译文】

法达又问:"经上说:'那些声闻、菩萨,虽苦思冥想,仍不能领悟佛的智慧。'而您现在却说,只要众生觉悟自己的心性就是佛的智慧,如果不是上等根性的人,对这话肯定大惑不解甚至大加诽谤。另外,经中说的三车即羊车、鹿车、牛车,与大白牛车究竟有什么区别?恳请大师再为弟子开示。"

惠能说:"经意本是很清楚的,只因为你自己愚迷而不能理解。声闻、缘觉和菩萨,这三乘人之所以不能领悟佛的智慧,问题出在他们的揣测心上。任使他们费尽心思地揣测,反而更加远离佛的智慧。佛法本来是为众生而说的,并不是为佛而说的,倘若谁连这个道理都不肯相信,那简直不可教化,就请他从这里离开好了。这种人原本就坐在白牛车上,却还要向外去寻觅羊、鹿、牛三车。况且,经文明明白白地给你说:'只有一佛乘,并无其他的教乘。或说二乘或说三乘,乃至说无数的方便法门以及种种因缘、譬喻言词,这些全都是为那一佛乘说的。'你为什么还不明白呢?羊、鹿、牛三车是佛所作的比喻,是为了救度过去那些愚迷众生而假设的方便说法,只有大白牛车所比喻的一佛乘,才是为现在众生觉悟成佛而说的真实教义。佛陀之所以这样讲,只不过是教你舍去三乘方便假说而归于一佛乘的真实教法上来。而当你归于真实教法后,这真实教法之名也就消失了。要明白,所有珍贵财宝全部属于你,任你享用,既不要认为是佛陀的财产,也不要认为是众生的财产,甚至连想都不要想,这才是真正持诵《法华经》。如能这样,就等同于经劫而手不释卷,昼夜而不停持诵。"

法达蒙此启发,心花怒放,作偈赞叹:

《法华》已诵三千遍,曹溪一句尽消亡。
昔时不明出世旨,安能息我累生狂?

三车本为权宜设,三善应该勤发扬。

谁知火宅之内人,原来竟是法中王。

惠能说:"从今以后,你才配称'念经僧'。"法达从此彻悟佛法奥义,也没停止持诵经文。

【讲解】

本节涉及一个十分重要的禅学问题:"度量"与"佛智"的矛盾问题。

法达问:声闻、缘觉、菩萨,这三乘人苦思冥想都不能悟解佛的智慧,如此深奥的智慧难道凡夫仅靠"悟自心"就能达到吗?

惠能回答:"诸三乘人不能测佛智者,患在度量也。饶伊尽思共推,转加悬远。"正是因为"度量"即理性思索,三乘人才不能理解佛智慧的,甚而,越是思索,离佛智越远。凡夫之人,只要能排除思虑,回归本心本性,就能开佛知见。这一回答,包含着一个十分重要的禅学思想:禅是非理性的,是违背世俗逻辑的,它只能靠内心的直觉体验而获得。

中国禅宗标榜"不立文字,教外别传",不但否定语言,而且否定思维,所谓"言语道断,心行处灭",它经常用棒喝等极为特别的方法把学人的思维逼挼到当下的直观感性之中。在禅的世界里,世俗的时空规定性被彻底打破,世俗的逻辑也被彻底超越。《五灯会元》卷六载,有僧问晖禅师:"牛头未见四祖时如何?"师曰:"如月在水。"又问:"见后如何?"曰:"如水在月。""牛头未见四祖时"指悟前,"见后"指悟后。悟前"如月在水",悟后"如水在月",前者合逻辑,为"有迹",后者非逻辑,为"无迹"。晖禅师用"如水在月"启发学人不可执著于"水月"之喻,只有泯灭能所,跳出分别知见,才能见道。

在禅悟的世界中,客观自然的时空规定性已被彻底打破,眼前的自然是经过禅心浸润而又重新组合的,是参禅者本心的外化,是主客无分的整全,这种"自然"往往是与世俗世界的逻辑相悖的。如大慧宗杲《送超僧鉴》诗:"桶底脱时大地阔,命根断处碧潭清。好将一点红炉雪,散作人间照夜灯。""红炉"与"雪",这一对世俗世界绝不相容的东西在禅的世界中被组合到了一起,形成了一个不可思议的直觉意象。此意象是与人们的日常生活经验相违背的,它既是对客观自然时空规定性的消解,也是对心性自然时空秩序的重新组合。这是一个凡圣共泯、生佛俱空的自性世界,是一个新的时空圆融境界。这种奇特的意象,虽违背常规,却合乎禅理,在启发学人迥脱根尘、灵光孤露的同时又带给人以无尽的审美享受。

【原文】

僧智通,寿州安丰人[1]。初看《楞伽经》约千余遍[2],而不会三身四智[3],礼师求解其义。

师曰:"三身者,清净法身,汝之性也;圆满报身,汝之智也;千百亿化身,汝之行也。若离本性,别说三身,即名有身无智[4]。若悟三身无有自性[5],即明四智菩提。听吾偈曰:

  自性具三身,发明成四智[6]。
  不离见闻缘,超然登佛地。
  吾今为汝说,谛信永无迷。
  莫学驰求者,终日说菩提。"

通再启曰:"四智之义,可得闻乎?"

师曰:"既会三身,便明四智。何更问耶?若离三身,别谈四智,此名有智无身[7],即此有智还成无智。"
复说偈曰:

> 大圆镜智性清净[8],平等性智心无病[9]。
> 妙观察智见非功[10],成所作智同圆镜[11]。
> 五八六七果因转[12],但用名言无实性[13]。
> 若于转处不留情[14],繁兴永处那伽定[15]。

通顿悟性智[16],遂呈偈曰:

> 三身元我体,四智本心明。
> 身智融无碍,应物任随形。
> 起修皆妄动,守住匪真精[17]。
> 妙旨因师晓,终亡染污名。

【注释】

〔1〕寿州:即今安徽省寿县。

〔2〕《楞伽经》:全名《楞伽阿跋多罗宝经》或《入楞伽经》,意为释迦牟尼佛在斯里兰卡地方所说的经。此经在中国有多个译本,南朝求那跋陀罗的译本最早,流行最广。

〔3〕四智:唯识宗所立四种如来的智慧,即大圆镜智、平等性智、妙观察智、成所作智。

〔4〕有身无智:四智存在于人的自我本性之中,假如离开本性而说三身,所谈的只是不能起智用的名言概念,而不是真正的三身,所以说是"有身无智"。

〔5〕"三身"句:三身是从唯一的自我本性中产生的,并非三身各有一自性,所以说"三身无有自性"。

〔6〕发明成四智:发明,发挥。大圆镜智成法身,平等性智成报身,妙观察智与成所作智共成化身,所以说自性三身发明即成四智。

〔7〕有智无身:三身与四智之间的关系犹如灯与光,离开三身谈四智,就像离开灯而谈光,那只能是名言概念上的,并无实质性内容,这就是"有智无身"。

〔8〕"大圆"句:大圆镜智是能够如实映现万法的佛智,它像一面大圆镜一样,既离诸尘染,清净圆明,又能洞彻内外,朗照万物。

〔9〕"平等"句:平等性智是体悟自他平等的智慧。依此智慧,众生可以了知一切事物以及自他皆平等,从而悟证自我本性。此平等性智是从无所滞碍的心体中流露出来的,所以说是"心无病",即自心没有任何的执著。

〔10〕"妙观"句:妙观察智,如来巧妙观察诸法而自在说法的智慧。此智慧能在应机接物时,不用思考、仅凭直觉而立即洞晓一切,因其不用功夫、不涉思量、不起分别,所以说是"见非功"。

〔11〕"成所"句:成所作智,指如来成就利益一切众生的行为。此智慧能在无意之中使不同根性的众生都能成就其利益,如镜照物,来者即现,去者不留,所以说是"同圆镜"。

〔12〕"五八"句:众生的八识中,前五识和第八识,必须要在众生成就佛果时才能转为"成所作智"和"大圆镜智",所以说前五识与第八识是"果上转"。第六识和第七识,众生在因地中时就可以先转为"妙观察智"和"平等性智",所以说六、七两识"因中转"。五八六七果因转,这句话涵盖了以上两层意思。

〔13〕"但用"句:名言,名字与言说之并称。名字、言说,是依现象假设而立的,因为现象没有体性,所以名言也是假立而无实性的。上句所说的八识转为四智,只是名言上的转变,并不是实性上的转变,因为这些名言本身是没有实性的。

〔14〕"若于"句:转,这里指转迷为悟。不留情,不再退转。整句话的意思是说彻悟而永不退转。

〔15〕"繁兴"句:繁兴,即繁杂,这里指嘈杂的世俗世界。永处,常在。那伽,意译为龙;禅定之时,身体像止于深渊中的龙一样,因此称为"那伽定"。繁兴永处那伽定,意思是说,尽管身处嘈杂的尘世之中,而内心却清

静无染,不为外界事物所干扰。

〔16〕性智:自性中的智慧。

〔17〕匪:不是。

【译文】

僧人智通,寿州安丰人,念诵《楞伽经》一千多遍,还是不能领会"三身四智"的意思,于是过来向惠能请教。

惠能说:"所谓三身是指:清净法身,是你先天的本性;圆满报身,是你先天的智慧;千百亿化身,是你本该的行为。如果认为本性之外另有'三身',这就是'有身无智'。倘若悟得'三身'本无自性,这就叫做'四智菩提'。听我说偈:

自性本具三身,发明而成四智。
不必自绝外缘,超然直登佛地。
我今为你说法,深信永不再迷。
莫要向外驰求,空口徒说菩提。"

智通又问:"四智是什么意思?恳请大师开示。"

惠能说:"既然领会了'三身'之义,自然就明白了'四智'之义,何必再问这个问题呢?如果离开了'三身',而另外去谈'四智',这就叫做'有智无身',即使有一些智慧,也和无智慧没有什么区别。"又说偈:

大圆镜智性清净,平等性智无执病。
妙观察智不假功,成所作智同圆镜。
五八六七果因转,只在名言不在性。
心性彻悟不退转,身在尘世心在定。

智通闻偈,顿悟自性智慧,于是呈偈说:

三身原本在我体,四智皆本自心明。
身智相融无障碍,应物随缘任现形。
起心修行即是妄,执守身智也非正。
妙旨皆因六祖悟,从此无染诸假名。

【讲解】

本节中,我们重点分析"三身四智"概念及"繁兴永处那伽定"一句偈语。

一、三身四智

三身,指佛的法身、报身、化身;四智,指佛的四种智慧,即大圆镜智、平等性智、妙观察智、成所作智。惠能不论是讲"三身",还是讲"四智",都紧扣自性,这是他讲法的基本思路。

惠能主张从自性角度来理解"三身"与"四智"之间的关系。"三身"存在于自性之中,所以他总是把"三身"称为"自性三身"。"四智"是"三身"的功用,同样也存在于自性之中。如果离开自性而谈"三身四智"的话,就会犯两种错误:一是"有身无智",二是"有智无身"。

由于"四智"存在自性之中,离开自性就没有"四智",因此,惠能说:如果离开自性而谈"三身",所谈的"三身"只是名言概念,根本起不到智用,这就是"有身无智"。他还认为,"三身"与"四智"是体用关系,"三身"应物随缘而显现为"四智",两者是相融无碍的。如果离开"三身"而谈"四智"的话,就像离开灯而谈光一样,那也只能是名言概念上的,并无实质性内容,这就是"有智无身"。

二、繁兴永处那伽定

在本节中,惠能有两句偈语很有味道:"若于转处不留情,繁兴永处那伽定。"意思是说,彻悟之人,尽管身处嘈杂的尘世之中,而内心却清静无染,不为外界事物所干扰。禅定,不是深山老林之中青灯古佛旁的枯守,而是现实生活之中念念不住、不黏不滞的"一念心"。惠能从来不主张脱离现实生活的禅修,而主张禅就在日常的担水、砍柴之中。

惠能以后,禅宗继续沿着生活化方向发展。马祖把惠能当下无有执著的"一念心"发展为"平常心"。何谓平常心?马祖说:"无造作、无是非、无取舍、无断常、无凡圣。……只如今行住坐卧,应机接物。"所谓"平常心",就是在日常生活之中能放下执著,不思量、不计较,无心任运,自由自在的人生态度。马祖又说,众生只要随顺现实之心,无有取舍,无所执著,自然与"道"契合。这就是"平常心是道"。

在"平常心是道"基础之上,马祖又提出"立处即真"命题。"立处"即一切现象,一切行为,"真"即佛性。"立处即真"是说,一切现象都出于真如,都是法性的显现,众生的行住坐卧也都是佛性的妙用,因此他说"道不用修",只要能做到"于善恶事中不滞",就可"唤作修道人"。这种纵任心性,自由自在的人生态度,即是惠能所说的"繁兴永处那伽定"。

无门慧开颂"平常心"曰:"春有百花秋有月,夏有凉风冬有雪。若无闲事挂心头,便是人间好时节。"(《无门关》)春花、秋月、夏风、冬雪,这些都是日常生活之中最最平常的东西,心如果不被情尘欲垢所蒙蔽,这些无一不是禅的体现,所谓"夕阳流水人间事,处处是道处处禅"。

长沙景岑禅师解释"平常心"说:"要眠即眠,要坐即坐。热即取凉,寒即向火。"(《五灯会元》卷四)禅可以在日常的着衣吃饭之中证得,但不能简单地把禅等同于着衣吃饭。"平常心"是在对日常生活否定的基础之上向日常生活的回归。圆悟克勤说:"了取平常心是道,饥来吃饭困来眠。"(《圆悟录》卷六)否则,就会"吃饭时不肯吃饭,百种须索;睡时不肯睡,千般计较"(《五灯会元》卷三)。

人来到这个世界上,总是被各种各样的"闲事"缠绕着,春来伤春,秋来悲秋,居闲厌寂寞,从仕愁羁束,体会不到自然的生机,感受不到人生的乐趣。而一旦尘缘息歇,回归本心,就会发现四季都是好时季,正如陆游《解闷》诗所说:"君能洗尽世间念,何处楼台无月明?"这就是惠能"繁兴永处那伽定"的真意!这就是禅宗的智慧!

【原文】

僧智常,信州贵溪人[1],髫年出家[2],志求见性。一日参礼,师问曰:"汝从何来?欲求何事?"曰:"学人近往洪州白峰山,礼大通和尚[3],蒙示见性成佛之义,未决狐疑。远来投礼,伏望和尚慈悲指示。"

师曰:"彼有何言句,汝试举看。"曰:"智常到彼,凡经三月,未蒙示诲。为法切故[4],一夕独入丈室[5],请问:'如何是某甲本心本性[6]?'大通乃曰:'汝见虚空否?'对曰:'见。'彼曰:'汝见虚空有相貌否?'对曰:'虚空无形,有何相貌?'彼曰:'汝之本性,犹如虚空。了无一物可见,是名正见。无一物可知,是名真知。无有青黄长短,但见本源清净,觉体圆明,即名见性成佛,亦名如来知见。'学人虽闻此说,犹未决了,乞和尚开示。"

师曰:"彼师所说,犹存见知[7],故令汝未了。吾今示汝一偈:

不见一法存无见[8],大似浮云遮日面。
不知一法守空知[9],还如太虚生闪电。
此之知见瞥然兴,错认何曾解方便[10]?
汝当一念自知非,自己灵光常显现。"

常闻偈已,心意豁然,乃述偈曰:

无端起知见,著相求菩提[11]。
情存一念悟,宁越昔时迷[12]?
自性觉源体,随照枉迁流[13]。
不入祖师室,茫然趣两头[14]。

智常一日问师曰:"佛说三乘法,又言最上乘。弟子未解,愿为教授。"

师曰:"汝观自本心,莫著外法相。法无四乘[15],人心自有等差。见闻转诵是小乘,悟法解义是中乘,依法修行是大乘。万法尽通,万法俱备,一切不染,离诸法相,一无所得,名最上乘。乘是行义,不在口争。汝须自修,莫问吾也。一切时中,自性自如。"常礼谢执侍,终师之世。

【注释】

〔1〕信州:唐时设置,治所在今江西省上饶县。

〔2〕髫(tiáo)年:幼童时期。古时,儿童尚未束发时自然下垂的短发,称作"垂发"。陶渊明《桃花源记》:"黄发垂髫,并怡然自乐。"

〔3〕大通和尚:大通,是神秀的谥号。智常见惠能时,神秀还在世,因此不可能称神秀为"大通和尚"。另据《旧唐书·神秀传》等文献记载,神秀并未居住过白峰山,也没有另外一位名叫"大通和尚"的人。这应是

后人编撰《坛经》时的疏误。

〔4〕法切:求法心切。

〔5〕丈室:寺院方丈所居之室叫作丈室。

〔6〕某甲:某人,可指代自己,也可指代他人,这里指代自己。

〔7〕见知:即知见,这里指世人的知识与见解。

〔8〕"不见"句:"不见一法"指大通所说的"了无一物可见",此观点虽破除了对"有"的执著,但又执著于"无",这就是"存无见",即存"无"之见。

〔9〕"不知"句:"不知一法"指大通所说的"无一物可知",这是对"空"的执著,因此惠能称其为"守空知",即守"空"之知。

〔10〕"此之"二句:"此之知见",指大通的"存无见"与"守空知"。瞥然,瞬间。这两句话的意思是说,如果心中瞬间生起这种错误的见解,就会错把方便说法当成追求目标。

〔11〕"无端"二句:无端,无缘无故。知见与著相,都指上文所说的存"无"之见与守"空"之见。

〔12〕"情存"二句:心中存有求"悟"的念头,怎能走出过去的迷惑呢?

〔13〕"自性"二句:自性是觉悟的本源,如果离开自性,而随顺存"无"、守"空"之偏见,到头来只能是一场空。

〔14〕趣两头:趣,即趋,追逐之意。两头,指"存无见"和"守空知"。

〔15〕四乘:声闻乘、缘觉乘、菩萨乘、一佛乘。

【译文】

僧人智常,信州贵溪人,幼年出家,志在明心见性。有一天来参礼惠能,惠能问:"你从哪里来?想要学什么东西?"智常答:"我最近到洪州白峰山参礼大通和尚,承蒙他开示见性成佛之法,但仍未解我心中的疑问。因此远道而来礼拜大师,恳请您为我解疑答惑。"

惠能说:"他有什么高妙见解?说给我听听。"智常说:"我在那里住了三个多月,一直不曾得到开示教诲。因为求法心切,有一天晚上我单独进入方丈室,问:'什么是我的本心本性?'大通说:'你见过虚空没有?'我回答:'见过。'他又问:'你所见的虚空有没有相貌呢?'我回答:'虚空是无形的,哪里有什么相貌呢?'他说:'你的本性,就如同虚空。了然没有一物可见,就叫作正见;没有一物可知,就叫作真知。不见万物青黄长短等形色的区别,但见清净的本心、圆明的本性,这就叫作见性成佛,也叫作如来知见。'我虽然听了这番教诲,心中还是存有疑虑,所以恳求大师开示。"

惠能说:"你师父的观点还存有'知见',所以不能使你明白。我现在给你说一偈:

不见一法存无见,大似浮云遮日面。
不知一法守空知,还如太虚生闪电。
如此知见瞥然起,怎解此说是方便?
一念转悟自知非,自性灵光常显现。"

智常听了此偈,心中恍然大悟,于是也说一偈:

无端起知见,著相求菩提。
心存求悟念,怎出旧时迷?
自性乃觉源,见知徒迁流。
不入祖师室,茫然执两头。

一天,智常问六祖:"佛说三乘教法,又说最上乘,弟子不理解,恳请大师教授。"

惠能说:"你要观照自己的本源真心,不要执著外界的现象。佛法并没有四乘之分,只因为众生的理解程度不同,才有了这样的划分。只能念诵经文为小乘,能悟解佛法大意为中乘,能依法修行为大乘。能够通达一切佛法,明白一切佛法本心具足,对于一切现象不染不著、不即不离,最终达到修无可修、证无可证的一无所得境界,这就叫作最上乘。乘是修行的意思,不在于口头上的讲说。你必须自己去修,不要再问我了。任何时候,自性都是如如不动的。"智常礼谢,从此侍奉六祖,直到六祖去世。

【讲解】

本节重点批评执空之见。

智常问神秀何为"本性",神秀说:"汝之本性,犹如虚空。了无一物可见,是名正见。无一物可知,是名真知。"他所说的"正见""真知",都突出一个"空"字,这固然有利于破除对"有"的执著,但又落入了"空"之中。这种执著于空法而全然否定诸法存在的见解,称为"空见"。

惠能对神秀之"空见"提出批评。他说:"不见一法存无见,大似浮云遮日面。不知一法守空知,还如太虚生闪电。"神秀所说的"无一物可见""无一物可知",虽破除了对"有"的执著,但又执著于"无",因此属于"存无见""守空知"。这种存"无"之见与守"空"之知,都是"知见",即世俗人的知识与见解。世俗人的知见是在分别心的作用之下,经过思虑而获得的,因而不是真正的智慧。真正的智慧是从般若心性中自然流露的无分别智,是未经思虑而获得的。

惠能又说:"此之知见瞥然兴,错认何曾解方便。""此之知见",指神秀的"存无见"与"守空知"。佛教讲"空"讲"有",其实都是针对世人的迷惑而采取的方便说法。世人执著于"有",佛教就讲"空";世人执著于"空",佛家就讲"有"。这种"应病与药"的方法,目的在于引导世人从"空"与"有"的对立之中超脱出来,从而进入非有非空的境界。这种非有非空的境界即是人的本性、自性。

【原文】

　　僧志道,广州南海人也,请益曰:"学人自出家,览《涅槃经》十载有余,未明大意,愿和尚垂诲。"师曰:"汝何处未明?"曰:"'诸行无常,是生灭法,生灭灭已,寂灭为乐。'[1]于此疑惑。"师曰:"汝作么生疑[2]?"

　　曰:"一切众生皆有二身,谓色身、法身也[3]。色身无常,有生有灭;法身有常,无知无觉。经云'生灭灭已,寂灭为乐'者,不审何身寂灭?何身受乐?若色身者,色身灭时,四大分散[4],全然是苦,苦不可言乐。若法身寂灭,即同草木瓦石,谁当受乐?又法性是生灭之体,五蕴是生灭之用,一体五用。生灭是常,生则从体起用,灭则摄用归体。若听更生[5],即有情之类,不断不灭;若不听更生,则永归寂灭,同于无情之物。如是,则一切诸法被涅槃之所禁伏,尚不得生,何乐之有?"

【注释】

　　〔1〕"诸行"四句:诸行无常,佛教"三法印"之一,是说世间万法无时无刻不处在生住异灭之变化中,没有永恒不变的东西。生灭法,即有为法。万法因缘和合而有,叫作生;因缘分散而无,叫做灭。有生有灭,是有为法;不生不灭,是无为法。"生灭灭已,寂灭为乐"是说,只有连"生灭"本身也"灭"了,即无生无灭,才是真正的"寂灭",才是真正的"乐"。

　　〔2〕作么:口语,怎么之意。

　　〔3〕色身:指众生的物质之身即肉身,它有生有灭。法身:这里指众生的智慧之身,它没有形质,不生不灭。

173

〔4〕四大：佛教认为，地、水、火、风是构成世间一切有形物质包括人的色身的基本元素，所以称为"四大"。

〔5〕听：任凭、随。

【译文】

僧人志道，广州南海人，向惠能请教说："我自从出家以来，诵念《涅槃经》有十多年了，还是不明白经中大意，恳请大师教诲。"惠能问："你有什么不明白？"志道说："'诸行无常，是生灭法，生灭灭已，寂灭为乐'，这几句话不懂。"惠能说："你有什么疑问呢？"

志道说："一切众生都有二身，即色身与法身。色身是无常的，是有生灭的；法身是常的，是无知觉的。经中说'生灭灭已，寂灭为乐'，不知是哪一种身入于寂灭？哪一种身享受真乐？如果说是色身，那么色身在坏灭之时，由四大和合而成的肉体一下就分散了，这完全是苦，是苦就不可说是乐。如果说是法身入于寂灭，人身就如同草木瓦石一样无知了，哪个来享受真乐呢？另外，法性是生灭变化的本体，五蕴是生灭变化的相用（即表现和功用）。一种本体五种相用，生灭应当是永恒的。生就是从本体中产生相用，灭就是从相用回归本体。如果还有来生，就是有情众生，就会在生死之中不断轮回；如果没有来生，就将永远归于寂灭，就会等同于无情之物。如果是这样的话，一切万法就被涅槃所禁伏住了，生尚且不可得，还有什么乐可言呢？"

【原文】

师曰："汝是释子，何习外道断常邪见[1]，而议最上乘法？据汝所说，即色身外别有法身，离生灭求于寂灭，又推涅槃常乐，言有身受用，斯乃执吝生死[2]，耽著世乐。汝今当知,佛为一切迷人认五蕴和合为自体相[3],分别一切法为外尘相[4],好生恶死,念念迁流。不知梦幻虚假,枉受轮回,以常乐涅槃翻为苦相,终日驰求。佛愍此故[5],乃示涅槃真乐。刹那无有生相,刹那无有灭相,更无生灭可灭,是则寂灭现前。当现前时,亦无现前之量,乃谓常乐。此乐无有受者,亦无不受者,岂有一体五用之名?何况更言'涅槃禁伏诸法,令永不生',斯乃谤佛毁法。听吾偈曰:

无上大涅槃,圆明常寂照。
凡愚谓之死,外道执为断。
诸求二乘人,目以为无作[6]。
尽属情所计,六十二见本[7]。
妄立虚假名,何为真实义?
惟有过量人[8],通达无取舍。
以知五蕴法,及以蕴中我,
外现众色象,一一音声相,
平等如梦幻,不起凡圣见。
不作涅槃解,二边三际断[9]。
常应诸根用,而不起用想[10]。
分别一切法,不起分别想[11]。
劫火烧海底,风鼓山相击,
真常寂灭乐,涅槃相如是[12]。
吾今强言说,令汝舍邪见。
汝勿随言解,许汝知少分[13]。"

志道闻偈大悟,踊跃作礼而退。

【注释】

〔1〕断常:即断见与常见。断见,认为人死之后身心断灭不复再生的偏见。常见,认为人死之后身心不灭而能再生的偏见。

〔2〕执吝:固执不化。

〔3〕自体相:即自体实相。

〔4〕分别:思维、度量。外尘相:外在的现象。

〔5〕愍:怜悯。

〔6〕"诸求"二句:二乘人,指那些具有声闻、缘觉认识水平的人。这些人认为,涅槃境界不是通过功德善事所能达到的。

〔7〕"尽属"二句:情,指众生之妄情。计,即计度,指以自己的虚妄之心来推度、判断事理。六十二见,指外道所持的六十二种错误见解,这里代指一切错误观点。这两句话的意思是,以上这些都属于众生的妄情推度,这是一切错误的根源。

〔8〕过量人:具有超常智慧的人。

〔9〕二边三际:二边,指有、无二边。三际,指过去、现在、未来三时,或指内、中、外三处。

〔10〕"常应"二句:常常随顺各种感官所起的作用,但又不执著于这些作用。应,随顺。

〔11〕"分别"二句:思量一切法,同时又不执著于这些思量,让思量之心念念不住,通达无碍。

〔12〕"劫火"四句:佛教认为,世界分为成、住、坏、空四劫,在坏劫之末必起火灾、水灾、风灾,称为"三大灾"。火灾,又作劫火、劫尽火、劫烧,届时天上将出现七轮太阳,把初禅天以下全部烧尽;水灾将把二禅天以下全部淹没;风灾将把第三禅天以下全部吹尽。这四句话的意思是,即使劫火把海水烧干,大风把须弥山吹倒,涅槃之境仍是真实、永恒、极乐的。

〔13〕"吾今"四句:这四句是说,我现在勉强给你讲这不可言说的涅槃之境,是为了消除你的偏见,只要你能不望文生义,我就认为你多少理

解了一些佛法。强,勉强。

【译文】

惠能说:"你是佛门弟子,为什么偏要学习外道的断常邪见而妄议最上乘法呢？按照你所说的,那就是色身之外另有法身,就是脱离生灭而另求寂灭；你又推测涅槃是永恒极乐,这其实就是承认存在一个享受极乐的主体。这些都是执著生死,贪求世乐的表现。现在你应当知道,佛之所以讲说涅槃,是因为那些愚昧的众生把五蕴和合而成的色身当成真实之体,或者把一切万法错误地视为外在的现象,贪生厌死,妄念不断,不知道人生如梦似幻,只能浑浑噩噩地处于生死轮回之中,还误将永恒极乐的涅槃视为实相,整日苦苦地追求。佛陀因为怜悯这些愚昧众生,故而给他们讲涅槃极乐,让他们明白刹那生其实根本没有生相可见,刹那灭也根本没有灭相可寻,甚至根本就没有什么生灭可灭,这才是涅槃的真实显现。而当涅槃显现时,根本没有显现之相,这才是永恒的极乐。这种永恒极乐既没有享受的人,也没有不享受的人,哪里又有'一体五用'之名呢？何况你还说'涅槃禁止、降伏了一切万法,使其永不现生',这简直就是诽谤佛祖、诋毁佛法！听我说偈:

> 至高无上大涅槃,圆融光明常寂照。
> 愚痴众生谓之死,邪魔外道执为断。
> 声闻缘觉二乘人,将其理解为无作。
> 以上全属瞎猜测,六十二见从此生。
> 妄立种种虚假名,哪里懂得真实义？
> 只有无上大智慧,通达无碍无取舍。
> 应知五蕴和合法,以及和合而生我,
> 大千世界种种象,吵吵闹闹世间声,

悉皆如幻似泡影。不起凡圣之偏见,
不执涅槃寂与喧,有无三世永截断。
随顺六根起功用,而心无有功用想。
因物分别一切法,而心无有分别想。
纵使劫火烧海底,灾风吹得山相击,
恒常寂灭之真乐,如如不动涅槃相。
我今勉强说涅槃,使你舍弃断常见。
只要不作言上解,自性涅槃会显现。"

志道听完偈语,恍然大悟,满心欢喜,礼谢而退。

【讲解】

　　志道读《涅槃经》十余年,对"诸行无常,是生灭法。生灭灭已,寂灭为乐"四句不理解。他的疑惑在于:众生的色身与法身,到底是哪个身寂灭?哪个身受乐?惠能批评他这种思维方式:"据汝所说,即色身外别有法身,离生灭求寂灭。"惠能认为,志道的错误在于把色身与法身、生灭与寂灭对立起来,这是典型的"外道断常邪见"。在惠能看来,不是色身外别有法身,而是色身即法身;不能离生灭求寂灭,而是于生灭之中了悟永恒寂灭的实相。

　　关于生灭与寂灭之间的关系,惠能说:"刹那无有生相,刹那无有灭相,更无生灭可灭,是则寂灭现前。"既不执著于生相,也不执著于灭相,从生与灭的对立之中超脱出来,从而进入"无生灭可灭"之境,这就是寂灭实相。

　　《五灯会元》卷六记载一个故事,其主题与本节内容相近。有一位无名僧人,诵《法华经》,当诵到"诸法从本来,常自寂灭相"时,忽生疑问,久思不决,行住坐卧都在用心参究,还是一无所得。一个春天的夜晚,窗外月光皎洁,这位无名僧正在参房用功,忽然听到黄莺的啼叫,心中疑团顿消,恍然大悟。于是,他便接着前两句经文,作偈曰:"诸法从本来,常自寂灭相。春至百花开,黄莺啼柳上。"

本则偈颂的前两句是说,世间万法都是因缘和合而成,都是虚幻不实的,在这生生灭灭、变化万端的现象背后,有一个永恒寂灭的实相。参禅悟道就是要透过这纷纭杂乱的现象,去证悟如如不动的实相。另一方面,对"寂灭相"的证得又不能离开现象界,僧肇说:"若以无相为无相,无相即为相。舍有而之无,譬如逃峰而赴壑。"(《般若无知论》)如果执著于"无相",那么"无相"就成了"有相",仍不能见道。这就是惠能所说的"刹那无有生相,刹那无有灭相"。

"春至百花开,黄莺啼柳上。"如果说一、二两句是斩断人们对"有相"的攀援,那么三、四两句则是破除人们对"无相"的执著,启发参禅者于纷纭迁变的现象界体悟当体即空、如如不动的宇宙实相。春天来到,百花盛开,黄莺啼鸣,但这并不是对"寂灭相"的破坏,而是以动的形式表征着永恒的寂灭相。这就是惠能所说的"更无生灭可灭,是则寂灭现前"。

【原文】

行思禅师[1],生吉州安城刘氏[2],闻曹溪法席盛化,径来参礼。遂问曰:"当何所务,即不落阶级[3]?"师曰:"汝曾作什么来?"曰:"圣谛亦不为[4]。"师曰:"落何阶级?"曰:"圣谛尚不为,何阶级之有?"师深器之,令思首众[5]。一日师谓曰:"汝当分化一方,无令断绝。"思既得法,遂回吉州青原山,弘法绍化,谥弘济禅师。

179

【注释】

〔1〕行思禅师:行思(671—740),吉州安城(今江西吉安)人。俗姓刘,幼年出家,后参礼惠能,深受器重。得法后,行思在青原山静居寺阐扬惠能顿悟禅法,因此被世人称为青原行思。开元二十八年(740)示寂,僖宗敕谥"弘济禅师"。门下弟子以石头希迁最为著名。行思之法系被称为"青原系",与南岳怀让的"南岳系"并称于世。后来,青原系又衍化出云门、曹洞、法眼三宗。禅师,专修禅定的出家人。

〔2〕吉州:隋朝时设置,治所在今江西省吉安市。

〔3〕阶级:修行的阶次,这里指渐修教法。

〔4〕圣谛:圣人所见的真理,又称真谛、第一义。

〔5〕首众:寺院的首座。

【译文】

行思禅师,生于吉州安城一户姓刘的人家,听说曹溪六祖法席极盛,便往参礼。问六祖:"应当怎样修行,才能不落入渐修之法?"六祖说:"你以前是怎样修行的?"行思说:"连佛所说的'圣谛'也不修。"六祖说:"这样就落到什么层级呢?"行思说:"连'圣谛'尚且不修,还有什么层级可落?"六祖对他十分器重,命他作寺众的首座。有一天,六祖对行思说:"你应当单独教化一方了,不要让正法断绝。"行思领受了六祖的顿悟法门,便回到吉州青原山,弘扬禅法,教化一方。

【原文】

怀让禅师[1],金州杜氏子也。初谒嵩山安国师[2],安发之曹溪参扣[3]。让至礼拜,师曰:"甚处来?"曰:"嵩山。"师曰:"什么物恁么来?"曰:"说似一物即不中[4]。"师曰:"还可修证否?"曰:"修证即不无,污染即不得。"师曰："只此不污染，诸佛之所护念[5]。汝既如是，吾亦如是。西天般若多罗谶[6]，汝足下出一马驹[7]，踏杀天下人[8]。应在汝心，不须速说。"让豁然契会，遂执侍左右一十五载，日臻玄奥[9]。后往南岳，大阐禅宗。敕谥大慧禅师。

【注释】

〔1〕怀让：怀让（677—744），金州安康（陕西汉阴）人，俗姓杜。十五岁出家，一度学习律学，后参惠能，成其高足。唐玄宗先天二年（713），怀让在湖南南岳般若寺观音台，宣扬惠能学说，开南岳一系，世称"南岳怀让"。史称怀让有弟子九人，马祖道一继其法脉。怀让于天宝三年（744）示寂，世寿六十八，敬宗追谥"大慧禅师"。有《南岳大慧禅师语录》行世。

〔2〕安国师：即惠安（582—709），荆州支江人，弘忍弟子，弘法于中岳嵩山，时人称为老安国师。

〔3〕参扣：即参叩，拜见之意。

〔4〕不中：不行、不可。

〔5〕护念：保护和忆念。

〔6〕"西天"句：西天，指天竺、印度。般若多罗，禅宗所立"西天二十八祖"中的第二十七祖，又称璎珞童子。得法后，至南天竺香至国，度国王的第三个儿子菩提多罗（即菩提达磨）并付其衣法。后来菩提达磨东渡中国，成为中国禅宗的初祖。谶（chèn），预言。

〔7〕足下：本来是对朋友的尊称，此处是"门下""法嗣"之意。

〔8〕踏杀天下人：纵横驰骋不可阻挡。

〔9〕臻：达到。

【译文】

怀让禅师，金州杜氏之子，起初拜谒嵩山惠安国师，惠安让他去曹溪参拜惠能。到了曹溪，怀让虔诚顶礼，惠能问："你从

181

什么地方来?"怀让答:"从嵩山来。"惠能问:"什么东西这么来?"怀让说:"说像个什么东西都不行。"六祖说:"还需要修行、证悟吗?"怀让说:"需要修行、证悟就不是无,能被污染就不是得。"惠能说:"只有这不受污染之心,才是诸佛所共同护念的。你是这样,我也是这样。天竺般若多罗大师曾预言:'你门下将出一个马驹,纵横驰骋满天下。'此预言你记在心中,不要过早说出来。"怀让豁然契悟,于是在惠能左右服侍十五年,禅法日渐玄奥。后来到南岳衡山,将禅宗发扬光大。怀让去世后,皇上追谥"大慧禅师"。

【讲解】

　　惠能问怀让:"什么物怎么来?"怀让答:"说似一物即不中。""什么物",这里暗指本心、佛性。本心、佛性是不可言说的,不可说又不得不说,怎么办? 怀让答曰"说似一物即不中",这个答案,说而未说,十分巧妙,获得惠能的赏识。

　　唐代诗僧寒山子有首诗说:"吾心似秋月,碧潭清皎洁。无物堪比伦,教我如何说?""吾心",指的是人人本具的清净本心、佛性。本心犹如秋天高挂在天空的那一轮明月,湛然圆满,光辉朗洁,映照在清澈、宁静的潭水之中,上下辉映,通体光明。人的本心是不可言说的,它是靠诗意的直觉体验而渡到光明的彼岸,去创造一个朗如秋月、六尘不染的心境,所以寒山说:"无物堪比伦,教我如何说?"本心不可言说,而又不得不说,禅宗常采取随说随扫的方式来表达,所以寒山子在说过"吾心似秋月,碧潭清皎洁"后,马上又说"无物堪比伦,教我如何说"。这就扫除了前面比喻留下的痕迹,突出禅宗"不立文字"的教派特点。这两句诗与怀让的"说似一物即不中"有异曲同工之妙。

　　本节中,惠能提到一则谶语:"汝足下出一马驹,踏杀天下人。"这当然是后人的虚构,但所说的内容的确是事实。这匹马驹指的是马祖道一。

马祖道一(709—788),汉州(四川广汉)人,俗姓马,名道一,世称马大师、马祖。开元年间,从怀让习曹溪禅法,密受心印。大历年间,居钟陵(今江西南昌附近)开元寺,以"即心是佛""平常心是道"大弘禅风。四方学者云集,化缘大盛。贞元四年(788)二月四日示寂,世寿八十。唐宪宗谥号为"大寂禅师"。马祖弟子众多,据说有一百三十九人,鼎鼎大名者有百丈怀海、南泉普愿、大梅法常等,这些人各为一方宗主。道一禅法经过百丈怀海而分出临济与沩仰二宗,这两宗与青原系的云门、曹洞、法眼合称"五家",这就是达磨所说的"一花开五叶"。宋代以来,临济宗的禅法覆盖汉地几乎全部丛林,这就是惠能所说的"踏杀天下人"。

【原文】

永嘉玄觉禅师[1],温州戴氏子[2]。少习经论,精天台止观法门[3],因看《维摩经》发明心地。偶师弟子玄策相访[4],与其剧谈[5],出言暗合诸祖。策云:"仁者得法师谁?"曰:"我听方等经论[6],各有师承。后于《维摩经》悟佛心宗[7],未有证明者。"策云:"威音王已前即得[8],威音王已后无师自悟,尽是天然外道。"曰:"愿仁者为我证据。"策云:"我言轻。曹溪有六祖大师,四方云集,并是受法者,若去则与偕行。"

觉遂同策来参,绕师三匝,振锡而立[9]。师曰:"夫沙门者[10],具三千威仪[11]、八万细行[12]。大德自何方而来,生大我慢?"觉曰:"生死事大,无常迅速。"师曰：“何不体取无生[13]，了无速乎？”曰：“体即无生，了本无速。”师曰：“如是，如是。”

玄觉方具威仪礼拜，须臾告辞。师曰："返太速乎？"曰："本自非动，岂有速耶？"师曰："谁知非动？"曰："仁者自生分别。"师曰："汝甚得无生之意。"曰："无生岂有意耶？"师曰："无意，谁当分别？"曰："分别亦非意。"师曰："善哉！少留一宿。"时谓一宿觉，后著《证道歌》，盛行于世，谥曰无相大师，时称为真觉焉。

【注释】

〔1〕玄觉：玄觉（665—713），温州永嘉人。俗姓戴，字明道，号永嘉玄觉。八岁出家，遍探三藏，精天台止观法门，与天台宗五祖左溪玄朗友谊深厚。因读《维摩经》发明心地，与玄策一起拜谒惠能。惠能对他大为赏识，并留住一宿，时人称之"一宿觉"。其后名气大增，求学之人云集，号"真觉大师"。先天二年（713）去世，敕谥"无相"。有《证道歌》一首、《永嘉集》十卷、《禅宗悟修圆旨》一卷等著作。其中，《证道歌》以诗歌形式阐述禅学思想，对后世影响极大。

〔2〕温州：唐朝时设置，治所在今浙江永嘉县。

〔3〕天台：即天台宗，成立于隋朝，因创始人智者大师驻锡天台山，故而得名。止观：即止与观，止是止息一切妄念，观是观察一切真理。止属于定，观属于慧，止观就是定慧双修的意思。

〔4〕玄策：惠能的得法弟子，婺州（今属浙江金华）人。

〔5〕剧谈：畅谈。

〔6〕方等经论：指大乘佛教的经典。方等即方广，又作大方广、大方等，一方面指大乘经论数量广大，另一方面指内容均等利益众生。

〔7〕佛心宗：禅宗之别称，语出《楞伽经》"佛语心为宗"。禅宗以不立文字、直传佛之心印为宗旨，因此又称佛心宗。

〔8〕威音王已前：威音王，过去庄严劫最初之佛，以前没有佛，因此

佛教经常用"威音王已前"来表示很久以前。后来的禅宗常用"威音王已前"或"威音王佛出世已前",来指引学人认识自己的本来面目,意思等同于"父母未生以前""天地未开以前""空劫以前"等语。

〔9〕振锡:锡,僧侣用以护身的锡杖,也称智杖。振锡,举起锡杖。

〔10〕沙门:又译作桑门,为出家修道者的通称。

〔11〕三千威仪:威仪,僧人行住坐卧应有的威德与仪则;三千,形容数目多。

〔12〕八万细行:八万表示数目多,八万细行是指大乘菩萨戒之外的微细行仪。

〔13〕体取:领悟。

【译文】

　　永嘉玄觉禅师,温州戴氏之子,幼年就开始研习佛教经论,尤其精通天台宗的止观法门,后因为阅读《维摩诘经》而得以发明心地。有一天,惠能门下弟子玄策禅师来访,与玄觉畅谈,发现他的观点与诸位祖师意旨暗合,就问他:"您的授法老师是哪一位?"玄觉说:"我听闻过很多大乘佛教经论,每部都各有师承。后来阅读《维摩诘经》而领悟明心见性之旨,但还没有得到高僧的验证。"玄策说:"威音王佛未出世以前,无师自悟是可以的,但威音王佛出世以后,无师自悟当然就是外道了。"玄觉说:"恳请您为我验证。"玄策说:"我人微言轻。六祖惠能大师正在曹溪讲法,四方听众如云,你如果愿意去,我们可以一同前往。"

　　于是玄觉就和玄策一起来参谒惠能。玄觉绕惠能转了三圈,然后举起锡杖,站立一边。惠能说:"出家之人,行住坐卧应当具备三千威仪和八万细行。您从什么地方来,怎么这样狂妄自大呢?"玄觉说:"生死之事重大,生灭迁流迅速。"六祖说:"为什么不领悟无生无死之理,了达本无生灭的道理呢?"玄觉说:"体认自性则无生无死,了达本心则无生无灭。"惠能说:"说得对！说得对！"

玄觉这时候才具备威仪，顶礼拜谢，随即向惠能告辞。惠能说："回去得不是太快了么？"玄觉说："本来就不是动，哪有什么迅速可言？"惠能说："是谁知道本来就不是动？"玄觉说："那是您自己生起了分别之心。"惠能说："你已经深悟无生之意了。"玄觉说："无生怎么能有意呢？"惠能说："没有意又有谁来认识呢？"玄觉说："认识就不是意。"惠能说："很好！就在这里住一晚罢。"玄觉从此获得"一宿觉"雅号，所著《证道歌》在后世极为盛行。去世后，皇上追谥"无相大师"，时人尊称为"真觉大师"。

【讲解】

机锋，又称禅机，指禅僧与他人对话时，以寓意深刻、无迹可求，乃至非逻辑的语言来表达自己的境界或考验对方。机，指契合真理之关键；锋，指活用禅机的敏锐状态。在禅林，形容某人机锋尖利敏锐，往往称之为"机锋峭峻"。禅僧之间的机锋往来，讲究"意不在言，来机亦赴"（洞山良价《宝镜三昧歌》）。"意不在言"，指不著言相，虽句句明理却无理路可寻；"来机亦赴"，指答在问处，问在答处，层层向真理推进。

本节讲惠能与永嘉玄觉的机锋往来，分为两个场景：第一个是初见，第二个是辞别。

玄觉初见惠能，没有顶礼，而是绕惠能转了三圈，然后振锡而立，惠能指责他"生大我慢"。永嘉话锋一转，答曰"生死事大，无常迅速"，借佛教的"无常"之理回答不顶礼的原因：没有时间。既回答了惠能的问题，又不落言相，机锋确实峭峻！惠能顺势说："何不体取无生，了无速乎？"永嘉接机："体即无生，了本无速。"惠能赞叹说："如是，如是。"两人机锋相对，反反复复，层层推进。

第二个场景是辞别。第一次交锋结束,玄觉顶礼拜谢,然后起身告辞。惠能问:"返太速乎?"看似平常的客气话,内里包藏着机锋。玄觉答:"本自非动,岂有速耶?"反问一句,把球踢还惠能。惠能顺势再反:"谁知非动?"又把球踢给玄觉。玄觉答:"仁者自生分别。"惠能说:"汝甚得无生之意。"这句赞扬的话看似要结束这次交锋,其实内中仍有玄机。玄觉当然明白,又接机,反问:"无生岂有意耶?"惠能再反:"无意,谁当分别?"玄觉答:"分别亦非意。"惠能说:"善哉!"至此,第二次交锋结束。

惠能与玄觉这师徒二人之间的两次机锋往来,答在问处问在答处,像成语接龙一样,层层向前推进,看似有理路可寻,而实无理路可觅,真可谓"意不在言,来机亦赴"的典范。

【原文】

禅者智隍[1],初参五祖,自谓已得正受[2],庵居长坐[3],积二十年。师弟子玄策,游方至河朔[4],闻隍之名,造庵问云[5]:"汝在此作什么?"隍曰:"入定。"策云:"汝云入定,为有心入耶?无心入耶?若无心入者,一切无情草木瓦石应合得定。若有心入者,一切有情含识之流亦应得定。"隍曰:"我正入定时,不见有有无之心。"策云:"不见有有无之心,即是常定,何有出入?若有出入,即非大定[6]。"隍无对。

良久,问曰:"师嗣谁耶?"策云:"我师曹溪六祖。"隍云:"六祖以何为禅定?"策云:"我师所说,妙湛圆寂,体用如如。五阴本空,六尘非有,不出不入,不定不乱。禅性无住,离住禅寂;禅性无生,离生禅想。心如虚空,亦无虚空之量。"隍闻是说,径来谒师。

187

师问云:"仁者何来?"隍具述前缘。师云:"诚如所言。汝但心如虚空,不著空见,应用无碍,动静无心。凡圣情忘,能所俱泯[7],性相如如[8],无不定时也。"隍于是大悟,二十年所得心,都无影响[9]。其夜河北士庶,闻空中有声云:"隍禅师今日得道。"隍后礼辞,复归河北,开化四众[10]。

【注释】

〔1〕智隍:姓氏不详。曾在黄河以北参禅,后经惠能点化悟道。
〔2〕正受:禅定的异名,指离邪乱、无念无想的状态。
〔3〕庵:出家人修行所住的茅屋。
〔4〕游方:云游四方。河朔:泛指黄河以北地区。
〔5〕造庵:到智隍草庵拜访。
〔6〕大定:能断一切妄惑之禅定。
〔7〕能所:"能"与"所"的并称。行为、动作之主体,称为能,客体(对象)称为所。如,能见物之"眼",称为能见;为眼所见之"物",称为所见。能与所,相即不离,为体用、因果之关系,故称能所一体。
〔8〕性相:指体性与相状。性是永恒不变的本性,相是差别变化的现象。
〔9〕无影响:无影无踪。
〔10〕四众:这里指僧俗四众。出家男女信众即比丘、比丘尼,在家男女信众即优婆塞、优婆夷,合称为四众。

【译文】

智隍禅师,起初参礼五祖弘忍,自称已经得到禅定工夫了。于是移居庵堂,打坐修习,长达二十年之久。惠能弟子玄策,在黄河以北地区云游,听到智隍禅师的名声,就到他所居住的庵堂造访。玄策说:"你在这里做什么?"智隍说:"修习入定。"玄策说：“你所说的入定，是有心入呢？还是无心入呢？如果说是无心入，那么一切没有情识的草木瓦石就应该能定；如果说是有心入，那么一切有情识的众生也应该能定。”智隍说：“我正在入定之时，根本没有'有无之心'。”玄策说：“没有'有无之心'，就是常在定中了，如果真是这样的话，哪里还有什么'出''入'可说呢？如果有'出''入'可说，就不是大定。”智隍无言以对。

过了好久，智隍问：“您的授法师父是谁？”玄策说：“曹溪六祖。”智隍又问：“六祖大师以什么为禅定呢？”玄策说：“业师所说的禅定是，法身湛然常寂，性相体用一如。五蕴和合其性本来虚空，六尘缘起其相本非实有。自性不出不入，本心不乱不定。禅的本性在于'无住'，因此不能执著于'禅寂'；禅的本性在于'无生'，因此不要生'禅想'。人心本如虚空，虚空无可度量。”智隍听了这番话，立即动身去拜谒惠能。

惠能问：“你从什么地方来？”智隍就把遇到玄策的事完整地叙述了一遍。惠能说：“诚然如玄策所说。只要你心如虚空又不执著于空见，随缘应物，无障无碍，动静无心，凡圣皆忘，能所俱泯，性相一如，你就无时而不处于定中了。”智隍于是大悟，二十多年静坐修习之所得，一时全无踪影。当天夜里，黄河以北的民众，都听到空中传来这样的声音："智隍禅师今天得道了！"后来，智隍辞别惠能，又回到河北，教化那里的僧俗四众。

【讲解】

本节重点讲禅的无分别性。

智隍庵居长坐二十余年，自认为已经进入真正的禅定状态。玄策问："汝在此做什么？"智隍答："入定。"有"入"必有"出"，有"出"有"入"，即是分别，有分别就不是真正的禅定。因此，智隍的这一回答暴露了其分别之心，说明他并没有真正理解禅定的内涵。

玄策引用惠能的话向智隍解释什么是真正的禅定:"不出不入,不定不乱。禅性无住,离住禅寂;禅性无生,离生禅想。"所谓禅定,并不是长坐不卧,一动不动,而是一种"不出不入,不定不乱"的无分别的心理状态。禅的本性是"无住""无生"。无住,就不能执著于"禅寂";"无生",就不要生"禅想"。智隍的错误正在于执著"禅寂",心中总是想着"禅"。心中总是装着"禅","禅"就成了"缠",就成为束缚人心的枷锁。

智隍拜见惠能,惠能又对他进行一番开导:"汝但心如虚空,不著空见,应用无碍,动静无心。凡圣情忘,能所俱泯,性相如如,无不定时也。"心如虚空又不执著于空见,随缘应物,无障无碍,动静无心,凡圣皆忘,能所俱泯,性相一如,这其实就是"无分别",就是"无住"。如果能在生活之中做到心无分别,随缘应物,无障无碍,则无时而不处于定中。"禅性无住"是本节一个十分重要的命题。

【原文】

一僧问师云:"黄梅意旨[1],甚么人得?"师云:"会佛法人得。"僧云:"和尚还得否?"师云:"我不会佛法[2]。"

师一日欲濯所授之衣[3],而无美泉,因至寺后五里许,见山林郁茂,瑞气盘旋。师振锡卓地[4],泉应手而出,积以为池,乃跪膝浣衣石上。

忽有一僧来礼拜,云:"方辩是西蜀人[5]。昨于南天竺国,见达磨大师,嘱方辩:'速往唐土。吾传大迦叶正法眼藏及僧伽梨[6],见传六代于韶州曹溪,汝去瞻礼。'方辩远来,愿见我师传来衣钵。"师乃出示。次问:"上人攻何事业?"曰:"善塑。"师正色曰:"汝试塑看。"辩罔措。过数日,塑就真相,可高七寸,曲尽其妙。师笑曰:"汝只解塑性,不解佛性。"师舒手摩方辩顶曰:"永为人天福田[7]。"师仍以衣酬之。辩取衣分为三:一披塑像,一自留,一用棕裹瘗地中[8]。誓曰:"后得此衣,乃吾出世,住持于此,重建殿宇。"

【注释】

〔1〕黄梅意旨:指五祖弘忍的教法。

〔2〕我不会佛法:这句话暗示,佛法就在每个人的本心之中,佛法的获得只能靠自性自悟,而不能从外面获得。

〔3〕濯:洗涤。

〔4〕卓地:插立于地。

〔5〕方辩:唐西蜀僧人,生卒年不详。

〔6〕大迦叶:佛弟子摩诃迦叶。正法眼藏:佛的心眼能彻见正法,故名正法眼,又因其深广而能含藏万德,故名藏。后来,禅宗用"正法眼藏"称其教外别传的心印。僧伽梨:僧人穿的三种衣服之一,由于用九条或十五条布缝制而成,因此又称为"九条"或"九品大衣"。

〔7〕人天:六道中的人界和天界。福田:人行善修慧,犹如农夫下种于田,能获得慧之报,故名福田。

〔8〕瘗(yì):埋藏。

【译文】

有一僧人问惠能:"黄梅五祖的佛法意旨,到底是什么人得到了?"惠能说:"会佛法的人得到了。"僧又问:"您得到了吗?"惠能说:"我不会佛法。"

有一天，惠能想洗一下五祖弘忍所传授的法衣，但找不到洁净的泉水。于是来到寺庙后面五里多的地方，这里山林茂盛，瑞气盘旋。惠能举起锡杖向地下一戳，泉水立即汩汩涌出，渐渐积聚成一泓水池。惠能跪石上，浣洗袈裟。

忽然，有一僧人前来礼拜，说："我叫方辩，是西蜀人。昨晚做了一个梦，梦见我在南天竺国见到达磨大师，他对我说：'你速往东土大唐，我传的摩诃迦叶的正法眼藏及袈裟，现在已经传到第六代，目前在韶州曹溪惠能手中，你赶快去瞻仰礼拜。'我现在远道而来，希望能看到达磨大师所传衣钵。"惠能取出袈裟，让其瞻礼，然后问道："您有什么技能？"方辩说："善于塑像。"惠能突然严肃地说："你塑一个给我看看。"方辩一时手足无措。过了几天，方辩为惠能塑成一尊泥像，大约有七寸高，惟妙惟肖。惠能笑着说："你只了解塑像之性，却不了解佛性。"说着，伸手抚摩方辩的头顶，又说："天界、人界，永种福田。"作为酬劳，惠能把达磨所传袈裟送给了方辩。方辩把袈裟分成三份：一份披在所塑的六祖像上，一份自己留着，另一份用棕叶包裹深埋在地下。又发誓说："以后得到这件法衣的人，就是我的转世，我将在这里重建寺院，弘扬佛法。"

【讲解】

方辩为惠能塑的一尊泥像，尽管惟妙惟肖，惠能却说："汝只解塑性，不解佛性。"这是为什么？来看下面的几个禅林故事，答案就在其中。

一些禅林名宿爱利用画像、塑像的因缘，来启发弟子参悟机缘。肖像、塑像，称为"真"或"真影"。《五灯会元》卷十三载，洞山良价问其师傅云岩昙晟："和尚百年后，忽有人问还邈得师真否？如何只对？"云岩禅师停了好长一会，说："但向伊道，只这个是。"邈,描绘、摹写之意。良价所问的"师真",是指老师的肖像,云岩禅师却把它引申为佛性。佛性是不可言说的,因此云岩用"这个"来指代。

行伟禅师自题画像云:"吾真难邈,斑斑驳驳。拟欲安排,下笔便错。"(《续传灯录》卷十五)这首偈颂说的是自性超言绝像、下笔便错的道理。"真",在禅师这里成了本心、自性的代名词。

宝积禅师临入寂的时候,问:"有人邈得吾真否?"于是弟子们纷纷为他写真,皆不契其意。这时普化禅师走过来,说:"某甲邈得。"宝积禅师说:"何不呈似老僧?"普化禅师却打一个筋斗出去了。宝积禅师予以印可。宝积禅师让弟子为其写真,用意何在?他说:"三界无法,何处求心?四大本空,佛依何住?璿玑不动,寂尔无言。觌面相呈,更无余事。"(《五灯会元》卷三)他是启发弟子们觉悟自性本空的道理。

看了以上几个禅林故事,就会明白,惠能评价方辩"汝只解塑性,不解佛性",其实是说:佛性超言绝像,下笔便错。

【原文】

有僧举卧轮禅师偈曰[1]:

卧轮有伎俩[2],能断百思想。
对境心不起,菩提日日长。

师闻之曰:"此偈未明心地。若依而行之,是加系缚。"因示一偈曰:

惠能没伎俩,不断百思想。
对境心数起,菩提作么长[3]。

【注释】

〔1〕举:举示、举出之意。卧轮禅师:事迹不详。
〔2〕伎俩:本领、手段。
〔3〕作么:口语,怎么之意。

【译文】

有一名僧人,举示卧轮禅师的一则偈颂:

卧轮有伎俩,能断百思想。
对境心不起,菩提日日长。

惠能听了,对这位僧人说:"这则偈颂未能明心见性。如果依此修行的话,反会自我束缚。"于是也作一偈:

惠能没伎俩,不断百思想。
对境心数起,菩提作么长。

【讲解】

卧轮偈颂强调自己的修行已经达到了"能断百思想""对境心不起"的境界。惠能判断他"未明心地",认为如果依此修行,会更加"系缚"。惠能之所以这么说,是因为卧轮虽然破除了对"有"的执著,但又堕入断灭一边。针对这一病症,惠能从反面驳之,讲自己"不断百思想""对境心数起",以此对治卧轮对"无"的执著,从而引人体悟本来"不二"的自性。

顿渐第八

【题解】

　　惠能与神秀禅法上的差异,一个重"顿悟",一个重"渐修"。其实,"渐修"与"顿悟",都是引人证道的方便法门,并无高下之分,惠能与神秀这两位大师也未因此互相看不起。但双方门下弟子,为了争取本宗的正统地位,而有意夸大"南能"与"北秀"之间禅法上的差异,以"顿悟"代表惠能禅,以"渐修"代表神秀禅,这样"南能"与"北秀"之间就有了"顿渐之别"。本品记述"南顿北渐"的分途弘化,以及二者之间的争论情况,因此以"顿渐"作为品题。由于《坛经》为南宗门人所编,本品把南北顿渐之争的责任归咎于北宗,同时借机宣扬南宗顿悟思想。

【原文】

　　时祖师居曹溪宝林,神秀大师在荆南玉泉寺[1],于时两宗盛化,人皆称南能北秀,故有南北二宗顿渐之分,而学者莫知宗趣[2]。

　　师谓众曰:"法本一宗,人有南北。法即一种,见有迟疾。何名顿渐?法无顿渐,人有利钝,故名顿渐。"

　　然秀之徒众,往往讥南宗祖师:"不识一字,有何所长?"秀曰:"他得无师之智[3],深悟上乘[4],吾不如也。且吾师五祖亲传衣法,岂徒然哉?吾恨不能远去亲近,虚受国恩[5]。汝等诸人,毋滞于此,可往曹溪参决。"

　　一日,命门人志诚曰:"汝聪明多智,可为吾到曹溪听法。若有所闻,尽心记取,还为吾说。"

【注释】

〔1〕荆南:今湖北省当阳县。玉泉寺:位于湖北当阳县玉泉山东南山麓,始建于东汉建安年间(196—220),与浙江天台山国清寺、江苏灵岩寺、栖霞寺合称"天下四大古寺"。

〔2〕宗趣:宗旨与趣向。

〔3〕无师之智:无师而独自觉悟的佛智。

〔4〕上乘:大乘之异名。

〔5〕国恩:这里指神秀深受唐中宗和武则天的器重,曾入内道场讲佛法。

【译文】

当时,惠能居住曹溪宝林寺,神秀居住荆南玉泉寺,两宗都很兴盛,世人皆称"南能北秀",于是就有了南北二宗之分以及禅法上的顿渐之别,而一般学者搞不清二者之间的宗趣。

惠能告诫信众说:"佛法本来只有一宗,只是学人有南北之分;佛法本来只有一种,只是学人的理解有快慢之别。什么是顿法?什么是渐法?佛法本无顿渐之分,只是因为人的根性有利有钝,所以才有了顿渐的名称。"

然而,神秀的门徒常常讥笑惠能:"连个字都不认识,能有什么本事?"神秀听了这话,劝告门徒说:"惠能已经得到无师自悟的大智慧,已经证悟佛法的最高境界,我远不如他。况且,我师父五祖弘忍大师亲自传授衣法给他,这还能是假的吗?遗憾的是,我不能远道亲往向他请教,只能在这里枉受朝廷恩宠。你们不要总是待在这里,可以前往曹溪参访受教。"

有一天,神秀命令门徒志诚说:"你聪明多智,可以代我到曹溪听法。如果听到高妙的见解，要尽力记录下来，回来讲给我听。"

【讲解】

　　五祖弘忍以后，其弟子神秀弘法于北方，惠能弘法于南方，故有"南能北秀"之称。所谓"南北"，起初只是地域上的差异，并不表示禅法上的区别。从禅法倾向上来说，南宗倾向于顿悟，北宗倾向于渐修。这种分歧在禅宗后期较为突出，而在前期并不是太明显。神秀、惠能时代，南北两宗都有顿悟、渐修的思想。渐修是达到顿悟的手段，而顿悟以后，也需要渐修来巩固顿悟的成果。因此，两派之间的差异，并不像后人所描绘的那样势如水火，这在本节中能得到充分证明。

　　惠能说："法本一宗，人有南北。法即一种，见有迟疾。何名顿渐？法无顿渐，人有利钝，故名顿渐。"法只有一种，根本没有南北、顿渐之分。只是因为人的根性有利有钝，领悟力有快有慢，于是祖师根据这些人的差异而设立不同的教法，这才有了顿渐之分。总之，惠能认为顿渐之别在人不在法。同样，神秀对惠能的南宗也是很友善的。他赞扬惠能得"无师之智"，深悟最上乘佛法，还让自己的弟子前往曹溪参决。南北二宗的对立是从他们的弟子开始的。

【原文】

　　志诚禀命至曹溪，随众参请，不言来处。时祖师告众曰："今有盗法之人，潜在此会。"志诚即出礼拜，具陈其事。师曰："汝从玉泉来，应是细作[1]。"对曰："不是。"师曰："何得不是？"对曰："未说即是，说了不是。"

197

师曰:"汝师若为示众[2]?"对曰:"常指诲大众,住心观净[3],长坐不卧。"师曰:"住心观净,是病非禅。长坐拘身,于理何益?听吾偈曰:

　　生来坐不卧,死去卧不坐。
　　一具臭骨头,何为立功课?"

【注释】

　　〔1〕细作:奸细、间谍。
　　〔2〕示众:又作垂语、垂示,指禅师为信众开示宗要。
　　〔3〕住心观净:凝聚心神,观想清净的世界。

【译文】

　　志诚奉神秀之命来到曹溪,跟随大众参礼请教,却不说明自己的来处。突然,六祖告诉大众说:"有一名盗法之人,正潜伏在这场法会之中。"志诚慌忙从大众中出来,向六祖顶礼,和盘托出自己前来求法的因由。惠能说:"你从玉泉寺来,应该算是间谍了。"志诚回答:"不是。"惠能说:"怎么说不是呢?"志诚说:"未说明来意之前算是,说明以后就不是了。"惠能说:"你师父怎样开示大众呢?"志诚说:"师父常指示大众:心住一处,观想清净;勤习打坐,不要懒卧。"惠能说:"心住一处,观想清净,这是禅病而不是禅;久坐不卧,徒然拘束自身,这对证悟禅理又有什么好处呢?听我说偈:

　　活着常坐不卧,死去长卧不坐。
　　原本臭骨一具,为何要立功课?"

【讲解】

在《坐禅第五》中,惠能对"著心著净"禅法进行了集中批判,并提出自己的禅法特点:"此门坐禅,元不著心,亦不著净,亦不是不动。"接着,又对坐禅、禅定进行了全新的解释。他所谓坐禅,是指心念不起、自性不动;所谓禅定,是指外离相、内不乱。

在本节中,惠能对"住心观净"禅法再次提出批评。他说:"住心观净,是病非禅。长坐拘身,于理何益?"当凝心静坐、观想清净的世界时,"清净的世界"就被对象化,从而成为束缚人心的绳索,因此说"是病非禅"。

惠能南宗禅认为,禅就在日常生活之中,只要能在行住坐卧之中保持心念的畅通,则生活之中无处不是禅,因此他们强烈反对坐禅。禅林"磨砖作镜"公案就说明这一问题。马祖道一到南岳衡山拜访怀让禅师。为考验其诚心,怀让有意不与他见面,马祖便整日在寺院坐禅等候。一日,怀让坐在马祖身边,拿出一块砖,使劲打磨。道一问:"作什么?"怀让答"磨砖作镜"。道一惊奇地问:"磨砖岂得成镜?"于是,怀让便趁势开示:"磨砖尚不成镜,坐禅岂得成佛也?"道一言下顿悟。

【原文】

志诚再拜曰:"弟子在秀大师处学道九年,不得契悟[1]。今闻和尚一说,便契本心。弟子生死事大,和尚大慈,更为教示。"师云:"吾闻汝师教示学人戒定慧法,未审汝师说戒定慧行相如何[2]?与吾说看。"诚曰:"秀大师说:'诸恶莫作名为戒,诸善奉行名为慧,自净其意名为定。'彼说如此。未审和尚以何法诲人?"师曰:"吾若言有法与人，即为诳汝。但且随方解缚[3]，假名三昧。如汝师所说戒定慧，实不可思议。吾所见戒定慧又别。"志诚曰："戒定慧只合一种，如何更别？"师曰："汝师戒定慧接大乘人，吾戒定慧接最上乘人。悟解不同，见有迟疾。汝听吾说，与彼同否？吾所说，法不离自性，离体说法[4]，名为相说[5]，自性常迷。须知一切万法，皆从自性起用，是真戒定慧法。听吾偈曰：

　　心地无非自性戒[6]，
　　心地无痴自性慧，
　　心地无乱自性定。
　　不增不减自金刚[7]，
　　身去身来本三昧[8]。"

诚闻偈悔谢，乃呈一偈曰：

　　五蕴幻身，幻何究竟[9]？
　　回趣真如，法还不净[10]。

师然之。

【注释】

〔1〕契悟：领悟。

〔2〕行相：指人接触外境时，在心里所显现的外境的影像。这里，"行相"是内容、样子之意。

〔3〕随方解缚：根据众生的不同情况，采取相应的方法手段，来消除他们的迷惑。

〔4〕体：这里指自性。

〔5〕相说:指执著于外在现象之谈。

〔6〕心地:佛教认为,心生万法,犹如地生草木,故称"心地"。自性戒:禅宗认为戒不离自性,故称"自性戒",下面的"自性定""自性慧"也是这个意思。"心地无非自性戒"是说,心中无是非即是自性戒。

〔7〕"不增"句:金刚,即金刚石,其性坚固、不易损坏,这里比喻自性的坚固。自性具足一切,益之不增,损之不减。

〔8〕"身去"句:身体的行住坐卧是自性的外在表现,而自性本身是如如不动的。

〔9〕五蕴幻身:人身由色、受、想、行、识五蕴和合而成,是一种暂时的、虚幻的存在,因此称为幻身。究竟:至高无上的境界,这里是真实之意。

〔10〕"回趣"二句:回趣,即回心而趣向。这两句话意思是说,讲戒定慧法一定不能离开真如自性,如果离开真如自性而谈戒定慧,就是不净说法,即歪门邪说。

【译文】

　　志诚再拜,说:"弟子在神秀大师那里,学习佛道已经九年,未能领悟佛法大意,现在您的这一番话直接契合了我的本心。超脱生死轮回之事最为重大,恳请您大慈大悲,再给弟子以教诲。"惠能问:"我听说你师父教示学人戒定慧之法,不知他是怎样讲戒定慧的? 你说给我听听。"志诚说:"神秀大师说:'一切恶事不做叫作戒,一切善事必做叫作慧,自我清除邪念叫作定。'他就是这样说的。不知道您是怎样教诲学人的?"惠能说:"我如果说有法教人,那就是欺骗你! 我只是依据学人的不同情况,而采取相应的手段来解除他们的束缚,所谓'三昧'只是假托之名而已。你师父所说的戒定慧,实在不可心思口议,但我所说的戒定慧与他截然不同。"志诚说:"戒定慧应该只有一种,怎么还会有别的呢?"惠能说:"你师父所讲的戒定慧是接引大

201

乘人的,我所讲的戒定慧是接引最上乘人的。学人的领悟能力不同,开悟也有快有慢。你听我所说与他所说的相同吗？我所说的法,不离自性。如果离开自性而说法,就叫著相说法,这样就迷失自性了。要知道,一切万法都是从自性生起相用,这才是真正的戒定慧法。听我说偈：

　　心无是非自性戒,
　　心无痴迷自性慧,
　　心无惑乱自性定。
　　自性不增也不减,
　　身去身来本非动。"

　　志诚听完偈,忙向六祖悔罪谢恩,呈上一偈：

　　五蕴和合成幻身,幻身怎会是究竟？
　　回归自性真如体,倘如著法还不净。

　　六祖点头称是。

【讲解】

　　本节中,惠能提到"随方解缚"的教学法。随方解缚,即根据受教者的根机以及迷惑的原因,而对症下药,采取相应的方式来帮助他们解开心灵的枷锁。惠能在《般若第二》中说："欲拟化他人,自须有方便。"所谓方便,即是解缚之"方",即是破除执著的方法与手段。如惠能对神会的开示。神会问惠能："和尚坐禅,还见不见？"惠能用柱杖打神会三下,问："吾打汝,痛不痛？"神会说："亦痛亦不痛。"惠能说："吾亦见亦不见。""见"与"不见",如人饮水,冷暖自知,而神会不知此理,因而发问。惠能反问"痛不痛",其实是告诉他痛与不痛只有你自己知道,这是启发他回归自心。这就是"随方解缚"。

【原文】

复语诚曰:"汝师戒定慧劝小根智人,吾戒定慧劝大根智人。若悟自性,亦不立菩提涅槃,亦不立解脱知见,无一法可得,方能建立万法。若解此意,亦名佛身,亦名菩提涅槃,亦名解脱知见[1]。见性之人,立亦得,不立亦得,去来自由,无滞无碍,应用随作[2],应语随答,普见化身,不离自性,即得自在神通、游戏三昧[3]。是名见性。"

志诚再启师曰:"如何是不立义?"师曰:"自性无非无痴无乱,念念般若观照,常离法相,自由自在,纵横尽得,有何可立?自性自悟,顿悟顿修,亦无渐次,所以不立一切法。诸法寂灭,有何次第?"志诚礼拜,愿为执侍,朝夕不懈。

【注释】

〔1〕解脱知见:解脱智慧。

〔2〕应用随作:与"应用无边""应化无方"同义,指佛为救度众生,根据不同对象、不同时间与地点,随机应变,应现自己的化身。

〔3〕自在神通:变化莫测而又无障无碍的神力。游戏三昧:像无心之游戏那样,心无牵挂,自由自在,无拘无束。

【译文】

惠能又对志诚说:"你师父所讲的戒定慧是劝小根智人的方法,我所讲的戒定慧是劝大根智人的方法。如果能够了见自性,也就没有必要建立'菩提''涅槃'之法,也没有必要建立'解脱知见'了。没有一法可立,才是真正的建立万法。如果能够理解此意,你身就是佛身,就是'菩提''涅槃',就是'解脱知见'。对于已经明心见性之人来说,立这些名称也可,不立也可,他们照样超脱生死,自由自在,无滞无碍;当行之时随机行动,当说之时随缘应答,无时无处不显现自己的化身。一切行动、一切思想和语言,如果不离自性,那就是'自在神通''游戏三昧'了。这就叫作见性。"

志诚又问惠能:"'不立'是什么意思?"惠能说:"自性没有是非,没有愚痴,没有邪乱,每时每刻以般若智慧观照自性,不执著于万法之形相,虽纵横于三际十方,而能悠然自得,自由自在,这还有什么法可以建立呢?自性皆由自悟,顿悟顿修,根本不需要阶梯渐次,因此也没有必要建立一切万法。一切万法本来寂灭,哪有什么高低上下?"志诚顶礼拜谢,发愿朝夕服侍惠能,永不懈怠。

【讲解】

本节重点分析"游戏三昧"。

"游戏三昧",简称"游戏"或"戏",指禅者在证悟自性之后,心无挂碍,洒洒落落而不失正定的解脱境界。"自在"是"游戏三昧"的核心内涵。《大智度论》卷七说:"戏名自在,如师子在鹿中自在无畏,故名为戏。"游戏又名自在,就像狮子在鹿群中游走那样自由自在。

惠能解释"游戏三昧"说:"去来自由,无滞无碍,应用随作,应语随答,普见化身,不离自性,即得自在神通、游戏三昧。是名见性。""游戏三昧"是"见性之人"禅悟后的自由境界,是一种心无牵挂、无拘无束的心理状态。"游戏三昧"是"见性"的表现,因此惠能说"游戏三昧，是名见性"。南泉普愿所谓"顿然忘筌，得游戏三昧"，慧洪所谓"天纵神悟，善入游戏三昧"，说的也是这个意思。

"游戏三昧"表现为如游戏般挥洒自如、自由无碍的禅法特点。得"游戏三昧"的禅师，往往不拘小节，任情挥洒，甚至呵佛骂祖，慢戒慢教。如《无门关》说，参破祖师关，得大自在后，就可以"逢佛杀佛，逢祖杀祖"，"向六道四生中，游戏三昧"。他们以最激烈的手段破除偶像崇拜，在寻求解脱的道路上，以"游戏"取代了以往青灯古佛边的枯守。它否定人的外在性、从属性，肯定人的内在性、主体性，从而高扬人的个性，启发人对自然、自由的向往与追求。在修行方式上，南宗禅从"游戏三昧"出发，彻底否定坐禅、读经、持戒等传统修行方式，主张在日常生活之中"不修而修"，从而使禅在日常生活的自然运作之中表现得更加活泼而自然，质朴而空灵。因此日本著名禅学家铃木大拙说："游戏三昧"是"一种活跃的精神，亦即毫无痕迹的绝对肯定的精神"。

"游戏三昧"表现为在日常生活的一切活动中，保持高度入神而又极为单纯的精神状态，它只把活动看作活动本身，而不含有别的目的，这就是惠能所说的"于一切时中，行住坐卧，常行直心"。"游戏三昧"，是不断烦恼而入极乐，不离万法而入涅槃，它不是隐遁深山老林，也不是枯守青灯黄卷，而是在现实生活之中"于一切境上不染"，"于一切法上无住"。

"游戏三昧"在惠能以后的诗僧身上表现得更为明显。如中唐著名诗僧皎然的诗句："不如独悟时，大笑放清狂。""乐禅心似荡，吾道不相妨。独悟歌还笑，谁言老更狂。""正论禅寂忽狂歌，莫是尘心颠倒多。白足行花曾不染，黄囊贮酒欲如何？"这种清狂、放荡的精神状态，即是"游戏三昧"。

道潜，北宋云门宗禅僧，苏东坡的好朋友。据《冷斋夜话》卷六记载，苏东坡做徐州太守时，道潜往访，东坡给他开玩笑，找一歌妓奉陪，并让歌妓向他索诗，他随口吟道："多谢尊前窈窕娘，好将幽梦恼襄王。禅心已作沾泥絮，不逐东风上下狂。"最后两句的意思是，我心已入禅定，再不会为俗界的情尘欲垢所动摇，犹如沾泥的柳絮再也不会随着春风而上下狂舞。道潜虽出入酒肆歌场，随缘应物，任心独运，而禅心却如沾泥之絮，毫不动摇。这就是惠能所说的"不染万境而常自在"，这就是"游戏三昧"。"禅心已作沾泥絮"一句，成为后世谈禅者所钟爱的话头，也常被引用来表达内心志向的坚定不可动摇。如《红楼梦》中，宝玉与黛玉谈禅时说："禅心已作沾泥絮，莫向春风舞鹧鸪。"

【原文】

　　僧志彻，江西人，本姓张，名行昌，少任侠[1]。自南北分化，二宗主虽亡彼我，而徒侣竞起爱憎。时北宗门人，自立秀师为第六祖，而忌祖师传衣为天下闻，乃嘱行昌来刺师。

　　师心通预知其事[2]，即置金十两于座间。时夜暮，行昌入祖室，将欲加害。师舒颈就之，行昌挥刃者三，悉无所损。师曰："正剑不邪，邪剑不正。只负汝金，不负汝命。"行昌惊仆[3]，久而方苏，求哀悔过，即愿出家。师遂与金，言："汝且去，恐徒众翻害于汝。汝可他日易形而来，吾当摄受[4]。"行昌禀旨宵遁。后投僧出家，具戒精进[5]。

【注释】

〔1〕任侠:行侠仗义。

〔2〕心通:这里指他心通,为佛教六通之一,指能预知他人心思的神通。

〔3〕仆:跌倒。

〔4〕摄受:又称摄取,指以慈悲心来接纳众生。

〔5〕具戒:具足戒的简称,指比丘、比丘尼所应受持的戒律。

【译文】

僧人志彻,江西人,俗姓张,名叫行昌。少年时,爱行侠仗义。自从南北两宗分化以来,虽然两位宗主不分彼此,但是他们的弟子却产生了很大矛盾。当时,北宗弟子擅自推尊神秀为六祖,而又唯恐天下人知道五祖传衣法给惠能之事,于是就派行昌来暗杀惠能。

惠能具有"他心通",已经预知此事,于是在座位间放了十两黄金。当天晚上,行昌潜入惠能卧室。正当他举起大刀的时候,惠能不慌不忙,伸长脖子迎了上去。行昌连砍三刀,惠能毫发无损。惠能说:"正义之剑不会邪恶,邪恶之剑不能正义。我只欠你钱,而不欠你命。"行昌惊恐万分,一下昏倒在地,好久才苏醒过来,哀求惠能给他一个悔改的机会,并表示愿意出家为僧。于是,惠能就把黄金给了他,对他说:"你暂且回去,不然我的弟子可能会报复你。过一段时间,你可以改装后再过来,我会接纳你的。"行昌禀承惠能旨意,连夜逃走。后来,行昌出家为僧,受了具足戒,修行十分勤奋。

【原文】

一日,忆师之言,远来礼觐[1]。师曰:"吾久念汝,汝来何晚？"曰："昨蒙和尚舍罪，今虽出家苦行，终难报德，其惟传法度生乎？弟子常览《涅槃经》，未晓'常''无常'义[2]。乞和尚慈悲，略为解说。"师曰："无常者即佛性也，有常者即一切善恶诸法分别心也。"曰："和尚所说大违经文。"师曰："吾传佛心印[3]，安敢违于佛经？"曰："经说佛性是常，和尚却言无常。善恶之法乃至菩提心[4]，皆是无常，和尚却言是常。此即相违，令学人转加疑惑。"师曰："《涅槃经》吾昔听尼无尽藏读诵一遍，便为讲说，无一字一义不合经文，乃至为汝，终无二说。"

【注释】

〔1〕礼觐：参礼、拜谒。

〔2〕常：永恒不变，真实不虚。无常：变动不居，虚妄不实。

〔3〕佛心印：佛心即众生本具之真心，此心永远不会改变，正如世间之印契，故称为印。禅宗的宗旨就在于显现佛心印，开觉佛凡不二之理，因此又称为佛心宗。

〔4〕菩提心：求取正觉而成就佛道之心。

【译文】

有一天，行昌想起惠能的话，便远道而来礼拜。惠能说："想念你已经很久了，你怎么这么晚才来呢？"行昌说："过去承蒙您恕罪，现在虽然出家勤修苦行，但终难报答您的恩德，惟一的办法就是追随您弘传佛法、广度众生。弟子出家以来，常常念诵《涅槃经》，始终不明白'常'与'无常'之意，乞请大师慈悲，为我简单解说。"惠能说："所谓无常，就是佛性；所谓有常，就是产生一切善恶诸法的分别心。"行昌说:"您所讲的完全与经文相反。"惠能说:"我所传授的是佛法宗旨,怎么能与经义相反呢?"行昌说:"经中说佛性是常的,而您却说是无常;经中说一切善恶诸法以至于菩提心是无常,而您却说是常。这都与经文相违背,你使我更加迷惑了。"惠能说:"《涅槃经》,我过去听比丘尼无尽藏念过一次,便为她解说大意,没有一字一义不合乎经文。现在为你说的,与当年的解释完全一样。"

【原文】

曰:"学人识量浅昧,愿和尚委曲开示[1]。"

师曰:"汝知否?佛性若常,更说什么善恶诸法?乃至穷劫,无有一人发菩提心者[2]。故吾说无常,正是佛说真常之道也。又一切诸法若无常者,即物物皆有自性容受生死[3],而真常性有不遍处。故吾说常者,正是佛说真无常义。佛比为凡夫、外道,执于邪常,诸二乘人[4],于常计无常,共成八倒[5],故于《涅槃》了义教中[6],破彼偏见,而显说真常、真乐、真我、真净。汝今依言背义,以断灭无常及确定死常,而错解佛之圆妙最后微言,纵览千遍,有何所益?"

行昌忽然大悟,说偈曰:

因守无常心,佛说有常性[7]。
不知方便者[8],犹春池拾砾[9]。
我今不施功,佛性而现前。
非师相授与,我亦无所得。

师曰:"汝今彻也,宜名志彻。"彻礼谢而退。

【注释】

〔1〕委曲:详尽、详细。

〔2〕菩提心:求取正觉而成就佛道之心。

〔3〕容受:接受。

〔4〕二乘:指声闻乘与缘觉乘,皆小乘。

〔5〕八倒:即八种颠倒见解。把生死的无常无乐无我无净,视为常乐我净,这是凡夫的四种颠倒见;把涅槃的常乐我净,视为无常无乐无我无净,这是二乘人的四种颠倒见。两类四倒,合为八倒。

〔6〕了义:把佛教义理阐释得透彻明晰。

〔7〕"因守"二句:凡夫把常误认为无常,二乘人把无常误认为常,佛为了启发他们破除偏见,便对凡夫说常,对二乘人说无常。这两句话是对惠能上述思想的概括。

〔8〕不知方便者:佛所说的"常"与"无常",只是应病与药,是一种灵活的教化手段,学人如果因佛说"常"就执著"常",佛说"无常"就执著"无常",就是"不知方便"。

〔9〕春池拾砾:此典故出自《涅槃经》卷二。一颗宝珠落入春池之中,众人争相下水寻找,把池水搅得浑浊不堪,结果每人捞取一粒石子,欢喜散去。不久,水清珠现,有一智者轻松把宝珠捡到。在此故事中,宝珠比喻佛经之义,只有离相的智者才能得到,而那些执著言相的众人只能空欢喜一场。

【译文】

行昌说:"我生性愚钝,见识浅薄,恳请大师为我详细解释一下。"

惠能说:"你知道吗?如果要说佛性是'常'的话,那么还要说善恶诸法干什么?如果不说善恶诸法的话,即使历尽无数劫,也不会有人来发心修习佛道。所以,我所说的佛性'无常',正是佛所说'常'的真实意义。再者,如果要说一切诸法是'无常'

的话，那么就相当于说一切诸法的体性都有生死，这样就不存在真实常在的本性了。所以，我说一切善恶诸法是'常'，正是佛所说'无常'的真实意义。因为凡夫、外道错把'无常'当作'常'，而声闻、缘觉又错把'常'当作为'无常'，这样就构成了八种颠倒见解，佛祖出于破除这些偏见之目的，才在《涅槃经》中明白地说出涅槃所具的真常、真乐、真我、真净四德。现在你拘泥于经文的字面之义而不理解其真实内涵，把'无常'视为断灭，把'常'视为僵死不变，你根本就不理解佛经圆融微妙之大意。这样的话，即使把《涅槃经》阅读千遍，又有什么好处呢？"

行昌听了，恍然大悟，呈上一偈：

众生执守无常心，佛说涅槃有常性。
常与无常皆方便，别把石子执为宝。
我今不假任何功，自心佛性常显现。
既非师父相授与，也非自我求所得。

惠能说："你现在已经彻悟了，应该名叫志彻。"志彻拜谢而退。

【讲解】

惠能给行昌解释"常"与"无常"之意，这是"随方解缚"的又一案例。

佛教，因为世人执著佛性为"无常"，故说"有常"；因为世人执著一切善恶诸法为"常"，故说"无常"。志彻读了一些佛经，把佛经中的话当作真理，认为佛性为"常"而一切诸法为"无常"。志彻与世人犯了同样的错误，即把"常"与"无常"打为两截。

惠能因为志彻执著佛性为"常"，因此对他说"无常"，又因为志彻执著一切诸法为"无常",而因此对他说"常"。这是以"破邪显正"的方法,引导志彻从"常"与"无常"的对立之中走出来,从而进入非"常"非"无常"的中道境界。这就是惠能所说的"二道相因生中道义"。

可以用青原惟信的"见山见水三境界"来解释世人、志彻与惠能对"常"与"无常"关系的理解。世人为"见山是山,见水是水",志彻为"见山不是山,见水不是水",惠能则为"见山还是山,见水还是水"。前二者为执著于"常"或"无常"的边见,后者则为非"常"非"无常"的中道。

【原文】

有一童子,名神会[1],襄阳高氏子。年十三,自玉泉来参礼。师曰:"知识远来艰辛,还将得本来否[2]?若有本则合识主[3],试说看。"会曰:"以无住为本,见即是主。"师曰:"这沙弥争合取次语[4]?"会乃问曰:"和尚坐禅,还见不见?"师以柱杖打三下,云:"吾打汝,痛不痛?"对曰:"亦痛亦不痛。"师曰:"吾亦见亦不见。"

神会问:"如何是亦见亦不见?"师云:"吾之所见,常见自心过愆,不见他人是非好恶,是以亦见亦不见。汝言亦痛亦不痛,如何?汝若不痛,同其木石;若痛,则同凡夫,即起恚恨[5]。汝向前见、不见是二边,痛、不痛是生灭。汝自性且不见,敢尔弄人!"神会礼拜悔谢。

师又曰:"汝若心迷不见,问善知识觅路。汝若心悟,即自见性,依法修行。汝自迷不见自心,却来问吾见与不见。吾见自知,岂代汝迷?汝若自见,亦不代吾迷。何不自知自见,乃问吾见与不见?"神会再礼百余拜,求谢过愆,服勤给侍,不离左右。

一日,师告众曰:"吾有一物,无头无尾,无名无字,无背无面,诸人还识否?"神会出曰:"是诸佛之本源,神会之佛性。"师曰:"向汝道:无名无字,汝便唤作本源佛性。汝向去有把茆盖头[6],也只成个知解宗徒[7]。"祖师灭后,会入京洛,大弘曹溪顿教,著《显宗记》,盛行于世,是为荷泽禅师。

【注释】

〔1〕神会:神会(686—760),俗姓高,襄阳(今属湖北)人。少学五经,又好老庄,因读《后汉书》而了解佛教,于国昌寺从颢元法师剃度出家,又随神秀在荆州玉泉寺学法三年。后到曹溪,参谒惠能,随侍其左右多年,深悟顿悟法门。开元八年(720),玄宗敕住南阳龙兴寺;十八年(730),至洛阳弘扬惠能学说。后到滑台(今河南滑县东)大云寺,同北宗崇远禅师进行辩论,抨击北宗的渐修法门,最后取得论辩的胜利,从而确立南宗禅的正统地位。从此以后,惠能一系被称为"顿宗",神秀一系被称为"渐教",中国禅学史上的"南顿北渐"之说从此确立。神会后因被诬在洛阳聚众滋事,被赶走。安史之乱时,应朝廷之请,设坛度僧收"香水钱"以供军饷,有功于皇室,终于恢复了在佛教中的地位。乱平后,神会被唐肃宗诏入内道场,备受崇敬。肃宗又敕造荷泽寺供其居住,世称"荷泽大师",卒谥"真宗大师"。其著作被后人辑为《神会语录》。

〔2〕本来:指代本心、自性。

〔3〕主:主人,这里指代佛性。

〔4〕争合取次语:争合,怎么可以;取次,草率,随便。这句话意思是,怎么可以这样轻率讲话呢?

〔5〕恚恨:怨恨。

〔6〕向去:今后。茆:同"茅",即茅草。有把茆盖头,意思是说有一个茅草庵存身。

〔7〕知解宗徒：只会解释佛经字面意思的僧人。

【译文】

　　有一名童子，名叫神会，为襄阳高氏之子。十三岁的时候，从玉泉寺来曹溪参礼惠能。惠能说："善知识，从远方辛苦而来，认识自己的本来面目了吗？如果认识了自己的本来面目，就认识了自己的主人公，你试着说说看。"神会说："'无住'即是本来面目，'见性'即是主人公。"惠能说："你这小沙弥，讲话怎么这样轻率呢？"神会问："您坐禅时，是见还是不见？"惠能用柱杖打他三下，说："我打你，是痛还是不痛？"神会回答："也痛也不痛。"惠能说："我也见也不见。"

　　神会问："怎样是也见也不见呢？"惠能说："我所见的是自己内心里的过失，所不见的是别人的是非好坏，所以说是也见也不见。你说的也痛也不痛，是什么意思？你如果不痛，就和木头、石头没有区别；如果痛，就与凡夫一样生起了怨恨之心。你前面问'见'还是'不见'，本身就是二边之邪见；回答也'痛'也'不痛'，说明你还处在生生灭灭之中。你连自性尚且没有见到，竟然敢这样作弄人！"神会赶忙礼拜谢罪。

　　惠能又说："你如果心迷而不见自性，可向善知识请教；你如果心悟，也就是认识了自己的本性，就应该依照佛法修行。现在，你自迷本心、不见自性，却反过来问我'见'与'不见'。我自见自性，只有我自己知道，岂能代替你心中的迷惑？你如果能自见自性，也代替不了我心中的迷惑。你为什么不去自悟本性，却反过来问我'见'与'不见'呢？"神会又向惠能礼拜一百多次，请求他恕罪。从此以后，在惠能左右尽心服侍，任劳任怨。

　　有一天，惠能对大众说："我有一件东西，没有头也没有尾，没有名也没有字，没有背面也没有正面，你们知道是什么吗？"

神会站出来说:"这是诸佛的本源,也是我神会的佛性。"惠能说:"已经给你说了,没有名也没有字,你还叫它'本源''佛性'。你以后即使有个茅草庵容身,也只能成个'知解宗徒'!"惠能去世以后,神会到京城洛阳大力弘扬曹溪顿悟法门,所著的《显宗记》在当时十分流行。

【讲解】

一、两次"过招"

在本节中,惠能与神会有两次"过招"。

神会从玉泉寺神秀和尚处来曹溪见惠能,是带着挑衅心理而来的。神会首先发难:"和尚坐禅,还见不见?"这在逻辑学上是个两难命题,作肯定回答或否定回答都会落入圈套。在佛学上更是如此。不论是回答"见"还是回答"不见",都属于"边见",都是与"中道"相违背的。

作为禅门一代祖师,惠能绝对不会上这个当。惠能对神会的问题不作正面回答,而是用柱杖打神会三下,反问:"吾打汝,痛不痛?"同样的句式,同样的逻辑,同样是两难命题。这样,就把球又踢给了神会。神会明白,既不能答"痛"也不能答"不痛",否则就会落入"边见"。于是,回答:"亦痛亦不痛。"惠能依着神会答语的逻辑,回答神会的问题:"吾亦见亦不见。"

神会当时只有十三岁,聪明伶俐,虽争强好胜之心过重,但仍是可塑之才。惠能趁机开导:"汝若不痛,同其木石;若痛,则同凡夫,即起恚恨。汝向前见、不见是二边,痛、不痛是生灭。"如果不痛,就和木石没有区别;如果痛,就与凡夫一样。因此,神会"亦痛亦不痛"答语,说明他还处在生灭之中。此时,神会已经理屈。惠能"乘胜追击",指出神会"和尚坐禅,还见不见"这个问题本身就是二边之邪见。至此,神会完全败下阵来。惠能又以严厉的口气直接批评说:"汝自性且不见,敢尔弄人!"批评神会不但没有自见本性,而且还想耍小聪明挑衅人。

师徒两人的第二次"过招"是关于佛性的问题。惠能问大众:"吾有一物,无头无尾,无名无字,无背无面,诸人还识否?"神会抢先回答:"是诸佛之本源,神会之佛性。"惠能所说的"无头无尾,无名无字,无背无面"之物,的确是指人的"不二"之佛性,但此物是不可言说的,怀让所谓"说似一物即不中",惠明所谓"如人饮水,冷暖自知",而神会却直接回答"本源""佛性",这又犯了禅学之大忌,再次遭到惠能的呵斥。

师徒两人的第一次"过招",惠能批评神会不懂"佛性不二"之理;第二次"过招",批评他不懂"佛性不可言说"之理。惠能不但是禅法精湛的高僧,还是教法高超的老师。他"随方解缚"的教学方法,总能直指学人的病根,令其在刹那之间如醍醐灌顶,茅塞顿开。对神会这名年轻聪明而又争强好胜的小徒弟,惠能总是采用严厉、训斥的语气进行教育。一会儿批评他不见自性还敢挑衅人,一会儿又批评他只能成个"知解宗徒"。在这种表面无情"打击"的背后掩藏着一代祖师的良苦用心。正是这位被惠能严厉打击、无情呵斥的小徒弟,后来为捍卫惠能"六祖"地位而出生入死,为南宗战胜北宗立下汗马功劳。

二、法统之争

神秀圆寂以后,其门下弟子分出许多支脉,势力最大的当数嵩山普寂。当时普寂做了件引起佛教界注意的事:为神秀立碑,确立其六祖地位,这就意味着宣告北宗禅是自达磨以来的正统传承,而普寂本人也自然而然地成为禅宗七祖。这引起了神会的极度不满。

开元二十年（732），神会在滑台（今河南滑县东）大云寺设无遮大会，与北宗山东崇远法师进行争夺正统地位的大辩论。神会攻击北宗的第一件法宝是"法衣"。神会说："内传法契，以印证心；外传袈裟，以定宗旨。从上相传，一一皆与达磨袈裟为信。其袈裟今在韶州，更不与人。余物相传者，即是谬言。"（《神会和尚禅话录》）达磨传下来的袈裟是信物，是"正统"的标志。

神会攻击北宗的第二件法宝是"顿悟"，他以此批评北宗"法门是渐"。神会在滑台大会上明确提出南北宗禅法上的区别在于"顿渐不同"。北宗禅法的基本精神是："凝心入定，住心看净，起心外照，摄心内证。"这属于"渐"的方法，被神会批评为"愚人法"。神会在讲到惠能时，总是把他与前五位祖师紧紧联系在一起："我六代大师，一一皆言'单刀直入，直了见性'，不言阶渐。"（《神会和尚禅话录》）这样，神会又利用"顿悟"之剑把北宗逐出禅宗正统之门。

滑台大会以后，南北双方的争斗仍很激烈。天宝四年（746），神会应请入住洛阳荷泽寺，并为惠能建堂立碑，又依照南宗法统画了《六叶图》，大力宣扬南宗禅法。神会在洛阳的活动，使普寂一系由门庭若市变为门可罗雀。普寂一系并没有善罢甘休，他们借助政治手段来维护自己的法统地位。天宝十二年（753），北宗门下授意普寂的信徒御史卢奕诬奏神会聚众图谋不轨，神会被贬出洛阳，从此辗转多处，受尽磨难。

安史之乱爆发后，神会利用收"香水钱"的机会，为唐军筹集了不少军费，为两京的收复做出了重要贡献，受到帝室的表彰，被迎入宫内供养，后敕住荷泽寺，不久病逝，谥号"真宗大师"。

贞元十二年（796），皇上命太子招集诸山长老开会，讨论禅宗"传法傍正"问题,最终确立南宗为正,并确立神会为七祖。此时,距离神会去逝已经三十五年了。随着神会被立为第"七祖",惠能的"六祖"地位也得以确立,南北之争就此告一段落。此后,南宗禅迅速发展,出现了"凡言禅皆本曹溪"的局面。

胡适在《神会和尚遗集》中评价神会说:"南宗的急先锋,北宗的毁灭者,新禅宗的建立者,《坛经》的作者——这是我们的神会,在中国佛教史上,没有第二个人有这样伟大的功勋,永久的影响。"神会为南宗禅的发展杀出了一条血路,成为禅宗史上的一代擎灯者。遗憾的是,虽有"七祖"之号,却无堪继法脉的弟子,终落得"二世而亡"、香火断绝的悲剧。

【原文】

师见诸宗难问[1],咸起恶心,多集座下,愍而谓曰[2]:"学道之人,一切善念、恶念应当尽除。无名可名,名于自性。无二之性,是名实性[3]。于实性上建立一切教门,言下便须自见。"诸人闻说,总皆作礼,请事为师。

【注释】

〔1〕诸宗:这里指佛教的各个宗派。难问:提出疑问。

〔2〕愍:同"悯",本意为怜悯,这里为"慈悲"之意。

〔3〕实性:真实之性,这里指自性。

【译文】

惠能看到其他教派之人纷纷提出质问,且都心怀恶意,于是就把这些人召集在座前,语重心长地对他们说:"学道之人,应该把一切善念、恶念全部消除。这种无善无恶的境界,本来没有名字可以用来称谓,只能勉强称其为'自性'。这种平等、无分别的自性,就称为实性。一切教法都是建立在实性之上的,学人应该一听到教法,马上就认识自性。"众人听了此话,都恭敬礼拜,恳请拜惠能为师。

【讲解】
　　本节重点讲"自性不二"。
　　惠能说,修行佛道,最终要达到一种无善无恶的境界,而这种境界无名可名,不可言说,只能勉强称之为"自性"。自性为万法之实性,其根本特点是"不二"。
　　不二,又作无二、离两边,是一种无分别的超越境界。惠能一再强调自性的"不二"特点。上一节中,惠能用"无头无尾,无名无字,无背无面"来指称自性,即是强调其"不二"性。惠能以后,大珠慧海在《顿悟入道要门论》中说:"其心不青不黄、不赤不白、不长不短、不去不来、非垢非净、不生不灭,湛然常寂,此是本心形相也。"这明显是对惠能思想的继承。惠能的一切教法都是建立在"自性不二"基础之上的。

护法第九

【题解】

　　唐中宗神龙元年(705),武则天与中宗派遣内侍薛简去曹溪迎请惠能入宫讲法,惠能称病婉拒,愿终老山林。薛简承蒙惠能讲法,茅塞顿开,回宫表奏皇上。皇上下诏表彰惠能,高度赞扬其功德,并为其新州故居赐名。本品内容体现了朝廷对佛法的拥护以及对惠能的尊重,因此称为"护法"品,又由于记述了皇上两次下诏而称为宣诏品。

【原文】

　　神龙元年上元日[1],则天、中宗诏云[2]:"朕请安、秀二师宫中供养[3],万几之暇[4],每究一乘[5]。二师推让,云:'南方有能禅师,密授忍大师衣法,传佛心印,可请彼问。'今遣内侍薛简[6],驰诏迎请,愿师慈念,速赴上京[7]。"

　　师上表辞疾,愿终林麓[8]。薛简曰:"京城禅德皆云[9]:'欲得会道,必须坐禅习定。若不因禅定而得解脱者,未之有也。'未审师所说法如何?"师曰:"道由心悟,岂在坐也?经云:'若言如来若坐若卧,是行邪道[10]。'何故?无所从来,亦无所去,无生无灭,是如来清净禅[11];诸法空寂,是如来清净坐。究竟无证,岂况坐耶!"

【注释】

〔1〕神龙元年:神龙为唐中宗年号,元年是公元705年。上元日:夏历正月十五日。

〔2〕则天:即武则天,为唐高宗的皇后。高宗驾崩后,中宗即位,武后临朝执政,不久又自立称帝,改国号为周,自名为曌。中宗:高宗太子,名显,即位后五年,被武后废为庐陵王,徙居房州十四年。后来,迫于狄仁杰等大臣的压力,武则天把朝政归还给中宗,改年号为神龙。

〔3〕安、秀二师:安,是弘忍弟子惠安,常住嵩山,深受武则天、唐中宗礼遇。秀,是神秀。

〔4〕万几:同"万机",指当政者处理的很多重要事务。

〔5〕一乘:唯一能使人成佛的教法。

〔6〕内侍:侍奉于宫廷的宦官。

〔7〕上京:即京都。

〔8〕林麓:山野。麓,山脚。

〔9〕禅德:禅宗大德的简称,用以尊称禅师。

〔10〕"若言"二句:出自《金刚经》。

〔11〕如来清净禅:简称如来禅,为如来所证得的禅定,是一种终极的解脱境界。后来的禅僧把禅宗的教义称为如来禅。

【译文】

唐中宗神龙元年(705)正月十五日,则天太后与中宗皇帝下诏书:"朕曾诏请惠安和神秀两位大师入宫供养,想于日理万机之余,参究一乘佛理。但是两位大师十分谦逊,极力推让说:'南方有惠能禅师,曾密受五祖弘忍的衣钵,是传佛心印之人,可以迎请过来参问。'现在派遣内侍薛简,奉诏书驰往迎请。愿禅师慈悲,速来京都。"

惠能上表称病谢辞,希望在山林终其一生。薛简说:"京城的禅师都说:'要想理解一乘佛道,必须坐禅修习禅定。不通过坐禅习定而获得解脱,那是从来没有的事。'不知道大师所说的禅法是怎样的?"惠能说:"道乃从心而悟,与打坐有何关系?经上说:'如果有人说如来之意就是或坐或卧,这人就是在行邪道。'为什么呢?生无所来,灭无所去,无生无灭,这就是如来清净禅。体会诸法虚空、宁静之本性,这就是如来清净坐。终极的解脱境界是根本无法验证的,岂能通过打坐来获得呢?"

【讲解】

在本节中,惠能向薛简解释坐禅问题,提出一个十分重要的命题:"道由心悟。"

坐禅是佛教在修行实践上的一项十分重要的内容,早在印度原始佛教时期就习禅,而从菩提达磨至弘忍、神秀的禅宗更是把坐禅作为重要的修习法门。在佛家看来,要成就佛道而获得解脱,就必须坐禅习定,否则只能是痴心妄想。

对于坐禅,惠能提出了不同的主张。他说:"道由心悟,岂在坐也?"他认为修行要在"心"上下功夫,而不必拘限于"坐"这一外在的形式。接着,他又引用《金刚经》来证明自己的观点:"若言如来若坐若卧,是行邪道。"为什么说如来之意与坐卧无关呢?因为如来是"无所从来,亦无所去"的。诸法的实相是,生无所来,灭无所去,无生无灭,能了达诸法实相即是"如来清净禅",能体悟诸法虚空、宁静之本性,即是"如来清净坐"。这种终极的解脱境界是根本无法验证的,怎么能通过打坐来获得呢?这种境界的获得只有一条途径,即"道由心悟"。

【原文】

简曰:"弟子回京,主上必问。愿师慈悲,指示心要[1],传奏两宫,及京城学道者。譬如一灯然百千灯,冥者皆明,明明无尽。"师云:"道无明暗,明暗是代谢之义[2]。明明无尽,亦是有尽,相待立名故。《净名经》云:'法无有比,无相待故[3]。'"

简曰:"明喻智慧,暗喻烦恼。修道之人,倘不以智慧照破烦恼,无始生死,凭何出离?"师曰:"烦恼即是菩提,无二无别。若以智慧照破烦恼者,此是二乘见解,羊鹿等机[4],上智大根悉不如是。"

【注释】

〔1〕心要:最精要的法义。

〔2〕代谢:新旧更替。

〔3〕"法无"二句:比,比较;相待,相互对待或对立。这两句话的意思是说,佛法是不可比较的,因为没有与它相对待的事物。

〔4〕二乘见解,羊鹿等机:二乘指声闻乘与缘觉乘。羊鹿指羊车和鹿车,详见第七品"三车"注。

【译文】

薛简说:"弟子回京城后,皇上必定会问我有何所得。恳请大师慈悲,指示佛法要旨,以便传奏皇太后与皇上,并传告京城所有学佛的人。这就好比一盏灯能点亮百千盏灯,变黑暗为光明,使光明无穷无尽。"惠能说:"道本来没有明暗之分,明与暗只是相互替代、相互转化之意。光明'无尽'也'有尽',因为'有尽''无尽'只是互相对待而建立的名称,有'无尽'就有'有尽',没有'有尽'也就没有'无尽'。所以,《维摩诘经》说:'法无有比,无相待故。'"

薛简说:"'明'比喻智慧,'暗'比喻烦恼。修习佛道的人,如果不用智慧照破烦恼,那么凭借什么才能出离无始以来的生死呢?"惠能说:"烦恼就是菩提,二者没有本质上的区别。假如认为必须用智慧来照破烦恼,这就是二乘人的见解,只相当于声闻、缘觉之人的根机。上乘根性之人是不会这样认为的。"

【讲解】

薛简认为修道就是"以智慧照破烦恼",惠能批评这种观点为"二乘见解"。惠能的观点是:"烦恼即是菩提,无二无别。"在《般若第二》中,他也说:"凡夫即佛,烦恼即菩提。前念迷即凡夫,后念悟即佛;前念著境即烦恼,后念离境即菩提。"烦恼与菩提、生死与涅槃、真如与诸法本为一体,切忌取一舍一。为证菩提而努力去除烦恼,只会更加烦恼;为求真如而刻意舍弃诸法,其实已经落入了更大的偏邪。因此,惠能告诫薛简:不要把烦恼与菩提打为两橛。

【原文】

简曰:"如何是大乘见解?"师曰:"明与无明,凡夫见二,智者了达其性无二[1],无二之性即是实性。实性者,处凡愚而不减,在贤圣而不增,住烦恼而不乱,居禅定而不寂,不断不常[2],不来不去,不在中间及其内外,不生不灭,性相如如,常住不迁,名之曰道。"

简曰:"师说不生不灭,何异外道?"师曰:"外道所说不生不灭者,将灭止生,以生显灭,灭犹不灭,生说不生。我说不生不灭者,本自无生,今亦不灭,所以不同外道。汝若欲知心要,但一切善恶都莫思量,自然得入清净心体,湛然常寂,妙用恒沙。"简蒙指教,豁然大悟。礼辞归阙[3],表奏师语。

【注释】

〔1〕了达:彻底理解。

〔2〕不断不常:既不会断灭也不会永恒不变。

〔3〕阙:即宫阙、皇宫。

【译文】

薛简问:"什么是大乘见解?"惠能说:"明和无明,凡夫以为两者完全不同,而智者却洞晓两者本性没有两样。这无二的本性,即是实性。所谓实性就是:在凡夫身上不会减少,在圣贤身上不会增加;处烦恼之中而不会被扰乱,处禅定之中而不滞守空寂;不是断灭也不是永恒,不来也不去,不在中间也不在内外。因其无生无灭,本性与现象平等一如,永恒存在而不会改变,所以称之为'道'。"

薛简问:"大师所说的不生不灭,与外道所说的有什么不同呢?"惠能说:"外道所说的不生不灭,是以灭来终止生,以生来显示灭,灭等于不灭,生也可说不生。我所说的不生不灭,本来就无生,现在也无灭,所以与外道不同。你如果想知道佛法要旨,只须对一切善恶诸法都不去思量,自然就会悟入清净心体,湛然常寂,妙用无边。"薛简蒙受指教,恍然大悟,礼谢辞别惠能,回到朝廷后将惠能的话表奏皇上。

【讲解】

惠能给薛简讲自性,突出自性的两个基本内涵:一是"不二",二是"湛然常寂"。

惠能说:"无二之性即是实性。"实性即佛性,它"不断不常,不来不去,不在中间及其内外,不生不灭,性相如如,常住不迁"。惠能又解释自己所说的"不生不灭"与外道不同。外道所谓的"不生不灭",是以灭来终止生,以生来显示灭,灭等于不灭,生也可说不生,总之在外道那里,生与灭是对立的。惠能所说的"不生不灭"意思是,本来就无生,当然也无灭,也即是非生非灭,这样就消除了生与灭之间的对立,突出了"不二"特性。

  惠能告诉薛简:"汝若欲知心要,但一切善恶都莫思量,自然得入清净心体,湛然常寂。"只要明白自性的"不二"之性,即可冥合湛然常寂的清净心体,这又突出了自性的"湛然常寂"之性。

  惠能关于自性"不二"与"湛然"特征的阐述对后世产生了极其重要的影响。例如中唐诗僧拾得的一首诗:"无来无去本湛然,不居内外及中间。一颗水精绝瑕翳,光明透出满人间。"自性无去无来,无内无外,湛然常寂,晶莹剔透。我们一旦了悟自性,便能穿透流转不息的现象,看到万事万物的本质,从而获得大解脱,得大自在。

【原文】

  其年九月三日,有诏奖谕师曰[1]:"师辞老疾,为朕修道,国之福田。师若净名托疾毗耶[2],阐扬大乘,传诸佛心,谈不二法。薛简传师指授如来知见,朕积善余庆,宿种善根,值师出世顿悟上乘。感荷师恩,顶戴无已[3]。并奉磨衲袈裟及水晶钵[4],敕韶州刺史修饰寺宇,赐师旧居为国恩寺。"

【注释】

〔1〕奖谕：皇帝对臣民的褒奖、表彰。

〔2〕净名托疾毗耶：净名，又叫维摩诘。传说当时佛祖在毗耶离城说法，居士维摩诘托疾不来法会，借此令众前往探视以弘法。

〔3〕顶戴：敬仰。

〔4〕磨衲袈裟：高丽国进贡的僧衣。

【译文】

同年的九月三日，皇上下诏表彰惠能："禅师以年老多病辞召，愿终身在山林中为朕修习佛道，真是国家的福田！禅师就像托病的维摩诘居士，居住在毗耶城阐扬大乘佛法，传播诸佛心印，宣讲不二法门。薛简表奏了禅师指授的如来智慧，朕积善多年才有幸获得这样的果报。朕于过去世广种善根，今又逢禅师出世教化，终于顿悟上乘妙理。十分感激禅师恩德，敬仰不尽。"同时，又赐磨衲袈裟一件与水晶钵一具，敕令韶州刺史重新修整寺院，赐大师在新州的故居为国恩寺。

付嘱第十

【题解】

　　本品记述惠能圆寂前夕对几位高足的最后嘱咐,并记述惠能圆寂前后的情形,因此以"付嘱"为品题。本品中,惠能提出"三十六对法""出没即离两边""二道相因""说一切法莫离自性"等禅法宗旨,这些可以说是对其一生禅法的概括与总结。

【原文】

　　师一日唤门人法海、志诚、法达、神会、智常、智通、志彻、志道、法珍、法如等,曰:"汝等不同余人,吾灭度后[1],各为一方师[2]。吾今教汝说法,不失本宗[3]。先须举三科法门[4],动用三十六对,出没即离两边,说一切法莫离自性。忽有人问汝法,出语尽双,皆取对法,来去相因,究竟二法尽除[5],更无去处。"

【注释】

　　[1] 灭度:即涅槃,指佛教修行所能达到的超脱生死的最高境界,也可泛称僧人的去世。
　　[2] 一方师:在一个地区主持教化的禅师或法师。
　　[3] 本宗:即本门宗旨,这里指顿悟法门。
　　[4] 三科:佛教把一切诸法分为阴、界、入或蕴、界、处三类,称为三科。
　　[5] 究竟:这里是到底、最后之意。二法:指相互对立的两个方面,如生死、有无、善恶等。

【译文】

有一天，惠能叫来其门下弟子法海、志诚、法达、神会、智常、智通、志彻、志道、法珍、法如等人，对他们说："你们与其他人不同，我去世以后，你们都应该成为独化一方的禅师。我现在教你们如何说法，才能不失本门顿悟宗旨。说法时，应先列举三科法门，再使用三十六对法，不执两边也不离两边。说一切法，都不要脱离自性。如果忽然有人问法，你要出语成双，运用相对的方法，使两边相互依存，最后把相对的两边也全部除去，直到再也没有什么可去的程度。"

【原文】

"三科法门者，阴、界、入也。阴是五阴，色、受、想、行、识是也。入是十二入，外六尘：色、声、香、味、触、法；内六门：眼、耳、鼻、舌、身、意是也。界是十八界，六尘、六门、六识是也。自性能含万法，名含藏识[1]。若起思量，即是转识[2]，生六识，出六门，见六尘。如是一十八界，皆从自性起用[3]。自性若邪，起十八邪；自性若正，起十八正。若恶用即众生用，善用即佛用。用由何等？由自性有。"

【注释】

〔1〕含藏识：简称为藏识，即阿赖耶识。唯识宗吸收印度佛教瑜伽行派观点，把人的心法分为八识，即眼识、耳识、鼻识、舌识、身识、意识、末那识、阿赖耶识。阿赖耶，梵语 Ālaya 之音译，此识是无始以来，一切善恶种子的库藏处，因此意译为"藏"。此处，惠能把自性称为含藏识，是因为它"能含万法"，犹如阿赖耶识，这是用唯识学的理论来解释禅宗的思想。

229

〔2〕转识：按照唯识宗理论，第八识阿赖耶识为本识，当它缘色、声等境时，就会转生其余七识，因此这其余七识都叫作转识，即由第八识转生而来。

〔3〕用：与"体"相对，为"体"的表现。"体"为内在的本性，"用"为外在的表现，"用"由"体"生，"体"由"用"显，"体""用"一如。

【译文】

"所谓三科法门，就是阴、入、界。阴是五阴，即色、受、想、行、识。入是十二入，包括外界的六尘：色、声、香、味、触、法；自身的六门：眼、耳、鼻、舌、身、意。界是十八界，即六尘、六门、六识。自性含藏万法，所以叫作含藏识。而一旦心起分别、思量，就是转识，转生出六识。六识从六根出来，接触外境而成六尘。可见，这十八界都是从自性而生起的作用，都是自性的表现。自性如果被邪念遮蔽，就会生成十八种邪恶的行为；自性如果能保持纯正，就会生成十八种善良的行为。邪恶的行为，是众生的表现；善良的行为，是佛的表现。这些表现是从何处产生的？都是从人的自性中产生的。"

【讲解】

本节讲"三科法门"。佛教把一切诸法分为阴、入、界三类，称为三科，这三科是对宇宙现象总的分类。

阴，即五阴，又称五蕴，包括色、受、想、行、识。色是一般所说的物质。受是在外部环境的刺激之下所引起的内心感受，包括苦、乐、舍（不苦不乐）三种。想是对所感受的东西加以整理与归纳，即面对善恶境界时，所做出的理性判断。行是意志与行动，外部刺激引起人的思想活动，从而产生了意志，有意志就会有相应的行动。识是心的"了别"功能，是心对外境、对受、想、行所产生的再认识、再归纳、再整理的作用。总体来说,五蕴包括物与心,即物质与精神两大方面,色为物,受、想、行、识为心,虽同属于心,受、想、行、识每一蕴的认识对象与功能是有区别的。

入,即十二入,又称十二处,包括眼、耳、鼻、舌、身、意"内六门"与色、声、香、味、触、法"外六尘"。界,即十八界,指眼、耳、鼻、舌、身、意"六门",色、声、香、味、触、法"六尘"以及眼识、耳识、鼻识、舌识、身识、意识"六识"。

接着,惠能从体用角度解释"十八界"与自性之间的关系。"十八界"是从自性而生起的作用,是自性的表现。自性含藏万法,而一旦心起分别、思量,自性就会转生出六识,六识从六根出来,接触外境而成六尘。自性如果被邪念遮蔽,就会生成十八种邪恶的行为;自性如果能保持纯正,就会生成十八种善良的行为。

【原文】

"对法。外境无情五对:天与地对,日与月对,明与暗对,阴与阳对,水与火对,此是五对也。

"法相语言十二对[1]:语与法对[2],有与无对,有色与无色对,有相与无相对[3],有漏与无漏对[4],色与空对,动与静对,清与浊对,凡与圣对,僧与俗对,老与少对,大与小对,此是十二对也。

"自性起用十九对[5]:长与短对,邪与正对,痴与慧对,愚与智对,乱与定对,慈与毒对,戒与非对,直与曲对,实与虚对,险与平对,烦恼与菩提对,常与无常对,悲与害对,喜与嗔对,舍与悭对[6],进与退对,生与灭对,法身与色身对,化身与报身对,此是十九对也。"

【注释】

〔1〕法相:这里泛指诸法的外在相状与内在性质。
〔2〕语与法:语言与事物、现象。
〔3〕有相:有形态可见。无相:为涅槃之别名,因为涅槃离一切虚妄之相,故称无相。
〔4〕漏:梵语 Sāsrava,意译为"漏",为烦恼的异名。有烦恼染污的世间法,称有漏。无漏,离烦恼染的清净法。
〔5〕自性起用:从自性上产生的"作用",即自性的表现。
〔6〕舍:施舍。悭(qiān):吝啬。

【译文】

"对法。无情识的外在事物方面有五对:天和地对,日和月对,明和暗对,阴和阳对,水和火对,这是五对法。

"法相和语言方面有十二对:语和法对,有和无对,有色和无色对,有相和无相对,有漏和无漏对,色和空对,动和静对,清和浊对,凡和圣对,僧和俗对,老和少对,大和小对,这是十二对法。

"从自性产生的现象方面有十九对:长和短对,邪和正对,痴和慧对,愚和智对,乱和定对,慈和毒对,戒和非对,直和曲对,实和虚对,险和平对,烦恼和菩提对,常和无常对,悲和害对,喜和嗔对,舍和悭对,进和退对,生和灭对,法身和色身对,化身和报身对,这是十九对。"

【原文】

师言:"此三十六对法,若解用即道,贯一切经法,出入即离两边[1]。自性动用，共人言语，外于相离相，内于空离空。若全著相，即长邪见；若全执空，即长无明。执空之人有谤经，直言'不用文字'。既云'不用文字'，人亦不合语言[2]。只此语言，便是文字之相。又云'直道不立文字'[3]，即此'不立'两字，亦是文字。见人所说，便即谤他言著文字。汝等须知，自迷犹可，又谤佛经。不要谤经，罪障无数。

"若著相于外，而作法求真，或广立道场，说有无之过患。如是之人，累劫不得见性。但听依法修行，又莫百物不思，而于道性窒碍。若听说不修[4]，令人反生邪念。但依法修行，无住相法施[5]。汝等若悟，依此说，依此用，依此行，依此作，即不失本宗。"

【注释】

〔1〕"出入"句：出入，出与入；即离，即与离。出就是离，入就是即。出入即离两边，意思是说，既不要离开两边，也不要执著两边。

〔2〕不合：此处是"不用""用不着"之意。

〔3〕直道：直达涅槃之道，这里指明心见性之教法。

〔4〕听说不修：对佛法，只是听闻、讲说，而不用心去实际修习。

〔5〕法施：佛教三施之一，即宣传佛法。

【译文】

惠能说："这三十六对法，如果能够灵活运用即已悟道，就可以贯通一切经法，既不脱离也不执著这相互对待的两边。一切现象都从自性而起，你们与人交谈时，对现象既不要执著其幻象也不要脱离其幻象，对自性既要悟其空性又不要执著其空性。

如果执著于外在之现象,就会助长邪见;如果执著于内在之空性,就会助长无明。执著空性之人,常常谤经毁法,竟说'不用文字'。既然说'不用文字',那么也就不应该有语言了,因为语言也是外在之言相。又说'直达佛道,不立文字',就这'不立'两个字,不也是文字吗?一见人家说法,就攻击人家是执著语言、文字。你们一定要记住:自己愚迷也就罢了,千万不能诽谤佛经,不然就是罪业深重。

"如果外著法相,或广做法事以求解脱之道,或广立道场以论辩有无、得失,像这种人,即使历经数劫也不可能明心见性。要依据正法真实修行,不要百物不思、百事不做,如此将会压抑人的自然本性。对佛法,如果仅是听闻、讲说,而不真实修习,反而会使人心生邪念。要依照正法真实修行,宣扬'无住相'教义。你们如果悟解这个道理,按照这种教义去宣讲、去运用、去修行、去做事,就不会失却本门宗旨。"

【讲解】

惠能告诉门人要巧妙使用"三十六对法":"若解用即道,贯一切经法,出入即离两边。自性动用,共人言语,外于相离相,内于空离空。若全著相,即长邪见;若全执空,即长无明。"

"出入即离两边",对待一切万法既不能执取两边,也不能离开两边。"外于相离相,内于空离空",既不能执"有",也不能执"空",要空有双遣,对境无心,恰如雁过长空,影沉寒水,雁无遗踪之意,水无留影之心。执著于"有"即是"邪见",执著于"空"即是"无明"。既不执"有"也不执"空",即是中道。注意,中道不是折其两端而取其中值,因为取其中值也是一种执取,也是一种边见。中道是超越了两边的分别,同时又内在地包含着两边。

以上是就理论层面而言的,惠能反对"执有"与"执空"两种边见。接着,惠能又在实践层面批评两种错误的修行观念。

一是"著相于外"。这种人"作法求真,或广立道场,说有无之过患",即过分注重外在的仪式与讲说,惠能认为其症结在于"著相于外",并断言这种人"累劫不得见性",因为他们的所为游离于"自性"之外,偏离禅宗"明性见性"宗旨。

二是"执空于内"。这种人执著于"性空",把本体意义上的"不立文字"误作实践层面,因此彻底否定一切念经、讲法等实践活动。他们一见到有人念经讲法,马上就讥讽其为"著文字相",惠能对其反唇相讥:"'直道不立文字',即此'不立'两字,亦是文字。"以其之矛攻其之盾。惠能甚至认为,这些人对"不立文字"的执著,不仅仅是"自迷",更是"谤经",因此罪障深重。

以上两种错误,或因"执有",或因"执空",都违背了"出入即离两边"原则。对于实践层面的设道场、念经讲法等修行活动,惠能并没有彻底否定,他本人也设道场、讲经说法,他所反对的只是"著相求菩提",即对外相的执著。惠能主张"不立文字",但他从没有彻底否定文字的作用,他既批判对文字的执著,也批判对"不立文字"的执著。总之,对待修行实践活动,惠能认为正确的做法是"自性动用",即一切行为、活动都不离自性,做到"外于相离相,内于空离空"。

以上就是"出入即离两边"宗旨。惠能说,如果能领悟这一宗旨,并依此宗旨而行,就"不失本宗"。

【原文】

"若有人问汝义,问有将无对,问无将有对,问凡以圣对,问圣以凡对。二道相因[1],生中道义[2]。如一问一对,余问一依此作,即不失理也。

"设有人问：'何名为暗？'答云：'明是因，暗是缘，明没即暗，以明显暗，以暗显明，来去相因，成中道义。'余问悉皆如此。汝等于后传法，依此转相教授，勿失宗旨。"

【注释】

〔1〕二道：相互对待的两个方面。相因：相互依靠。

〔2〕中道：脱离相互对待的两边，连中也舍弃，而最终达到圆融无碍的境界，这是佛教的终极真理。

【译文】

"假如有人问你们本门教义，问'有'以'无'来回答，问'无'以'有'来回答，问'凡'以'圣'来回答，问'圣'以'凡'来回答。不离二边又不落二边，中道之义就此显现。其余问题，也是如此一问一答，这样就不会失却中道之理。

"假如有人问：'什么叫做暗？'你们就回答：'明是因，暗是缘，明没了就是暗，以明来显现暗，以暗来显现明，明暗二边相互为因，从而显现中道之义。'其余问题，也都这样回答。今后，你们弘扬本宗法门，要把这种方法传递下去，切勿失却本门的宗旨。"

【讲解】

上节讲"出入即离两边"，本节重点讲如何"出入即离两边"。惠能付嘱门人"二道相因"教法。

惠能说："问有将无对，问无将有对，问凡以圣对，问圣以凡对。二道相因，生中道义。""问有""问无""问凡""问圣"，都表明问者心存对立，执著于一端之见，陷于名相之中。针对这一毛病,惠能对症下药,提出"正话反说"的方法,以解除其"边见"之病。这种"正话反说"而引人领会中道的方法即是"二道相因"。

"二道相因",就是依据"不二"之法,从相反的方面回答问题,以此破除问者二元分裂的"边见",从而引导问者悟入中道,体悟本来"不二"的自性。这个概念由惠能提出,而这种方法却是大乘佛教般若学的普遍做法。例如僧肇《物不迁》说:"是以人之所谓住,我则言其去。人之所谓去,我则言其住。然则去住虽殊,其致一也。故经云:'正言似反,谁当信者。'斯言有由矣。"当世人说是"静"(住)的时候,我就说是"动"(去);当世人说是"动"(去)的时候,我就说是"静"(住)。这就是"正言似反"。但要注意,我说"静",是为了破除世人对"动"的执著,并不是真的认为是"静";同样,我说"动",是为了破除世人对"静"的执著,也不是真的认为是"动"。"动"与"静",都是名相,其本性都是"空"。僧肇提出"物不迁"命题,表面上赞成"静"否定"动",其真实观点是:非动非静,动静皆空。

"二道相因"的教学方法贯穿于《坛经》始终。有僧背诵卧轮偈颂"卧轮有伎俩,能断百思想。对境心不起,菩提日日长",惠能由此知道,此僧正陷于"断灭空"之中,为了启发他破除"边见"而达于"中道",惠能仿作一偈,正话反说:"惠能没伎俩,不断百思想。对境心数起,菩提作么长。"

惠能以后,南宗禅的历代祖师都秉承"二道相因"这一教学法门。例如《顿悟入道要门论》记载大珠慧海与学人的答问:

问:"何者是无为法?"

答:"有为是。"

问:"今问无为法,因何答有为是?"

答:"有因无立,无因有显。本不立有,无从何生?若论真无为者,即不取有为,亦不取无为,是真无为法也。"

问："何者是中道义？"

　　答："边义是。"

　　问："今问中道，因何答边义是？"

　　答："边因中立，中因边生。本若无边，中从何生？今言中者，因边始有，故知中之与边，相因而立。"

　　以上材料中，学人问"无为法"与"中道义"，大珠慧海以"有为是"与"边义是"答之，这是典型的"二道相因"教学法。

　　由于是"正话反说"，这必然导致对世俗逻辑的违背。《五灯会元》记载，有僧问晖禅师："牛头未见四祖时如何？"师曰："如月在水。"又问："见后如何？"师曰："如水在月。""牛头"，指四祖道信的弟子牛头法融禅师。"牛头未见四祖时"，指开悟之前；"见后"，指开悟之后。开悟之前"如月在水"，开悟之后"如水在月"，前者合逻辑，为"有迹"，后者非逻辑，为"无迹"。晖禅师用"如水在月"这一违背世俗逻辑的意象，启发学人跳出分别知见，而达至非有非无的中道。又如，黄檗希运描述禅悟境界说："终日吃饭，未曾咬着一粒米；终日行，未曾踏着一片地。"（《黄檗山断际禅师传心法要》）这也是"正话反说"的"二道相因"教学法。

【原文】

　　师于太极元年壬子延和七月[1]，命门人往新州国恩寺建塔，仍令促工。次年夏末，落成。七月一日，集徒众曰："吾至八月欲离世间，汝等有疑，早须相问，为汝破疑，令汝迷尽。吾若去后，无人教汝。"法海等闻，悉皆涕泣。惟有神会，神情不动，亦无涕泣。

　　师云："神会小师[2]，却得善不善等[3]，毁誉不动，哀乐不生。余者不得,数年山中,竟修何道?汝今悲泣,为忧阿谁[4]?若忧吾不知去处,吾自知去处。吾若不知去处,终不预报于汝。汝等悲泣,盖为不知吾去处。若知吾去处,即不合悲泣。法性本无生灭、去来,汝等尽坐,吾与汝说一偈,名曰《真假动静偈》。汝等诵取此偈,与吾意同,依此修行,不失宗旨。"

【注释】

〔1〕太极元年壬子延和:唐睿宗太极元年为壬子年(712),是年五月改元为延和。

〔2〕小师:受具足戒未满十年的僧人。

〔3〕善不善等:对善与不善同等看待,即超越了善恶之间的对立,没有了分别之心。

〔4〕阿谁:何人。

【译文】

唐睿宗太极元年壬子也就是延和元年(712)七月,惠能命令弟子到新州国恩寺建造舍利塔,又不断派人去催促尽快完工。第二年夏末,舍利塔落成。七月一日,惠能集合徒众,说:"到八月份的时候,我就要离开人世间。你们如果有什么疑问,须趁早提出,我将为你们解答,全部消除你们心中的迷惑。我去世以后,就再也没有人教导你们了。"听了这话,法海等人禁不住涕泣起来,只有神会一人神情不变,也不涕泣。

惠能说:"神会小师,已达无分别之境,不为毁誉所动,心中已无哀乐之情。其余人都没有达到如此境界,你们在山中这么多年,究竟修的是什么道?现在你们痛哭流涕,是为何人悲伤?是担忧我不知道去何方吗?我自己是知道去处的。我如果不知自己的去处，就不会预先告诉你们我要离去了。你们现在痛哭流涕，大概是不知道我离世后的去处。你们如果知道的话，就不会这样悲伤了。自性本来就是无生无灭、无去无来的。你们都坐下来，我给你们说一则《真假动静偈》。你们念诵此偈，就能理解我的心意了。依照此偈去修行，就不会失掉本门宗旨。"

【讲解】

本节重点讲述惠能的生死观。

惠能告诉弟子自己将不久于人世，法海等人闻言，都痛哭流涕，只有神会神色不变，也不哭泣。惠能赞扬他："得善不善等，毁誉不动，哀乐不生。"超越了善恶、毁誉、哀乐之间的对立，进入无生无灭、无去无来的境界，这就是涅槃之境。惠能认为，只有神会懂得涅槃的真正含义，其他人对生死的认识还停留于世俗层面。

关于生死问题，禅宗认为，人的现世色身都是五蕴和合而成，都是虚幻不实的，人所思维分别、见闻觉知的东西也都是妄想执著，它们会遮蔽人本来具有的如来智慧。人如果能离妄想、离执著，证得空空无相、湛湛绝缘，与法界虚空合一，那么，此时生相已离，还有什么死相？

"法性本无生灭、去来"，这是惠能对涅槃的理解，也是他对生死的基本态度。肉体生命如梦幻空花，而自性本无生无灭、无来无去，若能证得如此境界，就会放下一切执著，无处不自在，无处不透脱，无处不圆成。这就是惠能对境无心、朗洁高华的生命境界。

宋代临济宗黄龙派高僧妙普（1071—1142），在感觉自己生命即将结束之时，召集僧众，对他们说："坐脱立亡，不若水葬。一省柴烧，二省开圹。撒手便行，不妨快畅。谁是知音？船子和尚。高风难继百千年,一曲渔歌少人唱。"说完,盘腿坐入一个大木盆之中,顺海潮而下,作诗一首:"船子当年返故乡,没踪迹处妙难量。真风遍寄知音者,铁笛横吹作散场。"(《五灯会元》卷十八)在苍茫的大海之上,妙普禅师横吹铁笛,其声呜咽,最后把笛子抛向空中,没水而化。妙普禅师对待生命的这种态度,并不是悲观厌世或自了自度,而是洞彻世间万法成住坏空之必然规律后的达观情怀。这首辞世诗,可以说是他对生命意义的诗意诠释。

宋代曹洞宗高僧宏智正觉(1091—1157),临终作偈示众曰:"梦幻空花,六十七年。白鸟烟没,秋水连天。"前两句,把自己人生的六十七年比喻为"梦幻空花",表明他已经证得般若、出离生死。后两句描绘了一幅优美的画面:翩翩白鸟,渐渐远逝,最终隐没于濛濛烟霭之中;涣涣秋水,汤汤而东,远接碧宇而共长天一色。这两句形象地描绘出"个体"向"大全"、"有限"向"无限"的回归,在此平等一如之法界中,"个体"即"大全"、"有限"即"无限"。如果说前两句是写肉体生命的幻化性,说明色即是空,那么后两句则是进一步从中道不二立场提出幻化空身即法身的无上妙谛,为我们描绘的是一幅非色非空、亦色亦空、一切圆成、来去无碍的妙有境界。

【原文】

众僧作礼,请师说偈。偈曰:

一切无有真,不以见于真[1]。
若见于真者,是见尽非真。
若能自有真,离假即心真[2]。
自心不离假,无真何处真?

有情即解动,无情即不动。
若修不动行,同无情不动[3]。
若觅真不动,动上有不动[4]。
不动是不动,无情无佛种[5]。
能善分别相,第一义不动[6]。
但作如此见,即是真如用[7]。
报诸学道人,努力须用意。
莫于大乘门,却执生死智。
若言下相应[8],即共论佛义。
若实不相应,合掌令欢喜[9]。
此宗本无诤,诤即失道意。
执逆诤法门,自性入生死[10]。

时徒众闻说偈已,普皆作礼,并体师意,各各摄心[11],依法修行,更不敢诤。

【注释】

〔1〕见于真:认为是真的。见,见解、知见。

〔2〕"若能"二句:要想悟得真实,只有不执著因缘和合的假象,即可回归本心的真实。

〔3〕"若修"二句:如果修习不动禅法,就如同无情识的草木一样一动不动。不动行,指静坐禅法。

〔4〕动上有不动:在《行由第一》中,惠能说,自性本来不动,即使在抡刀上阵之时,自心照样能够如如不动,这就是"动上有不动",即在动中实现自心的真不动。

〔5〕"不动"二句:前一个"不动"是名词,指草木等无情之物。这两句话的意思是说:无情之物是不动的,如果把禅境误认为和无情之物一样

一动不动,那是很难见性成佛的。

〔6〕"能善"二句:因缘和合而成的万事万物,其性本空,无有差别;其相为有,千差万别。真正的修道者,能外不著有,内不著空,远离空有两边,于千差万别的相上悟到本无差别的空性,这就是"善分别相",即善于识别诸法之相,能如此,就是坚持中道这一至高无上的真理不动摇。分别,识别。第一义,即至高无上的真理,这里指中道。

〔7〕即是真如用:就显示出真如本性的作用。

〔8〕言下相应:言谈中意趣相合。

〔9〕"若实"二句:如果言语不合,也不要批评对方,而要对其合掌恭敬,令其欢喜。

〔10〕"执逆"二句:如果固执己见、争论不休,自性就会被遮蔽,而进入生死轮回之中。执逆诤,固执、违逆、争论。

〔11〕摄心:收敛心神。

【译文】

众僧徒礼拜,请惠能说偈。偈说:

因缘和合诸法相,不要执迷妄作真。
若是当作真实看,此为邪见而非真。
若能悟得自性真,离却假相即心真。
自心不能离假相,无真之处何觅真?
有情众生本来动,无情木石才不动。
若是偏修不动行,同于木石顽不动。
如要寻觅真不动,动中自有其不动。
不动若是顽不动,如同无情无佛种。
若能了别诸法相,非有非无真不动。
只要能作如是观,即此显现真如用。
劝告诸位学道人,修行努力又诚意。
身为大乘门下人,莫把生死挂心里。

言谈如果投意趣,促膝共论佛法义。
言谈如果不相契,亦应合掌令欢喜。
此宗本来无辩争,辩争就会失道义。
固执违逆与辩争,自性就被生死蔽。

听完此偈,众弟子都向惠能顶礼,表示已经明白此偈之意,人人收敛自心,依照此偈教法修行,更不敢有所争执。

【讲解】

这首《真假动静偈》表达了惠能的真假观与动静观。

一、真假观

偈的前八句讲真假:"一切无有真,不以见于真。若见于真者,是见尽非真。若能自有真,离假即心真。自心不离假,无真何处真?"大意是说,一切万法皆因缘和合而生,其相虚幻不实,故为假;其性本空,故为真。参禅悟道之人,既不要执迷于假相,也不要执著于真空,要不离假相而观悟真空。

惠能的真假观其实就是大乘般若学的色空观。龙树《中论·观四谛品》称:"众因缘生法,我说即是空,亦为是假名,亦是中道义。"《心经》:"色不异空,空不异色。色即是空,空即是色。"《维摩经·不二法门品》:"色即是空,非色灭空,色性自空。"一切现象都是因缘和合而成,因而是无自性的。无自性则为"空",但"空"不是绝对的虚无,因为它还有现象的"假名"在。人既不执迷于假有,也不执著于真空,这便是中道观。

自性为真空,事象为假有,对自性之真空的把握,靠的是对缘起之假有的直观体悟,而于当下证取对象的无自性之理。《五灯会元》卷十载,文益禅师与南唐中主李璟一齐观赏牡丹花,李璟请文益就眼前之景作诗,文益当即赋曰:"拥毳对芳丛,由来趣不同。发从今日白,花是去年红。艳冶随朝露,馨香逐晚风。何须待零落,然后始知空。"最后两句点明本诗宗旨:何必等到叶落花残以后才明白万法皆空的道理呢,花开的当体即是空。晦堂心《夏尉西亭看牡丹》也是从看牡丹而证悟此道理:"列照西亭八九株,暖风和雨不相辜。莫将容易笙歌散,色在空中见得无?"(《黄龙晦堂心和尚语录》)"色在空中见得无"与"何须待零落,然后始知空"意思是一致的。正如南宋绍隆禅师赏槿花时所颂:"朱槿移栽释梦中,老僧非是爱花红。朝开暮落关何事?只要人知色是空。"

二、动静观

接下来的十二句讲动静:"有情即解动,无情即不动。若修不动行,同无情不动。若觅真不动,动上有不动。不动是不动,无情无佛种。能善分别相,第一义不动。但作如此见,即是真如用。"

惠能认为,万法就相上而言是变动不居的,而就性上而言则是如如不动的。有些修不动禅法之人把性上之不动误作相上不动,整日静坐,如同枯木死水一般,不但不能成佛,反而被"静"所系缚。所以惠能批评这种思想说:"若空心静坐,即著无记空。"相反,如果能彻悟自性本来不动之理,即使在抡刀上阵之时,自心照样能够如如不动。

禅宗认为,如如不动之佛道就在人们的平常日用之中,人的一举手一投足,一扬眉一瞬目,无一不是佛道的体现。参禅悟道者要跳出"空"的束缚,在日常生活之中,达于与佛道的冥然相契。这就是惠能所说的"动上有不动",也是僧肇所说的"求静于诸动"。良价禅师在《玄中铭序》中说:"虽空体寂然,不乖群动。"这是禅宗动静观的核心思想。

【原文】

乃知大师不久住世,法海上座再拜问曰:"和尚入灭之后,衣法当付何人?"师曰:"吾于大梵寺说法,以至于今。抄录流行,目曰《法宝坛经》。汝等守护,递相传授,度诸群生,但依此说,是名正法。今为汝等说法,不付其衣,盖为汝等信根淳熟[1],决定无疑,堪任大事。然据先祖达磨大师付授偈意,衣不合传。偈曰:

吾本来兹土,传法救迷情[2]。
一华开五叶[3],结果自然成。"

【注释】

〔1〕淳熟:即纯熟,十分成熟之意。
〔2〕迷情:迷惑、颠倒的有情众生。
〔3〕华:同"花"。叶:花瓣,如韩愈《题百叶桃花》诗:"百叶双桃晚更红,窥窗映竹见玲珑。"

【译文】

知道惠能将不久于人世,法海上座再拜,问:"师父灭度以后,衣法将传授给谁?"惠能说:"我自从在大梵寺说法一直到今天,所讲的内容都记录了下来,现已经流传于世,题为《法宝坛经》。你们要好好守护此经,把它传播下去,以超度众生出离生死苦海。凡符合此经所说的教法,都是正确的。我现在只为你们授法,不再传付祖师袈裟。因为你们都已经信根纯熟,肯定不会再有疑问,完全可以承担弘法大任了。根据达磨大师传法偈

所说,袈裟不应该再传了。偈说:

> 吾本来兹土,传法救迷情。
> 一华开五叶,结果自然成。"

【讲解】

达磨这首传法偈在《宝林传》《祖堂集》《景德传灯录》等禅宗典籍中均有记载。首句在各本《坛经》中稍有不同。最早的敦煌本作"吾本来唐国",后来惠昕本作"吾本来东土",通行本则为"吾本来兹土"。第二句交待来中国的目的,即"传法救迷情"。达磨临终把四卷《楞伽经》授予二祖慧可,说:"我观汉地,唯有此经,仁者依行,自得度世。"此后数代禅宗祖师,一直都将《楞伽经》作为重要印心经典递相传承。达磨所传禅法为"大乘安心之法",这在慧可初参达磨时二人的一番对话中已有所表露:

> 慧可:"我心未宁,乞师与安。"
> 达磨:"将心来,与汝安。"
> 慧可:"觅心了不可得。"
> 达磨:"我与汝安心竟。"

达磨"安心"法门的核心内容是"二入四行"。所谓"二入",是指"理入"和"行入"。"理入"指"藉教悟宗",有两层含义:一是指凭借经教中所示的种种法要而悟得人人本具的"真性",从而确立"舍伪归真"的信仰和决心;二是树立信仰后,通过禅定"壁观",令心安定,不生分别,不再依赖经教,而达心与道冥之境。"行入"是修禅的实践方法,含摄"报怨行""随缘行""无所求行""称法行"四行。"四行"其实是说,在四种禅修实践中要做到无怨无憎,无喜无悲,无贪无求,安心无为,称法而行。

关于"一华开五叶",有两种理解。一种说法认为,"五叶"表示五代,指禅宗经二祖慧可、三祖僧璨、四祖道信、五祖弘忍,至六祖惠能而得以发扬光大;另一说法则以"五叶"表示曹洞、临济、云门、沩仰、法眼等五家,暗示了日后惠能南宗门下的五家分派。"结果自然成",这句话点出了达磨"安心"禅法的宗旨:崇尚虚空而不著言相,重视实践而不重形式,倡"藉教"而"悟宗",强调在禅定中自证本心,契悟真理。

达磨促进了印度禅向中华禅的转化,他也因此被奉为中国禅宗初祖,"如何是祖师西来意"也成为后代禅门弟子参学的主要话头之一。

【原文】

师复曰:"诸善知识,汝等各各净心,听吾说法。若欲成就种智[1],须达一相三昧、一行三昧[2]。若于一切处而不住相,于彼相中不生憎爱,亦无取舍,不念利益、成坏等事,安闲恬静,虚融澹泊[3],此名一相三昧。若于一切处,行住坐卧,纯一直心,不动道场[4],真成净土,此名一行三昧。若人具二三昧,如地有种,含藏长养,成熟其实,一相一行,亦复如是。我今说法,犹如时雨,普润大地。汝等佛性,譬诸种子,遇兹沾洽[5],悉得发生。承吾旨者,决获菩提。依吾行者,定证妙果。听吾偈曰:

　　心地含诸种,普雨悉皆萌。
　　顿悟华情已,菩提果自成。"

师说偈已,曰:"其法无二,其心亦然。其道清净,亦无诸相。汝等慎勿观静及空其心。此心本净,无可取舍。各自努力,随缘好去。"尔时徒众,作礼而退。

【注释】

〔1〕种智:"一切种智"的简称。因为佛的智慧能通达一切万法,所以称为"一切种智"。

〔2〕一相三昧、一行三昧:这两个概念都是禅定之意,区别只在于:前者强调修行者主观上不要执著于外相,后者强调在修行实践上不要执著坐、卧等方式。可参见《定慧第四》关于"一行三昧"的解释。

〔3〕虚融澹泊:清虚圆融,恬淡寡欲。

〔4〕不动道场:不必动用道场讲经说法。道场,供佛或修道之处。

〔5〕沾洽:泽润,引申为受惠。

【译文】

惠能又说:"诸位善知识,请你们清净自心,听我说法。要想成就佛的'一切种智',必须了达'一相三昧'和'一行三昧'。如果能够做到随时随地不执著一切相,面对外境而不起憎爱之心、取舍之念,也不计较自身的利益、得失,内心安闲恬静,虚融澹泊,这就叫作'一相三昧'。如果能够在一切场合,无论是行住坐卧,都能怀着一颗纯正之心,不必动用道场讲经说法,此心即是极乐净土,这就叫作'一行三昧'。人如果能够具备这二种三昧,就好像深藏于地下的种子,逐渐生根、发芽、长大,最后结出丰硕的果实。'一相三昧'和'一行三昧'也是如此。我现在所说之法,犹如及时之雨,浸润广袤的大地。你们内心的佛性,犹如种子,遇此甘霖沾溉而发芽、成长。凡是领会我旨意的人,定能获得觉悟;凡是依照我旨意修行的人,定能成就正果。听我说偈：

   心地含诸种，普雨悉皆萌。
   顿悟华情已，菩提果自成。"

  颂完此偈，惠能又说："法无二法，心无二心。佛道本来清净，并无形象可见。你们千万不要着意观察'静'相，也不要着意清空自心。自心本来清净，没什么可取也没什么可舍。你们各自努力，随缘而行吧。"此时，徒众敬礼、退出。

【讲解】

  重点分析一下惠能的这则传法偈。

  "心地含诸种，普雨悉皆萌。"惠能付法时说的一段话，可作为这两句的注脚："我今说法，犹如时雨，普润大地。汝等佛性，譬诸种子，遇兹沾洽，悉得发生。承吾旨者，决获菩提。依吾行者，定证妙果。"他把众生内心之佛性比作种子，而把自己所讲的佛法比作雨水，佛法滋润众生，使之由迷转悟，犹如雨水普泽种子，使之开花结果。

  "普雨悉皆萌"一句，在敦煌本《坛经》中作"法雨即化生"。惠能所谓"法雨"，是指其所宣扬的"一相三昧"与"一行三昧"。"一相三昧"是指在现象世界中不为现象所束缚，做到无憎无爱，不取不舍，安闲恬静，虚融淡泊；"一行三昧"是指在一切行住坐卧中，常行"直心"，按"直心"自然行事。人如果能具足这两种"三昧"，心中的佛性之种自然会开花结果。

  "顿悟华情已，菩提果自成。"惠能禅法以般若无相来化解人们对真性、佛性的执著，从而提倡于自我心性上来体认佛性。他说："其法无二，其心亦然。其道清净，亦无诸相。汝等慎勿观静及空其心。此心本净，无可取舍。各自努力，随缘好去。"

惠能所谓的"自心""本心"不同于传统的"真如心"或"清净心",而是念念不断、念念无住的当下现实之心。无念、无住即真,起念、有著即妄。迷悟凡圣,就在自己的一念之中,"前念迷即凡夫,后念悟即佛",这就是"顿悟华情已"的内涵。在惠能看来,自心佛性已不再是一个可以观、可以修的"真心",而是体现在念念不断的无执著心之中,是众生心不起妄念的一种自然状态,所以他强调"慎勿观静及空其心",而主张"随缘好去"。"菩提果自成"所表达的就是这一思想。

总之,在这则传法偈中,惠能会通般若实相与人心佛性,把"成佛"归于自心自性的由迷转悟,这是中国禅宗史上的一次革命性转变。

【原文】

大师七月八日,忽谓门人曰:"吾欲归新州,汝等速理舟楫[1]。"大众哀留甚坚。师曰:"诸佛出现,犹示涅槃。有来必去,理亦常然。吾此形骸[2],归必有所。"众曰:"师从此去,早晚可回?"师曰:"叶落归根[3],来时无口[4]。"又问曰:"正法眼藏[5],传付何人?"师曰:"有道者得,无心者通[6]。"又问:"后莫有难否?"师曰:"吾灭后五六年,当有一人来取吾首。听吾记曰[7]:'头上养亲,口里须餐。遇满之难,杨柳为官。'"

又云:"吾去七十年,有二菩萨从东方来,一出家、一在家[8]。同时兴化,建立吾宗,缔缉伽蓝[9],昌隆法嗣[10]。"

251

【注释】

〔1〕舟楫:泛指船只。楫,船桨。

〔2〕形骸:躯体。

〔3〕叶落归根:比喻事物总有一定的归宿。

〔4〕来时无口:来时,指活着时。无口,即无言说。来时无口,即是说,来到这个世界上,并没有说法,本来无法可说。

〔5〕正法眼藏:又叫作清净法眼,禅宗用来称其"教外别传的心印"。清净心,能彻见诸佛正法,故名"正法眼";深广而能含藏万德,故名藏。

〔6〕通:即通晓,透彻地理解。

〔7〕记:又称悬记,指预言将来的谶语。

〔8〕在家:未嫁而归依佛法者。

〔9〕缔缉:构建、补修。伽蓝:寺院。

〔10〕法嗣:禅宗指继承祖师衣钵而主持一方丛林的僧人。

【译文】

七月八日,惠能突然对弟子说:"我要回新州去,你们赶快去为我预备船只。"徒众悲痛万分,执意挽留。惠能说:"诸佛为救度众生而应现于世,尚且要示现涅槃,有来必有去,这是理所当然。我这血肉之躯,也应该有个归藏之所。"徒众说:"师父您从这里归新州,迟早还要回来吧?"惠能说:"叶落归根,终返其本,我于世上无一法可言。"弟子又问:"正法眼藏,传付给了什么人?"惠能说:"有道之人获得,无心之人通晓。"又问:"以后有没有灾难?"惠能说:"我去世后五六年,将有一个人来盗取我的头。听我说记:'头上养亲,口里须餐。遇满之难,杨柳为官。'"

又说一记:"我去世后七十年,将有二位菩萨,从东方而来,一位是出家人,一位是在家人,这两人同时兴教弘法,建立宗派,修建寺院,把我的禅法发扬光大。"

【讲解】

记，又称悬记，是对未来之事的预言，类似于道教的谶语。惠能所说的第一条记"头上养亲，口里须餐。遇满之难，杨柳为官"，在《传法正宗记》卷六有记载。新罗国僧人金大悲，欲把惠能头颅带回国供养，于是出钱雇用汝州梁县人张净满去取六祖人头。张净满是位孝子，为养家糊口，答应此事。开元十年（722）八月三日深夜，张净满潜入寺院，正在准备动手时，被埋伏在那里的官兵抓获。当时的韶州刺史名叫柳无忝，曲江县令名杨侃，他们早已得知有人要盗取六祖人头，于是派人严加防守，最终打破了金大悲的阴谋。在这条"记"中，"头上养亲"，指金大悲欲把惠能头颅带回新罗国供养；"口里须餐"，指受雇之人出于生计而答应此事；"遇满之难"，"满"字暗指张净满；"杨柳为官"，暗指当时的地方官姓杨和柳。惠能的"记"语与《传法正宗记》"盗取头颅"的故事正好相符。这条"记"，显然是禅宗后人为神话惠能而增添的。《传法正宗记》的作者是北宋高僧契嵩，法宝本《坛经》也是被他增饰的，因此这条"记"语极有可能为契嵩所为。

【原文】

问曰："未知从上佛祖应现已来，传授几代？愿垂开示。"师云："古佛应世，已无数量，不可计也。今以七佛为始。过去庄严劫[1]，毗婆尸佛、尸弃佛、毗舍浮佛。今贤劫[2]，拘留孙佛、拘那含牟尼佛、迦叶佛、释迦文佛[3]。是为七佛。

"已上七佛，今以释迦文佛首传。第一摩诃迦叶尊者[4]，第二阿难尊者，第三商那和修尊者，第四优波毱多尊者,第五提多迦尊者,第六弥遮迦尊者,第七婆须蜜多尊者,第八佛驮难提尊者,第九伏驮蜜多尊者,第十胁尊者,十一富那夜奢尊者,十二马鸣大士[5],十三迦毗摩罗尊者,十四龙树大士[6],十五迦那提婆尊者,十六罗睺罗多尊者,十七僧伽难提尊者,十八伽耶舍多尊者,十九鸠摩罗多尊者,二十阇耶多尊者,二十一婆修盘头尊者,二十二摩拏罗尊者,二十三鹤勒那尊者,二十四师子尊者,二十五婆舍斯多尊者,二十六不如蜜多尊者,二十七般若多罗尊者,二十八菩提达磨尊者[7],二十九慧可大师[8],三十僧璨大师[9],三十一道信大师[10],三十二弘忍大师[11]。惠能是为三十三祖。从上诸祖各有禀承,汝等向后,递代流传,毋令乖误。"

【注释】

〔1〕过去庄严劫:过去、现在、未来三世的三大劫中,过去之大劫,称作过去庄严劫,简称庄严劫,现在之大劫称作"现在贤劫",未来之大劫称作"未来星宿劫"。每一大劫都分为成、住、坏、空四个阶段,共八十增减小劫。过去之大劫的"住劫"(二十小劫),有千佛出世,以净化庄严其劫,故称庄严劫。

〔2〕今贤劫:即"现在贤劫"。在这一大劫中,有很多圣贤应世度化众生,因此称为"贤劫"。

〔3〕释迦文佛:即释迦牟尼佛,佛教的创始人乔达摩·悉达多(约前544—前464),相传他为古印度迦毗罗卫国(今尼泊尔)净饭王的太子。

〔4〕摩诃迦叶尊者:三十二岁时,在王舍城中的竹林精舍听佛说法而皈依佛教,在佛陀十大弟子中头陀行第一。后由佛陀付与正法眼藏,在佛涅槃以后继续领导僧团。尊者,是对智德双全之人的尊称。

〔5〕大士:菩萨的异称。

〔6〕龙树:亦作龙猛或龙胜,南天竺国人,著有《大智度论》《中论》《十二门论》。

〔7〕菩提达磨:见《行由第一》。

〔8〕慧可:慧可(487—593),一名僧可,俗姓姬,虎牢人(今河南荥阳市)。少为儒生时,博览群书,通达《老》《庄》《易》学,出家以后,精研三藏内典。年约四十岁时,礼达磨为师,从学六年,精究一乘,遂承达磨衣法。

〔9〕僧璨:又作僧粲,生年、籍贯不详,或谓徐州人。以居士身得法于二祖,之后隐居皖公山。隋炀帝大业二年(606),僧璨入寂。后唐玄宗赐谥"鉴智禅师"。著有《信心铭》,后人视为禅宗要典之一。

〔10〕道信:道信(580—651),蕲州(湖北省)广济县人,俗姓司马。幼年出家,后来参谒僧璨,言下大悟,得其衣钵。唐高祖武德七年(624)归蕲州,住破头山(后名为双峰山),大振法道,学侣云集。

〔11〕弘忍:弘忍(601—674),俗姓周,湖北黄梅人。七岁时,从四祖道信出家,十三岁时,正式剃度为僧。唐高宗永徽三年(652)得道信法衣,被后世奉为禅宗五祖。弘忍在黄梅东山弘法,世人把他与道信之禅法并称为"东山法门"。高宗咸亨五年(674),弘忍圆寂,年七十四。唐代宗敕谥"大满禅师"。

【译文】

有弟子问:"自从佛祖应现以来,总共传授了几代?请师父垂示。"惠能说:"应化世间的古佛,已经多至无法计算了。现在只能从七佛开始说起。过去庄严劫时,有毗婆尸佛、尸弃佛、毗舍浮佛。现在贤劫,有拘留孙佛、拘那含牟尼佛、迦叶佛、释迦文佛,这就是所说的七佛。

"以上是七佛。今以释迦牟尼佛为首传。第一代祖师是摩诃迦叶尊者,第二祖是阿难尊者,第三祖是商那和修尊者,第四祖是优婆毱多尊者,第五祖是提多迦尊者,第六祖是弥遮迦尊者,第七祖是婆须蜜多尊者,第八祖是佛驮难提尊者,第九祖是伏驮蜜多尊者,第十祖是胁尊者,第十一祖是富那夜奢尊者,第十二祖是马鸣大士,第十三祖是迦毗摩罗尊者,第十四祖是龙树大士,第十五祖是迦那提婆尊者,第十六祖是罗睺罗多尊者,第十七祖是僧伽难提尊者,第十八祖是伽耶舍多尊者,第十九祖是鸠摩罗多尊者,第二十祖是阇耶多尊者,第二十一祖是婆修盘头尊者,第二十二祖是摩拏罗尊者,第二十三祖是鹤勒那尊者,第二十四祖是师子尊者,第二十五祖是婆舍斯多尊者,第二十六祖是不如蜜多尊者,第二十七祖是般若多罗尊者,第二十八祖是菩提达磨尊者,第二十九祖是慧可大师,第三十祖是僧璨大师,第三十一祖是道信大师,第三十二祖是弘忍大师。惠能是第三十三代祖师。上面所说的诸位祖师,都是各有禀承。你们以后要代代相传,不要让其断绝。"

【原文】

　　大师先天二年癸丑岁[1],八月初三日,于国恩寺斋罢,谓诸徒众曰:"汝等各依位坐,吾与汝别。"法海白言:"和尚留何教法,令后代迷人得见佛性?"师言:"汝等谛听。后代迷人若识众生[2],即是佛性;若不识众生,万劫觅佛难逢。吾今教汝,识自心众生,见自心佛性,欲求见佛,但识众生。只为众生迷佛,非是佛迷众生。自性若悟,众生是佛;自性若迷,佛是众生。自性平等,众生是佛;自性邪险[3],佛是众生。汝等心若险曲,即佛在众生中;一念平直,即是众生成佛。我心自有佛,自佛是真佛。自若无佛心,何处求真佛?汝等自心是佛,更莫狐疑[4],外无一物而能建立,皆是本心生万种法。故经云:'心生种种法生,心灭种种法灭[5]。'吾今

留一偈与汝等别,名《自性真佛偈》。后代之人,识此偈意,自见本心,自成佛道。偈曰:

> 真如自性是真佛,邪见三毒是魔王。
> 邪迷之时魔在舍,正见之时佛在堂。
> 性中邪见三毒生,即是魔王来住舍。
> 正见自除三毒心,魔变成佛真无假。
> 法身报身及化身,三身本来是一身。
> 若向性中能自见,即是成佛菩提因。
> 本从化身生净性,净性常在化身中。
> 性使化身行正道,当来圆满真无穷。
> 淫性本是净性因[6],除淫即是净性身。
> 性中各自离五欲,见性刹那即是真。
> 今生若遇顿教门,忽悟自性见世尊。
> 若欲修行觅作佛,不知何处拟求真。
> 若能心中自见真,有真即是成佛因。
> 不见自性外觅佛,起心总是大痴人。
> 顿教法门今已留,救度世人须自修。
> 报汝当来学道者,不作此见大悠悠[7]。"

【注释】

〔1〕先天二年:唐睿宗延和元年(712)八月,唐玄宗即位,改元先天,翌年十二月又改元开元,因此,先天二年癸丑即开元元年(713)。惠能在国恩寺最后一次讲法,是在八月份,此时还没有改元开元,因此仍记为先天二年。

〔2〕众生:这里指缠绕自心的烦恼,而不是一般意义上的一切有情

识的动物。

〔3〕邪险:不正直。

〔4〕狐疑:疑惑。

〔5〕"心生"二句:出自《楞伽经》,表达"万法唯心"之意。

〔6〕"淫性"句:淫性,淫欲邪乱之性。这句话是说,淫性也是形成净性的原因,这近于《般若第二》所说的"烦恼即菩提"。

〔7〕大悠悠:虚度光阴。大,同"太"。

【译文】

唐玄宗先天二年癸丑(713)八月初三那一天,惠能在国恩寺吃罢斋饭,对徒众说:"你们都依位次坐下,我要和你们道别。"法海说:"师父留下什么教法,好让后代迷人借以明心见性呢?"惠能说:"请你们用心聆听。后代迷人,假如能够清楚地认识众生,也就认识了佛性;假如不能清楚地认识众生,即使经历万劫也难见佛性。我现在要教你们的是:认识自己心中的众生,了见自己心中的佛性。要想见到佛,必须认识众生,因为只有众生迷认佛,没有佛迷认众生。如果了悟自性,众生就是佛;如果迷失自性,佛也是众生。如能保持自性的平等,众生就是佛;如果自性被邪念遮蔽,佛也是众生。你们内心如果险曲不正,那就是佛在众生中;如果一念平等正直,就是众生成了佛。我们自己心中本来就有佛,只有这自性佛才是真佛。如果自己没有佛心,还到哪里去寻觅真佛呢?你们自己的本心就是佛,一定不要怀疑!自心之外,无一物存在,因为万法都是从我们的本心之中产生出来的。所以,经中说:'心中起念则种种法生,心中念灭则种种法灭。'我现在留下一偈,与你们告别,此偈叫作《自性真佛偈》。后代人如果能理解此偈之意,就自然能够认识本心,成就佛道。偈说:

真如自性是真佛,邪见三毒是魔王。
邪迷之时魔在舍,正见之时佛在堂。
性中邪见三毒生,即是魔王来住舍。
正见自除三毒心,魔变成佛真无假。
法身报身及化身,三身本来是一身。
若向性中能自见,即是成佛菩提因。
本从化身生净性,净性常在化身中。
性使化身行正道,当来圆满真无穷。
淫性本是净性因,除淫即是净性身。
性中各自离五欲,见性刹那即是真。
今生若遇顿教门,忽悟自性见世尊。
若欲修行觅作佛,不知何处拟求真。
若能心中自见真,有真即是成佛因。
不见自性外觅佛,起心总是大痴人。
顿教法门今已留,救度世人须自修。
报汝当来学道者,不作此见大悠悠。"

【讲解】

惠能临终,法海问:"和尚留何教法,令后代迷人得见佛性?"惠能说了本节中的一大段话,这段话可以说是整部《坛经》的浓缩,其核心思想是"自心是佛"。这是惠能一生禅法的总结,也是禅宗思想的基石与总纲。

在本节中,惠能提出一个新概念"自心众生"。在佛教中,众生一词有多种含义,一般指一切有情识的动物,而惠能所谓的众生是指"自心众生",即缠绕自心的烦恼。他在《忏悔第六》中也说:"心中众生,所谓邪迷心、诳妄心、不善心、嫉妒心、恶毒心,如是等心尽是众生。"惠能把"众生"的内涵,由"一切外在的动物"拉入人的内心之中,使其成为人本心的一种表现。既然众生也是本心、佛性的表现,那么众生与佛在本性上也就没有区别了,能认识这一点就能成就佛道,不能认识这一点则"万劫觅佛难逢"。正确理解"众生"的内涵是成就佛道的关键,因此惠能临终前对弟子们说:"吾今教汝,识自心众生,见自心佛性。"

整部《坛经》中,惠能多次讲"自心是佛"的道理,在他临终的时候,再次叮嘱弟子:"汝等自心是佛,更莫狐疑。"又说:"自性若悟,众生是佛;自性若迷,佛是众生。""我心自有佛,自佛是真佛。"佛就是人的本心、自性,迷则众生悟则佛。本心、自性的特点是"平等",即无分别性,因此惠能说:"自性平等,众生是佛;自性邪险,佛是众生。"既然自心是佛,那么成就佛道就不能靠向心外寻觅,而只能靠向自心回归。惠能说:"一念平直,即是众生成佛。""一念平直",就是他所说的"直心",即一颗念念无有执著的现实之心。

【原文】

师说偈已,告曰:"汝等好住,吾灭度后,莫作世情,悲泣雨泪。受人吊问,身着孝服,非吾弟子,亦非正法。但识自本心,见自本性,无动无静,无生无灭,无去无来,无是无非,无住无往。恐汝等心迷,不会吾意,今再嘱汝,令汝见性。吾灭度后依此修行,如吾在日。若违吾教,纵吾在世,亦无有益。"复说偈曰:

　　兀兀不修善[1],腾腾不造恶[2]。
　　寂寂断见闻[3],荡荡心无著[4]。

师说偈已,端坐至三更,忽谓门人曰:"吾行矣。"奄然迁化[5]。于时异香满室,白虹属地[6],林木变白,禽兽哀鸣。

【注释】

〔1〕兀兀不修善:内心不动,不刻意求善。兀兀,不动的样子。

〔2〕腾腾不造恶:身心安闲,不造诸恶。腾腾,舒缓、悠闲的样子。如寒山诗:"腾腾自安乐,悠悠自清闲。"

〔3〕寂寂断见闻:寂静无声,无见无闻。寂寂,安静的样子。

〔4〕荡荡心无著:心胸坦荡,无挂无碍。荡荡,空无所有。

〔5〕奄然:忽然。迁化:迁移化灭,即逝世。

〔6〕属地:连接大地。

【译文】

惠能说完偈,又对徒众说:"你们要多多保重!我去世以后,不要像一般世俗人那样痛哭流涕。如果接受别人的祭吊,身穿孝服,就不是我的弟子,这样做也不符合正法。要认识自己的本心,了见自己的本性,做到无动无静、无生无灭、无去无来、无是无非、无住无往。担心你们仍然心迷,不能领会我的意思,现在再叮嘱你们几句,使你们了见自性。我去世以后,如果你们能够按照我说的去做,就如同我在世一样;如果不能按我说的做,即使我在世间,对你们也没有什么帮助。"于是,又说一首偈:

内心不动不修善,身心安闲不造恶。
宁静寂寥断见闻,坦坦荡荡无挂碍。

惠能说完偈,盘腿打坐到三更时分,忽然对门徒说:"我去了!"溘然长逝。此时,一股奇异的香味瞬间弥漫整个禅室,一道白虹自长空直贯大地,山川树木全部变成白色,飞禽走兽齐声哀鸣。

【原文】

十一月,广、韶、新三郡官僚洎门人僧俗[1],争迎真身[2],莫决所之。乃焚香祷曰:"香烟指处,师所归焉。"时香烟直贯曹溪。十一月十三日,迁神龛并所传衣钵而回[3]。次年七月出龛,弟子方辩以香泥上之。门人忆念取首之记,仍以铁叶漆布固护师颈入塔[4]。忽于塔内白光出现,直上冲天,三日始散。

韶州奏闻,奉敕立碑,纪师道行[5]。师春秋七十有六,年二十四传衣,三十九祝发[6],说法利生三十七载,嗣法四十三人,悟道超凡者莫知其数。达磨所传信衣,中宗赐磨衲宝钵,及方辩塑师真相并道具,永镇宝林道场。留传《坛经》,以显宗旨,此皆兴隆三宝、普利群生者。

【注释】

〔1〕洎:及。
〔2〕真身:指惠能遗体,亦称肉身。
〔3〕龛:有多种形式:掘凿岩崖为室,以安置佛像;以石或木,做成橱子形状,一面设有门扉,供奉佛像或开山祖师像;放置僧人尸体的棺材,又称龛棺、龛子、灵龛等。此处当指第三种。
〔4〕铁叶:即铁片。
〔5〕道行:又作道业,这里指修行佛道的事迹。
〔6〕祝发:即断发,后世把削发为僧通称祝发。

【译文】

　　十一月间,广州、韶州、新州三郡的官僚以及出家、在家弟子,争相迎请惠能真身,一时难以决定由谁来迎请。于是焚香祷告:"香烟所指的方向,就是大师的归葬之处。"当时,香烟一直飘向曹溪。十一月十三日,人们把惠能神龛以及所传衣钵,由新州国恩寺迁至曹溪宝林寺。次年七月,人们把惠能肉身搬出神龛,弟子方辩用香泥涂抹其上。弟子们想起师父那四句关于"取头"预言,于是用铁片和漆布围绕惠能的颈部,然后送入塔内。入塔时,忽然一道白光从塔内直冲云霄,三天后才开始散失。

　　韶州刺史把惠能的事迹上奏朝廷,皇上敕令立碑以记录其事迹。惠能大师享年七十六岁,二十四岁时接受五祖传衣,三十九岁时落发受戒。宣讲佛法、利益群生三十七年,嗣法弟子四十三人,听其讲法而开悟者不计其数。达磨祖师所传法衣,中宗皇帝御赐的磨衲袈裟与水晶钵盂,以及方辩塑的六祖像,连同大师日常所用法物,永远镇守宝林寺道场。所传《坛经》,用以显扬顿门宗旨,兴隆佛法僧三宝,普遍利益一切众生。

【讲解】

　　惠能圆寂以后,唐代三位大文豪王维、柳宗元、刘禹锡为其撰写碑铭,三位著名文人为同一位僧人撰写碑铭,这在中国历史上是极为少见的,由此可以看出惠能的巨大影响。下面简略介绍一下这三篇文章的写作背景,原文附在本书的后面。

一、王维《六祖能禅师碑铭》

　　王维(701—761),字摩诘,历经玄宗、肃宗两朝。官终尚书右丞,世称王右丞。王维生活的时代,神秀北宗在两京一统天下,惠能南宗局促岭南,在北方几乎没有什么影响。王维全家均笃信佛教,并师事神秀弟子大照普寂,王维从小耳濡目染的都是北宗禅法。

滑台大会以后,神会在南阳大力传播南宗禅法,恰逢时任殿中侍御史的王维路过南阳。据《南阳和尚问答杂征义》记载:

> 于时王侍御问和上言:"若为修道解脱?"答曰:"众生本自心净。若更欲起心有修,即是妄心,不可得解脱。"王侍御惊愕云:"大奇,曾闻大德皆未有作如此说。"乃为寇太守、张别驾、袁司马等曰:"此南阳郡有好大德,有佛法甚不可思议。"

这位被王维赞为南阳郡"好大德"的高僧就是神会。他向王维介绍了惠能"明心见性"的禅法特点,令王维耳目一新。这是王维接触惠能南宗禅的开始,从此他放弃了对北宗的信仰,而钟情于南宗。大致在玄宗天宝五年(746),为了进一步扩大南宗禅的影响,神会请王维为惠能撰写碑铭,王维欣然应允,写下这篇《六祖能禅师碑铭》。

二、柳宗元《曹溪第六祖赐谥大鉴禅师碑》

柳宗元(773—819),字子厚,祖籍河东(今山西永济),世称柳河东;因官终柳州(今广西柳州)刺史,又称柳柳州。柳宗元出身官宦家庭,少有才名,早有大志。德宗贞元九年(793)中进士,十四年(798)登博学鸿词科,授集贤殿正字。一度为蓝田尉,后入朝为官,积极参与王叔文集团政治革新,迁礼部员外郎。顺宗永贞元年(805),革新失败,贬为永州(今湖南零陵)司马。十年后,转贬柳州刺史。宪宗元和十四年(819)十一月,逝于任所,年四十七岁。

中唐以后,南宗禅的势力迅速发展,出现了"凡言禅皆本曹溪"的局面。尽管各派都打着曹溪的旗号,但在具体实践上却各自为战,南宗内部充满了各种各样的矛盾,尤其是荷泽宗与洪州禅之间,虽是同根而生,竟有参商之隙。还有些禅宗学人把"以心传心,不立文字"发展到极端,完全抛却经论的研读和必要的修持,混淆宗教修行与世俗生活的界线,导致宗教信仰的泛化,清规戒律的荒疏。在这种鱼龙混杂、是非难辨的情况下,迫切需要竖起一面大旗来统一禅宗思想,为禅宗的发展指明方向。

元和十年(815),唐宪宗下诏追谥惠能为"大鉴禅师",此时离惠能去世已经一百零六年,宪宗此举是想利用惠能这面大旗来统摄禅宗各派思想。宪宗又敕命贬官在永州的柳宗元为惠能撰写碑铭。

柳宗元对佛法有极为深刻的理解,对当时禅学界的混乱局面也十分清楚,他也明白宪宗皇帝让他为惠能写碑铭的用意。于是写了《曹溪第六祖赐谥大鉴禅师碑》。在这篇碑文中,柳宗元把惠能禅法的特点归结为"融合",意在统合禅宗各派,统合禅宗与佛教其他宗派,乃至统合佛教与儒家思想。这篇带有柳宗元个人色彩的碑铭,虽然没有完全忠实于惠能的禅学思想,却迎合了佛教发展的需要,也迎合了社会稳定的需要,因此赢得后人的大力赞扬,苏轼就曾赞扬这篇碑文"妙绝古今"。

三、刘禹锡《大唐曹溪第六祖大鉴禅师第二碑》

刘禹锡(772—842),字梦得,洛阳人,有"诗豪"之称。德宗贞元九年(793),进士及第。因与柳宗元等人一起参加"永贞革新"而遭贬,历任朗州司马、连州刺史、夔州刺史、和州刺史、主客郎中、礼部郎中、苏州刺史等职。

刘禹锡十分喜欢南宗禅,与南宗学人的交往也非常密切。

他与高僧宗密是很好的朋友。文宗太和五年(831)十月,刘禹锡写《送宗密上人归南山草堂寺因诣河南尹白侍郎》,其中有两句说:"自从七祖传心印,不要三乘入便门。""七祖"指的是神会,可见刘禹锡对南宗系谱说的认同。

元和十三年(818),也就是柳宗元写《曹溪第六祖赐谥大鉴禅师碑》后的第三年,曹溪禅僧道琳率寺众请刘禹锡再次为惠能撰写碑铭,刘禹锡爽快答应,写下《大唐曹溪第六祖大鉴禅师第二碑》。"第二碑"是相对于柳宗元的"第一碑"而言的。除此之外,刘禹锡还写过《佛衣铭》,讨论惠能为什么不像前五代祖师那样传授佛衣。

以上三篇碑铭,反映了惠能的巨大影响,也是后世研究惠能思想的重要文献。

附 录

六祖大师法宝坛经跋

(元) 宗宝

六祖大师平昔所说之法，皆大乘圆顿之旨，故目之曰经。其言近指远，词坦义明，诵者各有所获。明教嵩公常赞云："天机利者得其深，天机钝者得其浅。"诚哉言也。余初入道，有感于斯，续见三本不同，互有得失，其板亦已漫灭，因取其本校雠，讹者正之，略者详之，复增入弟子请益机缘，庶几学者得尽曹溪之旨。按察使云公从龙，深造此道。一日过山房，睹余所编，谓得《坛经》之大全，慨然命工锓梓，颛为流通，使曹溪一派，不至断绝。或曰："达磨不立文字，直指人心，见性成佛。卢祖六叶正传，又安用是文字哉？"余曰："此经非文字也，达磨单传直指之指也。南岳、青原诸大老，尝因是指以明其心，复以之明马祖、石头诸子之心。今之禅宗，流布天下，皆本是指。而今而后，岂无因是指而明心见性者耶？"问者唯唯，再拜谢曰："予不敏。"请并书于经末，以诏来者。至元辛卯夏，南海释宗宝跋。

六祖能禅师碑铭

(唐)王维

无有可舍,是达有源;无空可住,是知空本。离寂非动,乘化用常,在百法而无得,周万物而不殆。鼓枻海师,不知菩提之行;散花天女,能变声闻之身。则知法本不生,因心起见,见无可取,法则常如。世之至人,有证于此,得无漏不尽漏,度有为非无为者,其惟我曹溪禅师乎!

禅师俗姓卢氏,某郡某县人也。名是虚假,不生族姓之家;法无中边,不居华夏之地。善习表于儿戏,利根发于童心。不私其身,臭味于耕桑之侣;苟适其道,膻行于蛮貊之乡。年若干,事黄梅忍大师。愿竭其力,即安于井臼;素刳其心,获悟于稊稗。每大师登座,学众盈庭,中有三乘之根,共听一音之法,禅师默然受教,曾不起予,退省其私,迥超无我。其有犹怀渴鹿之想,尚求飞鸟之迹,香饭未消,弊衣仍覆,皆曰升堂入室,测海窥天,谓得黄帝之珠,堪授法王之印。大师心知独得,谦而不鸣。天何言哉,圣与仁岂敢;子曰赐也,吾与汝弗如。临终,遂密授以祖师袈裟,而谓之曰:"物忌独贤,人恶出己,吾且死矣,汝其行乎。"

禅师遂怀宝迷邦,销声异域。众生为净土,杂居止于编人；世事是度门，混农商于劳侣。如此积十六载，南海有印宗法师，讲《涅槃经》，禅师听于座下，因问大义，质以真乘，既不能酬，翻从请益。乃叹曰："化身菩萨，在此色身；肉眼凡夫，愿开慧眼。"遂领徒属，尽诣禅居，奉为挂衣，亲自削发。于是大兴法雨，普洒客尘。乃教人以忍，曰："忍者，无生方得，无我始成，于初发心，以为教首。"至于定无所入，慧无所依，大身过于十方，本觉超于三世。根尘不灭，非色灭空；行愿无成，即凡成圣。举足下足，长在道场；是心是情，同归性海。商人告倦，自息化城；穷子无疑，直开宝藏。其有不植德本，难入顿门，妄系空花之狂，曾非慧日之咎。常叹曰："七宝布施，等恒河沙；亿劫修行，尽大地墨，不如无为之运，无碍之慈，弘济四生，大庇三有。"

既而道德遍覆，名声普闻。泉馆卉服之人，去圣历劫；涂身穿耳之国，航海穷年，皆愿拭目于龙象之姿，忘身于鲸鲵之口，骈立于户外，跌坐于床前。林是旃檀，更无杂树；花惟薝卜，不嗅余香。皆以实归，多离妄执。九重延想，万里驰诚，思布发以奉迎，愿叉手而作礼。则天太后、孝和皇帝，并敕书劝谕，征赴京城。禅师子牟之心，敢忘凤阙；远公之足，不过虎溪。固以此辞，竟不奉诏。遂送百衲袈裟及钱帛等供养。天王厚礼，献玉衣于幻人；女后宿因，施金钱于化佛。尚德贵物，异代同符。至某载月日中，忽谓门人曰："吾将行矣！"俄而异香满室，白虹属地。饭食讫而敷坐，沐浴毕而更衣。弹指不留，水流灯焰；金身永谢，薪尽火灭。山崩川竭，鸟哭猿啼。诸人唱言，人无眼目；列郡恸哭，世且空虚。某月日，迁神于曹溪，安坐于某所。择吉祥之地，不待青鸟；变功德之林，皆成白鹤。

呜呼！大师至性淳一，天姿贞素，百福成相，众妙会心。经行宴息，皆在正受；谈笑语言，曾无戏论。故能五天重迹，百越稽首。修蛇雄虺，毒螫之气销；跳㚟弯弓，猜悍之风变。畋渔悉罢，蛊酖知非。多绝膻腥，效桑门之食；悉弃罟网，袭稻田之衣。永惟浮图之法，实助皇王之化。弟子曰神会，遇师于晚景，问道于中年，广量出于凡心，利智逾于宿学，虽末后供，乐最上乘。先师所明，有类献珠之愿；世人未识，犹多抱玉之悲。谓余知道，以颂见托。偈曰：

五蕴本空，六尘非有，众生倒计，不知正受。莲花承足，杨枝生肘，苟离身心，孰为休咎？至人达观，与物齐功。无心舍有，何处依空？不着三界，徒劳八风。以兹利智，遂与宗通。愍彼偏方，不闻正法，俯同恶类，将兴善业。教忍断瞋，修慈舍猎。世界一花，祖宗六叶。大开宝藏，明示衣珠。本源常在，妄辙遂殊。过动不动，离俱不俱，吾道如是，道岂在吾！道遍四生，常依六趣。有漏圣智，无义章句。六十二种，一百八喻。悉无所得，应如是住。

曹溪第六祖赐谥大鉴禅师碑

(唐)柳宗元

扶风公廉问岭南三年,以佛氏第六祖未有称号,疏闻于上,诏谥大鉴禅师,塔曰灵照之塔。元和十年十月十三日下尚书祠部,符到都府,公命部吏洎州司功掾,告于其祠。幢盖钟鼓,增山盈谷,万人咸会,若闻鬼神。其时学者千有余人,莫不欣踊奋厉,如师复生,则又感悼涕慕,如师始亡。因言曰:自有生物,则好斗夺相贼杀,丧其本实,悖乖淫流,莫克返于初。孔子无大位,没以余言持世,更杨、墨、黄、老益杂,其术分裂,而吾浮图说后出,推离还源,合所谓生而静者。梁氏好作有为,师达磨讥之,空术益显。六传至大鉴。大鉴始以能劳苦服役,一听其言,言希以究,师用感动,遂受信具。遁隐南海上,人无闻知。又十六年,度其可行,乃居曹溪,为人师,会学去来尝数千人。其道以无为为有,以空洞为实,以广大不荡为归。其教人,始以性善,终以性善,不假耘锄,本其静矣。中宗闻名,使幸臣再征,不能致,取其言以为心术。其说具在,今布天下,凡言禅皆本曹溪。大鉴去世百有六年,凡治广部而以名闻者以十数,莫能揭其号,乃今始告天子,得大谥。丰佐吾道,其可无辞?

公始立朝,以儒重。刺虔州,都护安南。由海中大蛮夷,连身毒之西,浮舶听命,咸被公德。受旗纛节戟,来莅南海,属国如林。不杀不怒,人畏无噩,允克光于有仁。昭列大鉴,莫如公宜。其徒之老,乃易石于宇下,使来谒辞。其辞曰:

达磨乾乾,传佛语心。六承其授,大鉴是临。劳勤专默,终揖于深。抱其信器,行海之阴。其道爰施,在溪之曹。厖合猥附,不夷其高。传告咸陈,惟道之褒。生而性善,在物而具。荒流奔轶,乃万其趣。匪思愈乱,匪觉滋误。由师内鉴,咸获于素。不植乎根,不耘乎苗。中一外融,有粹孔昭。在帝中宗,聘言于朝。阴翊王度,俾人逍遥。越百有六祀,号谥不纪。由扶风公告今天子,尚书既复,大行乃诔。光于南土,其法再起。厥徒万亿,同悼齐喜。惟师教所被,洎扶风公所履,咸戴天子。天子休命,嘉公德美。溢于海夷,浮图是视。师以仁传,公以仁理。谒辞图坚,永胤不已。

大唐曹溪第六祖大鉴禅师第二碑

(唐)刘禹锡

元和十一年某月日,诏书追褒曹溪第六祖能公,谥曰大鉴,实广州牧马总以疏闻,由是可其奏。尚道以尊名,同归善善,不隔异教,一字之褒,华夷孔怀,得其所故也。马公敬其事,且谨始以垂后,遂咨于文雄今柳州刺史河东柳君为前碑。后三年,有僧道琳率以其徒由曹溪来,且曰愿立第二碑,学者志也。

维如来灭后,中五百岁,而摩腾竺法兰以经来,华人始闻其言,犹夫重昏之见召爽。后五百岁而达磨以法来,华人始传其心,犹夫昧旦之睹白日。自达磨六传至大鉴,如贯意珠,有先后而无同异,世之言真宗者,所谓顿门。

初,达磨与佛衣俱来,得道传付,以为真印。至大鉴置而不传,岂以是为筌蹄邪?刍狗邪?将人人之莫己若,而不若置之邪?吾不得而知也。按大鉴生新州,三十出家,四十七年而殁,百有六年而谥。始自蕲之东山从第五师得授记以归,高宗使中贵人再征,不奉诏,第以言为贡,上敬行之。铭曰:

至人之生,无有种类。同人者形,出人者智。蠢蠢南裔,降生杰异。父乾母坤,独肖元气。一言顿悟,不践初地。五师相承,授以宝器。宴坐曹溪,世号南宗。学徒爰来,如水之东。饮以妙药,差其喑聋。诏不能致,许为法雄。去佛日远,群言积亿。著空执有,各走其域。我立真筌,揭起南国。无修而修,无得而得。能使学者,还其天识。如黑而迷,仰见斗极。得之自然,竟不可传。口传手付,则碍于有。留衣空堂,得者天授。